GOTTESDIENST PRAXIS SERIE A

Arbeitshilfen für die Gestaltung
der Gottesdienste im Kirchenjahr

Herausgegeben von Erhard Domay

Gütersloher Verlagshaus

GOTTESDIENST-PRAXIS

II. Perikopenreihe

Band 3: Rogate bis 11. Sonntag nach Trinitatis

Gütersloher Verlagshaus

Die Deutsche Bibliothek - CIP-Einheitsaufnahme

Gottesdienstpraxis. - Gütersloh : Gütersloher Verl.-Haus.

Ser. A, Arbeitshilfen für die Gestaltung
der Gottesdienste im Kirchenjahr.
Perikopenreihe 2. hrsg. von Erhard Domay.

Bd. 3. Rogate bis 11. Sonntag nach Trinitatis - 1998
ISBN 3-579-02942-8

ISBN 3-579-02942-8

Umschlagentwurf: Franz Wollzenmüller, Oberhaching
Umschlagbild: © Johannes Schreiter, Langen, Fazit 35/1985/GB
Die hier wiedergegebene Reproduktion entspricht dem Original: Freies Glasbild, 39,5 x 56,5 cm
Satz: Fotosetzerei Steggemann, Herford
Druck und Bindung: Ebner Ulm

Gedruckt auf chlorfrei gebleichtem Werkdruckpapier

Printed in Germany

Inhalt

Rogate

Annäherungen an den Predigttext 1. Timotheus 2,1-6 a

Heidi Kell

1. Die Jugendlichen

Eine Konfirmationsgruppe aus 13jährigen liest den Text reihum und laut, dann nochmal.
Die erste Reaktion: Erleichterung. Alles klar. Keine Verständnisschwierigkeiten. Das war ja einfach.
Einer stolpert über das Wort »Gewalt«. Für ihn heißt das soviel wie Brutalität. Soll für solche Menschen gebetet werden? Das schafft Verunsicherung. Christinnen und Christen sind doch gegen Gewalt! Oder nicht?
Nein, sagt eine, es sind Herrscher, Könige gemeint. »Der Bürgermeister«, sagt jemand. Es wird gelacht.
Das weitere Gespräch erklärt mir das Lachen und den unbeschwerten Umgang der Jugendlichen mit dem Text: Sie beziehen ihn überhaupt nicht auf sich. Die Gemeinde, die hier zum Gebet aufgerufen ist, das sind Menschen ganz weit weg von ihnen - Christen und Christinnen eben.
Was sind denn das für Leute, frage ich. Einige Antworten: Menschen, die an Gott glauben, an die Bibel. Sie sind immer nett und hilfsbereit, gehen in die Kirche, sind bescheiden, setzen sich ein für andere, für die Umwelt, für den Frieden. Sie sind heilig, opfern Zeit für andere, sie sind dankbar Gott gegenüber - ja, und immer wieder: Sie beten.
Die Zustimmung zum Text heißt also: Ja, so ist es richtig, Christen und Christinnen sollen viel beten für andere.
Die Vorstellung, daß sie selbst die Gemeinde Christi sind, überrascht sie. »Ich habe noch nie gebetet«, sagt eine Konfirmandin. Ich bin erstaunt: Sie ist eine häufige Gottesdienstbesucherin. Offensichtlich bedeutet beten für sie etwas anderes. »Ich habe schon mal für jemanden gehofft«, sagt sie später. Als der Vater einen Autounfall hatte, da hat sie immer vor sich hin gesagt: »O, lieber Gott, laß ihn weiterleben!«
Jetzt überstürzen sich die Katastrophenschilderungen, und einige erzählen auch von ihren Stoßgebeten.
Ich sage, daß das doch auch alles Fürbitten sind. Ja, dann …

2. Der afrikanische Prediger

Ein Frauengottesdienst in der Gemeinde. Eine der Frauen hat einen Gast aus einer afrikanischen Gemeinde eingeladen. Er will ein kurzes Grußwort sagen - und schlägt eben unsere Perikope auf. Es wird eine Predigt daraus. Die bei den Jugendlichen wahrgenommene Distanz zur Gemeinde im 1. Timotheusbrief ist hier überhaupt nicht vorhanden.
Keine Frage, *uns* meint der Autor des Briefes, und was er sagt, ist wörtlich zu nehmen. Das Gebet ist das Wichtigste, denn es ist die Antwort des Geschöpfes an seinen Schöpfer. Wir sind es Gott schuldig, zu beten.
Beten hilft. Wenn du krank bist, mußt du auf die Knie gehen und beten, und Gott wird dich heilen. So steht es geschrieben, und Gott lügt nicht! Wenn ihr Gott nicht glaubt, was wollt ihr dann in der Kirche?
Wir sollen beten für *alle* Menschen. Für die Regierenden. Für den Bürgermeister. Für die Pastorin. Sonst können sie nämlich ihre Arbeit nicht gut machen. Sie brauchen die Fürbitte der Gemeinde.
Jesus Christus hat bereits alles getan, was zu unserer Rettung nötig ist. Alles, was wir tun müssen, ist beten.

3. Die Frauengruppe

Im Rückblick auf den Prediger und den Bibeltext reicht die Spanne der Reaktionen von Faszination bis Befremden. Beten für die Regierenden - dazu wird bei allen eine große Distanz deutlich. Kommen wir da nicht in Verdacht, die Politik »abzusegnen«? Aber wenn die im Rathaus wüßten, daß hier für sie gebetet wird, das würde das Miteinander wohl verändern, vielleicht würden sie sogar 'mal in die Kirche kommen?
Erinnerungen an die Weltgebetstage der Frauen: Da beten wir ja auch für die Menschen in einem bestimmten Land, auch für die Herrschenden natürlich. Und dieses Beten überall auf der Welt für ein bestimmtes Land verändert ja in der Tat etwas.
Aber warum wird in der Bibel gesagt, Jesus sei der einzige Mittler? Das hat so etwas Ausgrenzendes, Intolerantes. Das paßt überhaupt nicht in unsere Zeit (Balkankrieg).
Das Gebet für Menschen, die krank sind, wird von allen als ein liebevolles, warmherziges Tun empfunden. Das bestärkt die Kranken, macht Mut. Kritisch wird's, wenn vom Krankheitsverlauf Rückschlüsse gezogen werden auf den Glauben, nach dem Motto: Wenn du nicht gesund wirst, hast du nicht genug geglaubt.

Zum Gottesdienst

Andreas Zeuschner

Exegetisch-homiletische Skizze

Der Predigttext gehört zu jenen, die viele mit leichtem Unbehagen lesen. Auch ich gehöre dazu. Ein stilles und ruhiges Leben, das ist auch ein angepaßtes und unauffälliges. Das Gebet für die Regierenden steht »in Verdacht, die Poltik ›abzusegnen‹«, wie oben in den »Annäherungen« die Frauengruppe zu Recht befürchtet. Der Skopus dieser Perikope befindet sich zwar nicht in Vers 2 - zweifellos geht es hier um das Gebet für alle Menschen -, aber beachtet man den gesamten Kontext der Pastoralbriefe, so ist Vers 2 allerdings typisch. In diesen Christen des zweiten Jahrhunderts ist das ursprüngliche Feuer doch schon merklich abgekühlt. Man spürt nichts mehr von der Ekstase des Heiligen Geistes. Es ist nicht mehr die Rede von dem risikobereiten, angefochtenen, um sein Heil kämpfenden Glauben. An seine Stelle ist eine Frömmigkeit getreten, die vor lauter Ehrfurcht die sozialen und politischen Verhältnisse, die Ordnungen der Welt, nicht mehr anzutasten wagt. »Das politische Christentum ist ein Mißverständnis. Laßt uns beten.« Lebendig und kritisch, ja kämpferisch wird diese Frömmigkeit jedoch, wenn es um die Ketzerbekämpfung geht. Die Irrlehrer sind krank (vgl. Kapitel 1,10). Sie sind durch und durch verlogen, es hat keinen Sinn, mit ihnen zu reden. Man muß, mindestens mit verbaler Gewalt, gegen sie vorgehen. Die Lasterkataloge sind eigentlich Beschimpfungen Andersgläubiger. Vielleicht waren diese Andersgläubigen Markioniten. Bis heute wirft man Markion vor, er habe Paulus gefälscht. Aber seine Korrekturen waren eher geringfügig im Vergleich zu dem, was sein rechtgläubiger Kollege tat: Nach dem heutigen Wissensstand sind die Pastoralbriefe mit an Sicherheit grenzender Wahrscheinlichkeit frei erfunden. Das paßt schlecht zu der Ehrbarkeit, von der Vers 2 spricht, »würdiger Ernst« übersetzt ein Kommentator. Ich kann mir nur schwer vorstellen, daß der Verfasser in solcher Stimmung etwa die Passage 2. Timotheus 4,6–18 schrieb. Ein ironisches Lächeln wäre da doch eher angebracht gewesen. Andererseits: Vielleicht ist dieses Urteil auch zu hart und seinerseits moralistisch. Es macht keinen Sinn, frühe christliche Gemeinden zu verurteilen, von denen wir praktisch nichts mehr wissen. Womöglich rührt das Unbehagen an den Pastoralbriefen auch daher, daß wir in ihnen unsere eigene kirchliche Situation bereits recht deutlich wiedererkennen. Mit der korinthischen Gemeinde des Jahres 50 haben wir nicht mehr viel zu tun. Würden in einem evangelischen Sonntagsgottesdienst plötzlich Ekstatiker auftreten, charismatische Zungenredner, Propheten - wir wären bestürzt und jener liturgisch gebildete fiktive Paulus vermutlich ebenso. In seinem Leben gab es einen wohlgeordneten Gottesdienst, theologische Literatur

(»das anvertraute Gut«), er hatte mit Bischöfen, Diakonen und Presbyterien zu tun. Er war ordiniert. Er war einer von uns, einer der ersten. Wie er führen auch die meisten von uns ein ruhiges und stilles, ehrbares und mehr oder weniger frommes Leben. Lese ich die Pastoralbriefe, so habe ich das Gefühl, einem Kollegen zuzuhören, einem Schlawiner zwar, aber das paßt letztes Endes auch ins Bild. So ist die Kirche, damals wie heute, jedenfalls meistens. Sonst hätte sie die Zeit nicht überdauern können. Ekstasen sind Ausnahmeerscheinungen. Man muß sich einrichten in der Welt.
Da ist immer noch der Predigttext. Mittlerweile ist er selbst ein Teil des anvertrauten Gutes geworden, des Kanons der heiligen Schrift. Wenn er im Gottesdienst verlesen wird, ist er Teil der Liturgie, das verleiht ihm Bedeutung. Er hat seine Bedeutung vom Namen des Sonntags, Rogate. »Beten hilft.« So sieht es offenbar der afrikanische Kollege, der ebenfalls in den »Annäherungen« zu Wort kam. Wenn man krank ist, soll man beten, dann wird man gesund. Der theologische Einwand liegt einem auf der Zunge, wenn man das hört, aber vielleicht sollte man ihn doch eine Zeitlang zurückhalten. Könnte es sein, daß wir nur wenig oder nichts erwarten, wenn wir zu Gott beten? Jedenfalls nichts Konkretes? Daß Beten für uns ein Ausdruck von Frömmigkeit ist, aber nichts Charismatisches mehr in sich trägt? In jeder Bitte liegt doch ein Widerspruch: der Wille - oder der Wunsch? - zur Veränderung. Und in jeder Bitte liegt die Erwartung oder die Hoffnung, daß etwas sich ändern wird. Gebete brauchen keineswegs besonders fromm zu sein, das lehrt ein Blick in den Psalter. Gebete brauchen auch nicht charismatisch zu sein, sie haben ihren Platz auch in der Liturgie und in der Poesie. Aber eigenartig ist doch, daß die Konfirmanden (siehe ein weiteres Mal oben die »Annäherungen«), als sie den Gottesdienst besuchten, gar nicht merkten, daß dort gebetet wurde. Ich denke doch, daß etwas Konkretes geschehen kann, wenn man betet. Vielleicht bin ich selbst derjenige, der die Veränderung herbeiführt, vielleicht sind es andere Menschen, vielleicht sind auch Kräfte am Werk, deren Natur wir nicht durchschauen. Daher muß das Gebet für die Mächtigen nicht bedeuten, daß man einverstanden ist mit dem, was sie tun. Immerhin betet man zu dem Gott, der Gewaltige vom Thron stürzt (Lukas 1,52) - und wäre es nicht für so manchen Mächtigen besser, wenn er seine Macht verlöre?

Vorschläge zur Liturgie

Sündenbekenntnis

Wir versäumen unser Leben; wir überlassen anderen,
was wird aus dieser Welt.
Die Mächtigen entscheiden über unsere Köpfe hinweg.
Mit der halben Wahrheit wird Meinung gemacht.
Interessengruppen bestimmen, was recht ist.

So verspielt man das Leben.
Wir werden immer kleiner und abhängiger,
sind denen ausgeliefert, die das Leben verwalten, und lassen sie machen.
Das spricht gegen uns.

Absolution
Wir brauchen uns damit nicht abzufinden.
Wir können nach der Wahrheit fragen.
Wir können fragwürdige Interessen in Zweifel ziehen und ihnen widersprechen.
Wir können sie beim Wort nehmen, die unsere Stimme haben wollen.
Wir haben eine Stimme, nicht mehr und nicht weniger.
Wir können sie so gebrauchen, daß die Stimme der Wahrheit und des Friedens in diesem Land an Land gewinnt.

Kollektengebet
Gepriesen Du,
der Du das Törichte und Machtlose der Welt
auserwählt hast,
um alle Weltweisheit, alle Mächte zu beschämen.
Gepriesen Du, unbegreiflicher Gott,
der Du das Geringste der Welt, das Verachtete
auserwählt hast,
das, was nichts ist,
um das Bestehende zu entkräften,
der Du die Eigenmächtigkeit dieser Welt
als Torheit entlarvt hast,
als Du Deinen geringsten Menschen, Deinen eigenen Sohn,
der zu Tode gequält und
als Sklave gekreuzigt wurde,
uns als Messias gegeben hast.
Gepriesen Du
um deiner Torheit willen, weiser als die Menschen,
um Deiner Machtlosigkeit willen, mächtiger als die Menschen.
(Huub Oosterhuis: Menschen vor Tag und Tau. Wege der Nachfolge, © Verlag Herder, Wien 1978, Seite 64)

Liedvorschlag
Gott liebt diese Welt (409)

Vorschlag zur Predigt

Möglicher Anfang

Ein ruhiges und stilles Leben, liebe Gemeinde, würden manche von uns in diesen Tagen vielleicht gerne führen. Es passiert ja so einiges. Vergünstigungen werden gestrichen, soziale Leistungen gekürzt, Arbeitsplätze werden verlagert, wie man das nennt, an Orte, wo Menschen ihre Arbeitskraft zu Hungerlöhnen verkaufen müssen. Unruhe herrscht in der Bevölkerung. Viele machen sich Sorgen um ihre materielle Zukunft, die Gewaltbereitschaft steigt, vor allem bei denen, die keine Perspektive mehr haben, die die Verlierer des allseits beschworenen Strukturwandels sind. Mehr und mehr bestimmt die Technik unser Leben und fordert unsere Anpassungs- und Lernbereitschaft bis ins Rentenalter. Neue Medien und Internet, neue Produktionsverfahren - wer kennt sich da noch aus? Wer kann da noch mithalten? Ein stilles und ruhiges, noch dazu ein frommes und ehrbares Leben, das klingt ein wenig langweilig. Andererseits ist der Bedarf an Abenteuern bei den meisten Menschen auch schnell gedeckt. Die ersten Christen zum Beispiel gingen ja nicht mit Bibel und Gesangbuch zur Kirche, sondern trafen sich notfalls auch in unterirdischen Katakomben und tauschten geheime Losungsworte aus. Sie waren eine mal verfolgte, mal geduldete Minderheit in der damaligen Gesellschaft, und es erging ihnen wie jeder Minderheit zu jeder Zeit: Im günstigsten Falle wurden sie belächelt, im ungünstigsten tötete man sie. Kein Wunder eigentlich, daß sich die Christen der dritten oder vierten Generation, an die unser Predigttext ursprünglich gerichtet war, nach Ruhe und Sicherheit sehnten, nach einem normalen bürgerlichen Leben. Daß sie als ehrbare Bürger angesprochen werden wollten und nicht als verrückte Sektierer.

Zum weiteren Verlauf

Andererseits: Haben wir uns in der Vergangenheit nicht zu sehr an die Behaglichkeit eines rundum versicherten Lebens gewöhnt? Der Wohlfahrtsstaat schützte uns vor den finanziellen Risiken der Krankheit, des Alters und vorübergehender Arbeitslosigkeit. Aber für die meisten Menschen auf diesem Planeten ist »Rentenversicherung« ein Fremdwort; sie müssen hungern, wenn sie ihre Arbeit verlieren, und sie haben kein Geld, um einen Arzt zu bezahlen. Der rauhe Wind, der anderswo schon lange weht, dringt nun auch durch die Ritzen des europäischen Hauses. Wir müssen uns dieser Herausforderung stellen, ein Ausweichen ist nicht möglich. Sicher, man möchte lieber in Ruhe gelassen werden, aber Ruhe ist uns am Ende dieses nervenaufreibenden Jahrhunderts nicht vergönnt. Und was die Evangelische Kirche in Deutschland betrifft, so ist sie zwar weit entfernt von den Zuständen im alten Rom, aber dennoch - zum ersten Mal seit tausend Jahren - auf dem Wege, wieder zu einer Minderheit zu werden. Das aber bedeutet für uns alle ein Umdenken, das im besten Falle eben erst

begonnen hat. Der Wunsch nach Ruhe ist verständlich, aber dabei handelt es sich, wenn nicht alles täuscht, um die Ruhe vor dem Sturm.
Was ist zu tun? Wir sollen beten, fordert uns der Predigttext auf, beten für die Mächtigen, die Menschen in Führungspositionen, für die Könige. Hier müssen wir ein wenig den Staub der Jahrhunderte abkratzen. Könige gibt es zwar noch, aber sie sind nicht mehr besonders mächtig, und mit der Queen von England muß man bereits Mitleid haben. Wer sind denn die Mächtigen in unserer Zeit? Der deutsche Bundeskanzler, der amerikanische Präsident? Die sicher auch, aber auch sie nur unter anderen. Es gibt noch weitere, ebenso mächtige Menschen, die niemand je gewählt hat und die niemand abwählen kann, Medienmogule, Softwareriesen, Baulöwen, Großinvestoren. Die meisten dieser grauen Damen und Herren kennt man gar nicht, aber sie bestimmen über uns. Für diese Leute beten: Ist das nicht eine reichlich absurde Vorstellung? Man betet vielleicht für die Kranken, die Unterdrückten, die Einsamen, eben für die Ohnmächtigen. Aber für die Mächtigen? Wozu? Warum?
Diese Frage verdient es, einmal grundsätzlicher behandelt zu werden. Worum überhaupt können oder sollen wir beten? Was erwarten wir eigentlich, wenn wir Gott um etwas bitten? Und liegt nicht im Bittgebet ganz allgemein schon etwas unangemessen Demütiges? Nicht unbedingt. Denn wer betet, der fordert Gott auch heraus. Er ist unzufrieden mit dem, was ist. Er – oder sie – will, daß sich etwas ändert und äußert sich auch dazu. Ein Bittgebet wäre sinnlos, wenn der Wille Gottes und damit der Lauf der Dinge unbeeinflußbar wären. Und wer sagt denn, daß wir uns in den Staub werfen müßten, bevor wir es wagen können, das Wort an den Allmächtigen zu richten? Ist er nicht uns, seinen Geschöpfen, auch etwas schuldig? Und ist er wirklich allmächtig? Diese Frage wird man doch wohl noch stellen dürfen, auch ihm selbst. Unser Predigttext verleitet uns, und das ist eine Gefahr, die in ihm liegt, er verleitet uns dazu, uns zu demütigen – vor Gott, dem Vater, dem Allmächtigen, Schöpfer Himmels und der Erden, aber auch vor den Mächtigen dieser Welt. Das ist nicht gut. Der Satz »Seid untertan der Obrigkeit« ist sehr gefährlich. Und ebenso gefährlich ist es, das Handeln Gottes wie ein unabänderliches Schicksal hinzunehmen. Die Patriarchen, Propheten, Apostel der Bibel und auch Jesus Christus selbst, sie haben ein Nein Gottes nicht ohne weiteres akzeptiert. Sie haben versucht, ihn umzustimmen, wenn auch, das muß zugegeben werden, ohne großen Erfolg. Das ist allerdings hart. Selbst wenn sie beten, haben die Ohnmächtigen nur selten Erfolg.

Möglicher Schluß

Und trotzdem haben sie die Macht auf ihrer Seite. Denn einer ist Gott – was, nebenbei gesagt, nicht bedeutet, daß die Christen diesem Gott immer am nächsten sind. Und einer ist Mittler zwischen Gott und Menschen, der Mensch Jesus Christus, der Ohnmächtige, der den Abgrund zwischen Gott und Menschen überbrückte und dafür sein Leben gab. Dieses sakrale

Opfer, dieses zentrale Ereignis der Menschheitsgeschichte, hat dem Lauf der Dinge ein für allemal eine andere Richtung gegeben. Denn der unbewegte Beweger, der göttliche Magier hinter den Kulissen, läßt sich nunmehr als Mensch ansprechen. Er ist verletzlich geworden, er weint wie ein Mensch. Er verlangt nicht mehr, daß man ihm dient, wie auch Jesus das von niemandem verlangt hat. Das Ereignis von Golgatha ist nicht nur der Sieg über Sünde, Tod und Teufel. Es ist auch ein Sieg über Gott. Ostern bedeutet nicht nur die Auferstehung des Menschen, sondern auch die Auferstehung Gottes. Von nun an trägt der Mensch göttliche und Gott menschliche Züge. Wer nicht Diener eines Menschen ist, der kann auch kein Diener Gottes mehr sein, und wer es wagt, Menschen zu widerstehen, der wird auch bereit sein, Gott zu widerstehen. Aber zugleich ist Ostern, glücklicherweise, auch der Sieg Gottes über den Menschen. Der Sieg des Ewigen über das Vergängliche, der Hoffnung über die Verzweiflung, der Liebe über die Angst. Die Macht der Herren dieser Welt ist nicht von Dauer. Sie ist nur geliehen, und sie muß zurückgegeben werden. Für sie beten, heißt hoffen, daß ihre Macht sie nicht unmenschlich macht, heißt hoffen, daß schließlich alle Menschen zur Erkenntnis der Wahrheit kommen. Und deshalb heißt für sie beten manchmal auch: gegen sie beten.

Kontexte

Weg ins Schweigen
Ich sitze. Es ist still. Die tickende Uhr ist in den Schrank gestellt. Um mich ist es ganz still. Der Boden, auf dem mein Sitz steht, ist still ... Die Wände - ich lausche, nichts ist von ihnen zu hören. Die Möbel - ich höre ihre Stille. Die Bilder an der Wand - sie sind still. Alles im Zimmer ist still, ich höre es.
Nichts bewegt sich. Die Wände sind regungslos ... auch der Boden, ich sehe es ... der Teppich ... mein Sitz ... der Schrank ... das Bett. Alles steht ohne Bewegung. Auch ich bin still ... kein Geräusch geht von mir aus. Ich höre meine Stille ... Ich bin bewegungslos. Hände, Arme, Beine, der ganze Körper ist regungslos ... losgelassen ... in Ruhe ...
Nur der Atem geht, ein und aus. Geräuschlos, still ... Das Herz schlägt ... geräuschlos, still ...
Alles um mich ist still und schweigt. Mein Leib schweigt. Alle seine inneren Bewegungen verlaufen still, das Strömen des Blutes, der Kreislauf, die Arbeit der Organe, die Neubildung der Zellen ... alles geschieht in tiefstem Schweigen ...
Ich bin innerlich ganz losgelassen ... Ich sinke hinab in die Tiefe meines inneren Schweigens ... »Komm in mein Schweigen«, so kommt es von dir. Nur in der Tiefe des Schweigens ist dein wortloses Reden zu vernehmen ... Wie ein Schwamm ins Wasser sinkt, so sinke ich in dein Schweigen ... Es nimmt mich auf ... Es dringt in mich ein ... es durchdringt mich ... es läßt mich Anteil nehmen. Ich verharre im Schweigen dieses Zimmers ... meines Leibes ... meines Inneren ... ich bin in deinem Schweigen.
(Klemens Tilman, Leben aus der Tiefe. Kleine Anleitung zur inneren Versenkung und christlichen Meditation, © Benziger Verlag, Zürich, 5. Aufl. 1979, Seite 28)

Ruhe vor dem Sturm
Da Wald steht stüh
ka Vogel fliagt am Himmel
und unter ana Bruckn, zwa Kinder, die si duckn
und eng und enger ruckn
da Wind kommt auf
der erste Blitz zuckt nieder
und unten in die Häuser wern die Gebete leiser
der Haß wachst auf'n Kaiser
des Volk schaut nimmer länger zua
die Ruhelosen wolln a Ruah
es läut die Glockn aufn Turm
des is die Ruhe vor dem Sturm
der Sturm bricht los
es riacht nach Pech und Schwefel
die Weiber in der Kammer, die packt der große Jammer
der Tischler schwingt sein Hammer
der Tod geht um
die Felder liegn voll Leichen
die Scheiterhaufen brennen, ma siecht die Menschen rennen
es regnet Bluat und Tränen
der Aufstand is im Keim erstickt
der Pfarrer auf der Kanzel nickt
er läut die Glocken auf'n Turm
doch auch die Ruhe nach dem Sturm
is nur die Ruhe vor dem Sturm

(Georg Danzer: Ruhe vor dem Sturm. Produziert von Gerhard Kämpfe und Georg Danzer © 1981 Polydor International GmbH)

Christi Himmelfahrt

Annäherungen an den Predigttext Apostelinnen- und Apostelgeschichte 1,3–4 (5–7) 8–11

Sigrid Lunde

Äußerungen eines Gesprächskreises aus ehemaligen Schülerinnen der Diakonenschule Bad Kreuznach - angeregt, mitgeschrieben und gekürzt von Pfarrerin Sigrid Lunde.

Die Geschichte der Himmelfahrt Jesu ist schwierig. Ich kann mit ihr wenig anfangen. Es ist, denke ich, kein Zufall, daß der Himmelfahrtstag sich mit dieser »Fest-Geschichte« nicht eingebürgert hat. Der »Vatertag« ist Ausdruck von viel Verlegenheit angesichts eines freien und doch nicht sinnvollen Festtages.

Als Kindergottesdienst-Kind habe ich die Himmelfahrtsgeschichte allerdings ganz toll gefunden. Ich habe mir immer wieder vorgestellt, wie Jesus auf einem Berg um mein Heimatdorf (und auf welchem am schönsten ...) hätte auffahren können.

Die Auferstehung (Ostern) und die Ausgießung des Heiligen Geistes (Pfingsten) sind Feste, die eine Stoßkraft für dieses Leben entfalten. Die Himmelfahrt drückt für mich dagegen Abschied, ein Sichverabschieden, einen Rückzug aus dieser Welt aus.

An eine Beerdigung erinnert mich, daß hier alle noch einmal zusammenkommen und letzte tröstende Worte gesagt werden.

Die Worte, die den Jüngern gelten, werden für mich erdrückt von den Fahrstuhl-Assoziationen. Lächerlich real haben sich mir Bilder mit den Fußabdrücken auf dem Berg und einem darüber schwebenden Christus eingeprägt. Wer weiß denn schon, wie sehr die Himmelfahrt Jesu aus biblischen Geschichten herauswächst, die die Himmelfahrt des Henoch, Mose und vor allem des Propheten Elia erzählen! (2. Könige 2,1–11)

Es hilft mir auch wenig, daß ich etwas vom Herrschaftsantritt, vom unbegrenzten Bei-den Jüngern-sein des zur Rechten Gottes Erhöhten im Kopf habe. Ich frage mich, wo dieser Unterschied wahrnehmbar ist, der die Jünger den göttlichen Beistand »alle Tage bis an der Welt Ende« nun nicht mehr Gott, sondern dem Auferstandenen zuschreiben läßt?

Ich habe etwas Vergleichbares bei meiner Oma erlebt, als ihr Mann gestor-

ben war. Himmel und Ewigkeit wurden für sie immer mehr eins mit dem Verstorbenen. Wo Gott war, war »er«, und »er« war so etwas wie ihr neuer, sehr viel intensiverer Zugang zu Gott, zum Himmel.
Wenn es stimmt, daß in den immer wieder in der Bibel auftauchenden vierzig Tagen die vierzig Wochen anklingen, die eine Schwangerschaft dauert, geht es darum, daß die Jünger neues Leben, daß sie sich selbst neu gebären!
Mir gefällt, daß in den Abschied auf diese Weise der »Zauber« des Neuanfangs hineinkommt, »der uns beschützt und der uns hilft zu leben«, wie es in H. Hesses Stufen-Gedicht heißt.
Das Leben der Jünger gelangt aus Schuld und Selbstmitleid heraus auf eine neue Stufe. Man kann sich nicht hochjammern, wohl aber hocharbeiten!
Ich habe eine Freundin, die im letzten Jahr einen Unfall hatte. An ihr habe ich begriffen, daß man noch mehr als an dem, was einem zustößt, an dem leiden kann, wie man das Geschehene hinnimmt.
Man sagt bei uns im Dorf: »Wenn du willst, daß dein Kind festen Boden unter den Füßen hat, mußt du es mit Pflichten beschweren.« Jesus sorgt mit seinen letzten Worten für die Bodenhaftung der Jünger: »Ihr werdet meine Zeugen sein zu Jerusalem und in ganz Judäa und Samaria und bis an das Ende der Erde.«
Im Kindergottesdienst habe ich einmal einen Hyazinthen-Topf als Beispiel benutzt. Ich stellte ihn - wir saßen im Kreis - einige Zeit in unsere Mitte und trug ihn dann heraus. Der Duft blieb. »Jesus hinterläßt uns den Duft seiner Jahre auf der Erde«, habe ich gesagt.
Ich komme zunehmend mit der Himmelfahrtsgeschichte besser zurecht, wenn ich in ihr Lebenserfahrungen beschrieben finde. Das gibt es ja z. B., daß für uns plötzlich eine gute Entwicklung einsetzt, wo wir dachten, es hat uns eine Katastrophe getroffen. Die Wolke, die Männer in weißen Kleidern passen dazu. (Sind Mose und Elia oder Engel gemeint? vgl. Lk 9,30) Die Augen der Augenzeugen sollen das Sehen und Starren auf einen äußeren Vorgang aufgeben!
Auf dem Wandteller meiner Tante steht folgender Spruch: Um glücklich zu sein, braucht der Mensch eine Aufgabe, einen geliebten Menschen und eine große Hoffnung. In der Himmelfahrtsgeschichte bekommen die Jünger nach dem Zerbrechen ihres großen Lebenstraumes (Jesus wird das Reich Israel aufrichten, V. 6) eine Aufgabe - Jesus als bleibenden, geliebten Menschen und die große Hoffnung auf ein Wiedersehen. Für meine Oma ist es die schönste Hoffnung: Wir werden uns wiedersehen, ich und mein Mann. Sie stellt sich vielleicht etwas Verkehrtes vor, aber was ist hier richtig?
Wir haben einmal darüber gesprochen, daß am Ende nicht unser Kopf, sondern unser Herz wohl gemessen wird. (M. L. Kaschnitz) Vielleicht sollen wir die Himmelfahrtsgeschichte mit ihren Bildern vor allem so hören, daß das Herz wachsen kann. Und vielleicht geht es der Bibel überhaupt nur darum ...

Wir beenden das Gespräch mit dem Gesang aus Taizé:

M.: Jacques Berthier, T.: Gesang aus Taizé, © Les Presses de Taizé, Deutsche Rechte bei Verlag Herder, Freiburg

Zum Gottesdienst

Heinz Behrends

Exegetisch-homiletische Skizze

Himmelfahrt wird zunehmend draußen vor den Toren, auf den Plätzen, in Waldlichtungen und auf Wiesen gefeiert.
Dafür gibt es gute Gründe. Den geöffneten Himmel, den Zugang zu Gott durch Christus unter offenem Himmel feiern.
Die Ausgießung des Heiligen Geistes im geselligen Miteinander ohne die Begrenzung des sakralen Raumes erleben.
Unter der Hand aber droht aus dem Christusfest ein Schöpfungs-Fest zu werden. Himmelfahrt gewinnt dadurch an Popularität, weil der Erste Glaubensartikel plausibler für den säkularen Menschen ist als der Zweite. Wir haben durch die Gottesdienstpraxis im Freien die Vatertagsideologie eingeholt und adaptiert.
Das Verschwinden der christologischen Bedeutung von Himmelfahrt scheint selbst die Theologie erfaßt zu haben. Die Historizität des leeren Grabes wird mit Lüdemann leidenschaftlich diskutiert, im Blick auf Himmelfahrt scheint dieselbe Frage von keinem Interesse zu sein.
Dabei beschäftigt sich offensichtlich schon der Evangelist Lukas mit ihr.
Da hat der Mensch Jesus von Nazareth geredet und gelebt. Seine Weise, Gott und den Menschen zu sehen, hat er verdeutlicht in den Seligpreisungen, der Feldrede und den Gleichnissen. Das muß den Widerstand der Mächtigen in Staat und Gesellschaft provozieren. Sie richten ihn hin. Aber die Jüngerinnen und Jünger sagen nach einer kurzen Zeit der Verunsicherung – unterstützt durch Erscheinungen –: Das ist es. Was wir gesehen und gehört haben, ist die Verkörperung des Willens Gottes. Sie gehen los, reden davon und versuchen, es zu leben. Bald wird sich alles in einem wiedererrichteten Israel erfüllen. Als Lukas aufzuschreiben anfängt, liegen diese ersten Erfahrungen

zwei Generationen zurück. So schreibt er eine Geschichte in zwei Büchern im Sinne eines historischen Prozesses. Das zweite Buch muß deshalb mit dem Ende des ersten Buches, des Evangeliums, anfangen, mit dem lebendigen Christus. Die Frage, wie die Verkörperung des Gotteswillens nach der Trennung der Jünger vom leibhaftigen Jesus weiterwirken kann, muß gelöst werden. Wie ist das Ausbleiben des wiedererrichteten Israel zu verstehen? Die Frage nach Raum und Zeit ist also neu zu beantworten. Deshalb würde ich Vers 5–7 mit einbeziehen. Sie beschreiben den Horizont der Jünger und verleihen dem Text eine dialogische Struktur.

So öffnet Lukas in einem großen Entwurf einen Raum bis an die Enden der Erde und eine Zeit von der Kreuzigung bis zur Wiederkunft Christi. Mittendrin wir in der Kraft des Heiligen Geistes. Christus selbst zeigt sich durch Beweise im Sinne von vielen Zeugnissen. Und wir leben in einem neuen Verständnis von Raum und Zeit.

Die Jünger sind noch dem alten Bund und Bild verhaftet und fragen nach der Wiedererrichtung Israels. Lukas antwortet auf die Frage nach der Zeit mit dem Hinweis auf die Souveränität der Entscheidung Gottes. Den Raum weitet er von Jerusalem über die ganze Welt. Die Frage schließlich nach dem Wer beantwortet er mit dem Hinweis auf die Zeugen in der Kraft des Heiligen Geistes. Damit ist das theologische und literarische Programm der Apostelgeschichte verkündet. Jesus verläßt die Welt und übergibt sie seinen Jüngern. Nur, alles ist Gottes Werk. Die Wolke zeugt wie in den anderen Epiphaniegeschichten auch (z. B. Lukas 9,34 f.) von der Gegenwart Gottes. Jesus fährt nicht aktiv in den Himmel, sondern er wird aufgenommen (analambanein). Das Motiv der Entrückung ist religionsgeschichtlich vertraut. Aristoteles, Alexander, Romulus und Augustus werden entrückt, genau wie Elia. Aber wichtiger als die Entrückung, der Blick nach oben, ist der Blick nach vorne. Was schaut ihr zum Himmel? Zeugen sollt ihr sein bis zur Parusie Christi. Lukas verschiebt also die Wiederkunft Christi weg von dem objektiven Weltenende hin zur Reaktion der Menschen, zu ihrer subjektiven Befindlichkeit.

Die Jünger erwarten die Wiederkehr politischer Machtstrukturen. Jesus verheißt ihnen dagegen die Überwindung von Grenzen in einem neuen Geist. Jesus reißt neue Horizonte auf, verläßt die Jünger und stellt sie in die eigene Verantwortung, die Verheißung zu leben.

Das soll das Thema meiner Predigt sein.

Himmelfahrt kann Erfahrung werden. »Ich komme zunehmend mit der Himmelfahrtsgeschichte besser zurecht, wenn ich in ihr Lebenserfahrungen beschrieben finde.« (Siehe Annäherungen)

Als Gemeinde erwarte ich viele Menschen, denn wir feiern unter offenem Himmel im Botanischen Garten oben am Berg. Ich versuche, die Öffnung zu einem gelungenen Leben, die durch Christus in unser Leben gekommen ist, durch die Atmosphäre unter offenem Himmel unterstützt zu sehen. Ich erwarte Männer und Frauen, die sich an anderen Tagen distanziert zur Kir-

che verhalten, die den Weg durch das Gartentor leichter finden als durchs Kirchenportal.
Aber ich denke, auch die vielleicht kleine Gemeinde, die am Himmelfahrtstag in ihrem Kirchenraum bleibt, verträgt die Öffnung der Horizonte. Mein Alternativ-Entwurf geht Himmelfahrt mit einer Themenpredigt an. Das Leben in der Spannung zwischen Himmel und Erde.
Himmelfahrt richtet meinen Blick vom Himmel auf die Erde. Was gafft Ihr zum Himmel? Geht nach Galiläa in den Alltag. Und sie richtet meinen Blick wieder auf den Himmel zurück.

Vorschläge zur Liturgie

Kollektengebet
Gott, nicht mit meinen Augen haben wir Deinen Sohn Jesus Christus gesehen, und unsere Hände haben seinen Leib nicht berührt, und doch versuchen wir, an ihn zu glauben.
Wir bitten Dich, rüste uns aus mit deiner Kraft, sende uns Deinen Heiligen Geist, der uns zur vollen Wahrheit bringen wird schon jetzt, in diesem Leben und bis in Ewigkeit. Amen.
(Huub Oosterhuis, Du bist der Atem und die Glut, Verlag Herder, Freiburg 4. Aufl. 1996)
Du hast Dich geöffnet, Gott, hast Grenzen in Christus überschritten, die wir gebaut haben.
Nun öffne auch uns, daß wir hören und sehen das Leben, das Du uns durch Christus bereitet hast in der Kraft des Heiligen Geistes. Amen.

Fürbittengebet
Der Du uns die Erde gibst, Gott, daß wir sie bewohnen, der du die Welt siehst, Du weißt, daß wir ohnmächtig sind für Friede und Gerechtigkeit – und rufst uns doch bei unserem Namen, Mensch um Mensch, daß wir recht handeln und gut sind.
Wir bitten Dich für alle Deine Menschen, groß und klein, wie immer auch erschaffen, überall gleich und immer wieder miteinander im Krieg.
Wir bitten Dich für jene, die am wehrlosesten sind, Kinder, Arme, mißhandelte und hungernde Menschen, Flüchtlinge, Kranke und Sterbende; für Menschen ohne Zukunft bitten wir, für alle, die großes Leid ertragen müssen.
Du weißt, was in uns ist.
Nicht für den Tod, zum Leben hast du uns erschaffen.
Sende uns Deinen Geist, gib uns die Kraft, Menschen zu werden um jeden Preis; daß wir keiner Leere nachlaufen, vor keiner Wahrheit flüchten und Deinen Namen nicht vergessen; daß wir Dein Reich beschleunigen und Deinen Willen vollbringen: Das Brot miteinander teilen und alles Böse, das uns angetan wird, vergeben. Amen.
(Huub Oosterhuis, Im vorübergehn, Verlag Herder, Freiburg 4. Aufl. 1996, Seite 272)

Gott, Du hast Grenzen öffnen helfen in unseren jüngsten Tagen, mitten in Europa und in Südafrika. Wir danken Dir.
Wir bitten Dich: Wirke durch Deinen Heiligen Geist in Menschen, die Verantwortung tragen für die Geschicke der Welt, daß sie nicht Mauern bauen. (Hier aktuelle Beispiele eintragen)
Gott, Du hast in Jesus von Nazareth uns das Leben gezeigt, das Du für uns gedacht hast: Liebe, Friede, Wahrheit und Barmherzigkeit. Wir danken Dir.
Wir bitten Dich: Befreie uns von aller Selbstbeschäftigung. Öffne unsere Sinne für Menschen, die uns brauchen. (Hier aktuelle Beispiele)
Gott, Du hast mir das Leben geschenkt, mich gewollt und begleitet alle Tage, mir eine Zukunft verheißen. Ich danke Dir.
Ich bitte Dich: Berühre mich. Löse mich, wo ich festgefahren bin in Sackgassen, festgelegt auf meine Bilder. Lehre mich, Menschen, die mir vertraut sind, neu zu sehen. Schenke mir die Wahrheit und die belebende Kraft des Heiligen Geistes. Amen.
(Die Gemeinde kann jeweils mit einem gesungenen Kyrie antworten.)

Lieder
EG 260 Gleichwie mich der Vater gesandt hat; EG 499 Erd und Himmel sollen singen; EG 588 (Anhang Niedersachsen) Der Himmel geht über allen auf; EG 789.1 (Anhang Niedersachsen) Laudate omnes gentes

Vorschlag zur Predigt

Predigtanfang
»Der Himmel ist bedeckt. Ich sitze wie so oft vor meinem Fenster am Schreibtisch und schaue hinaus auf das Tal, unten auf die Stadt.
Ich sehe die Wolken in ihrer unterschiedlichen Färbung, dem hellen Grau bis zu einem dunklen Schwarzton. Wie eine dunkle Masse scheinen sie in ihrer Schwere an mir vorbeizuströmen. Immer neue Wolken wachsen nach von West nach Ost. Hier und da nur ein kleiner heller Fleck. Dahinter ahne ich ein Licht, das die Wolken von hinten anstrahlt, sehe die Quelle aber nicht. Mein Blick hat etwas Faszinierendes, aber auch Bedrängendes. Die Wolken schließen mich in meiner Welt hier oben ein. Und das mitten im Frühling, wo die Bäume - noch ohne Laub - den Blick auf meine Welt und die Stadt doch noch frei gegeben haben.
Ich arbeite dort unter dem Fenster an meiner Predigt und schaue ab und an mal wieder auf und nehme eine sich langsam entwickelnde Veränderung wahr. Die Farben am Himmel verändern sich. Ein größeres Loch ist in die Wolkendecke gerissen, die sich zu verziehen scheint. Der Blick auf die Stadt wird frei. Erste Häuser erkenne ich, die Kirche mit ihrem grünen Turmhelm, das Hochhaus der Uni mit seinen blauen Fenstern.
Das Grau am Himmel verwandelt sich in ein Blau. Ich muß nicht mehr

lange warten, bis sich der Horizont zeigt. Die beiden kleinen Dörfer am anderen Ende des Tales mit dem Rot ihrer Dächer erscheinen klar vor meinen Augen. Und schließlich die Linie des Bergkammes dort drüben. Die Bäume - sonst kaum zu erkennen - scheinen mir ganz nahe zu rücken. Der Himmel hat sich geöffnet. Es liegt alles klar zu tage vor meinen Augen. Klar wie ich es selten von meinem Fenster aus sehe.
Der Blick weitet sich, Horizont tut sich auf.
Ich genieße das immer, wenn ich es erlebe. Es gibt mir ein Bild vom Wesen der Himmelfahrt.«
(Hier kann die Predigerin/der Prediger auch von einer anderen Horizonterfahrung erzählen.)
»Das ist eine gute Erfahrung, wenn erkennbar wird, was lange im Dunst verborgen lag.
Wenn sich vor mir der Himmel öffnet, denke ich nicht mehr an den Zeitpunkt, an dem es geschah, sondern der Raum, der sich mir öffnet, ist wichtig. Ich vermute, den Jüngern erging es damals nach Ostern ähnlich. Sie sitzen da nach all ihren Erfahrungen mit ihrem Herrn und Begleiter, sie haben sein Sterben erlebt und nun erscheint er ihnen. Ihre alten Träume werden wach, doch diese sind rückwärtsgewandt.
Wirst du jetzt das Reich Israels wieder errichten? fragen sie.
Sie bleiben in ihren alten Visionen und Strukturen.
Und wann wird es sein?
Sie sind an dem Zeitpunkt interessiert. Jesus antwortet ihnen mit einem neuen Raum, den er ihnen eröffnet hat. Himmelfahrt bedeutet für die Jünger, daß ein Horizont für sie aufgerissen oder aufgedeckt wird. Sie werden Grenzen überwinden.
So ist dann Himmelfahrt für sie kein historisches oder physikalisches Faktum, sondern ein Erfahrungsfeld.«

Zum weiteren Verlauf
Ich suche nach solchen Erfahrungen, die Horizonte erschließen und erweitern, Grenzen überschreiten lassen.
Ich erzähle von dem Vater, dem Mann der 68iger Generation. Die Erziehung seiner drei Kinder war geprägt von liberalem, nicht-autoritären Geist. Aber er hatte auch klare Vorstellungen von dem, welchen Weg seine Kinder gehen sollten, die er allerdings gerne verbarg: eine humanistische Bildung, wie er sie selber nicht genossen hatte. Bildungsideale als Fundament für jede weitere Ausbildung, Fleiß, mit dem er sich hochgearbeitet hatte. Die Kinder merken das und wehren sich dagegen. ›Wir wollen unsere Jugend genießen‹, sagen sie. Der Vater wird mit seinem Konflikt nicht fertig. Die natürliche Sperrigkeit der Kinder in den Jahren der Pubertät verschärft seine Situation. Er hat sich ein Bild gemacht und bleibt darin gefangen. Der Konflikt erfaßt schließlich auch die Ehe.
Bis ein Freund sagt: »Was ist eigentlich bei euch los!«

Langsam kommt ein Gespräch in Gang. Vater spürt die Fesseln, die er sich durch seine Maßstäbe angelegt hatte. Das Gespräch mit den Kindern und seiner Frau fängt an zu gelingen. Die Kinder hatten sich inzwischen längst zu kreativen und selbständigen Menschen entwickelt, nur eben nicht durch Fleiß. Der Anstoß, die eigene Begrenzung zu überwinden, war für ihn von außen gekommen. Wenn man so will, im Geiste Jesu.
Ich wähle eine aktuelle Erfahrung aus dem Bereich des gesellschaftlichen Lebens.
Ich sitze als fast Fünfzigjähriger auf einer Geburtstagsparty eines Studenten mit vielen jungen Menschen auf dem Boden in der Studentenbude. Wir kommen ins Gespräch. Ich erzähle, wie sehr mir das Problem der Arbeitslosigkeit zu schaffen macht und welche Initiativen ich gerade angestoßen habe, projektbezogen neue Arbeitsplätze zu schaffen und fühle mich stark dabei. »Das ist es alles nicht«, sagt eine junge Studentin, selbst bald auf der Suche nach einem Arbeitsplatz, »das ist ein Kurieren an der Oberfläche. Damit bleiben wir in den Strukturen, die die Probleme gemacht haben. Wir brauchen neue Lebensformen, neues Zusammenleben von Jung und Alt, Alt und Alt, in denen mehr Solidarität möglich ist. Diese Formen müssen wir dann leben.«
Ich hatte gedacht, einen neuen Horizont aufgedeckt zu haben. Plötzlich bin ich angestoßen, noch einmal ganz anders hinzuschauen, um weiter zu sehen. Sie wird nicht wissen, was sie bei mir ausgelöst hat, aber sie hat mein Denken verändert. Der Impuls kam von außen.
Der Geist des Auferstandenen hat gewirkt.
»Der lebendige Christus hat Horizonte eröffnet durch sein Leben und sein Wort. Er hat eine neue Grundhaltung in die Welt gebracht, die fern ist von allen Machtstrukturen. So herrscht er auf andere Weise, er herrscht durch Zeugen.
Himmelfahrt wird erfahrbar für die Jünger. Christus gibt sein Vermächtnis in die Hände der Jünger. Pfingsten haben sie es verstanden.
Pfingsten und Himmelfahrt, das kannst du selbst erleben.«

Alternative

Können Sie heute morgen Himmelfahrt erklären?
In einem Satz, einem Bild?
(Stille)
Der russische Übersetzer war in der Not, erklären zu müssen, als sein Präsident Breschnew zufällig an einem Himmelfahrtstag in Bonn zum Staatsbesuch war. Er sah, daß alle Läden geschlossen waren und fragte nach dem Grund. Der Übersetzer mußte nun für ihn Himmelfahrt übersetzen, überlegte und sagte: »Heute ist der Tag der Luftwaffe, Genosse Präsident.«
Himmel ist der Ort der Waffen.

Eine Anekdote zum Schmunzeln, aber ein Übersetzungsproblem ist Himmelfahrt auch für uns, denke ich.
Hier mein Versuch heute:
Himmelfahrt kennen andere Religionen auch. Die Griechen sagen, Herakles sei gen Himmel gefahren. Die Römer behaupten dasselbe von Romulus. Die einen rühmen damit die Kraft eines Helden, die anderen die Göttlichkeit des Gründers der Stadt. Die Moslems kennen Himmelfahrt. Der Felsendom in Jerusalem sei der Ort, an dem die Heiligkeit des Propheten offenbar wurde. Christi Himmelfahrt ist ein Gegenbild zu diesen Vorstellungen. Kein Held wird im Himmel aufgenommen, sondern ein Hingerichteter. Einer, der die Erde nicht verläßt.
Was ist dann Himmel?
Himmel ist Synonym für Gott. Nicht Gott ist im Himmel, sondern wo Gott ist, da ist Himmel.
Die große Leistung der biblischen Tradition ist, den Himmel entgöttert zu haben. Gott hat den Himmel geschaffen. Er ist Herr auch über den Himmel. Wir projizieren unsere ungelösten Probleme in den Himmel. Manche Energie, die auf die Erde gehörte, wird in den Himmel abgelenkt. Dennoch hat Gott den Himmel entzaubert.
Wenn trotzdem gesagt wird, Gott sei im Himmel, meint man: Macht euch kein Bild von ihm, macht ihn Euch nicht verfügbar. Denn er ist nicht weit weg. Er hat gesagt, er sei der, der mit euch geht, Jahwe, so wird sein Name im Alten Testament gedeutet.
Wenn Sie so wollen: Gott ist der Gott, der vom Himmel herabsteigt.
Als Jesus von Gott erzählt, spüren sie das: Der holt uns Gott herunter auf die Erde. Hier wird sein Wesen erlebbar: Ich werde für euch da sein, mit euch gehen.
Himmelfahrt hieße dann: Jesus ist nahe bei dem Gott, der auf der Erde bei den Menschen ist.
Aber es gibt auch eine Gegenbewegung.
Wer sind wir Menschen denn hier auf der Erde?
Wir sind nicht an sich da. Wir verhalten uns immer in Beziehungen. Gibt es für uns nur die Dinge der Erde, dann besteht unser Leben nur aus Gegensätzen: Glück und Unglück. Ehre und Tadel. Leben und Tod. Wir verlieren unser Gleichgewicht, wenn wir uns diesem Kampf ständig ausliefern.
Wir verlieren unser Zentrum. Leben wird zum Jahrmarkt von Angeboten, Ideologien, Meinungen. Wir mittendrin.
Wir brauchen den Ausblick auf den Himmel, damit wir nicht nur der Erde und ihren Gesetzmäßigkeiten ausgeliefert sind.
Daß wir nicht gefesselt sind an unseren Leib und unsere Herkunft.
Nur der Blick zum Himmel, das Vertrauen auf Gott kann uns diesen Gesetzmäßigkeiten und Zwängen entheben.
Ich bin nicht nur Wesen dieser Erde. Meine Stirn berührt den Himmel. Wir werden deshalb nicht abheben, aber unsere Füße werden nicht gefesselt

sein. Himmelfahrt Jesu hieße dann: Im Glauben an Gott nicht mehr an die Erde gefesselt sein.
Dann wäre Himmelfahrt weniger ein Fest als ein Lebensprogramm. Gott kommt auf die Erde. Er ist da in allen Lebensbezügen und er löst von allen Mächten, die uns zwingen. Er ist der König, um es in einem alten Bild zu sagen. Der Weg Jesu ist sein Königsweg mit uns.

Kontexte

»Himmelfahrt bezeichnet die Kerbe in der Glaubensgeschichte der ersten Christen. Keiner hat Jesus zum Himmel auffahren sehen, aber diese Abfahrt ist ein einleuchtendes Schlußbild, jetzt nicht mehr den Jesus von ehemals zu erwarten, sondern sich schicken zu lassen. Wie aus dem geliebten Freund und Zeitgenossen der gegenwärtige Herr wird, das prägt sich die Urkirche im Bild Himmelfahrt ein.«
(Traugott Giesen, Glauben heilt, © Radius-Verlag, Stuttgart 1992, Seite 119 f.)

»Nur wenn man das Leben und die Erde so liebt, daß mit ihr alles verloren und zu Ende zu sein scheint, darf man an die Auferstehung der Toten und eine neue Welt glauben.«
(Dietrich Bonhoeffer, Widerstand und Ergebung, © Christian Kaiser/Gütersloher Verlagshaus. Gütersloh)

»Aufgefahren in den Himmel. Dies ist nicht einfach die Beschreibung des Todes, es ist die innere Wirklichkeit des ganzen Lebens Jesu.«
(Eugen Drewermann, Daß alle eins seien, Düsseldorf 1992, Seite 25)

Johannes Bobrowski

Abends,
der Strom ertönt,
der schwere Atem der Wälder,
Himmel, beflogen
von schreienden Vögeln, Küsten
der Finsternis, alt,
darüber das Feuer der Sterne.

Menschlich hab ich gelebt,
zu zählen vergessen die Tore,
die offenen. An die verschlossenen
hab ich gepocht.
Jedes Tor ist offen.
Der Rufer steht mit gebreiteten
Armen. So tritt an den Tisch.
Rede: Die Wälder tönen,
den eratmenden Strom
durchfliegen die Fische, der Himmel
zittert von Feuern.

(Johannes Bobrowski: Der Wanderer, aus: Gesammelte Werke, Band I, Buchverlag Union, Berlin 1987)

Exaudi

Annäherungen an den Predigttext
Brief an die Gemeinde in Ephesus 3,14–21

Günter Gottschämmer, Anneliese Handel, Andreas Seeger, Markus Seeger, Thomas Seeger, Sigrun Schreibweiss

1. Zuerst: das Schweigen.

Ich habe den Text einer Gruppe von Mitarbeiterinnen und Mitarbeitern des Kindergottesdienstes vorgelegt; sie sind alle erprobt mit biblischen Texten, und sie haben auch schon öfter einen Beitrag für die »Annäherungen« abgeliefert. Aber nun zunächst: Schweigen. Der Text ist fremd, holzschnittartig, abgehoben. Der erste Wortbeitrag lautet: »Oje!«

2. Dann: die Fragen.

2.1. – Was meint Paulus, wenn er vom Heil spricht, das sich in vier Dimensionen – Breite, Länge, Höhe, Tiefe – erstreckt? – Geht es um einen jenseitigen Raum? Wo befinde ich mich in diesem Raum? Wird er durch meine Position bestimmt (über mir, unter mir ...)?
2.2. – Warum tritt das Stichwort »Erkenntnis« so sehr in den Vordergrund? – Geht es um eine besondere Erkenntnis? Was ist das Besondere an ihr? Handelt es sich eher um ein Thema der damaligen Zeit (»Gnosis«)?
2.3. – Was bedeutet die Formulierung »innerer Mensch?« Wird der ›innere‹ Mensch nur von Gott, der ›äußere‹ (auch) von den anderen Menschen gesehen? Ist damit die religiöse Seite in mir gemeint, im Unterschied zum Alltagsgeschehen? Trennt Paulus zwischen Geist, Seele, Leib?
2.4. – Ich verstehe das Wort »überschwenglich« nicht. Was soll das denn bedeuten in diesem Zusammenhang?

3. Schließlich: die Versuche zu antworten

3.1. »Toll finde ich an dieser Beschreibung des religiösen Raumes, daß ich selbst darin vorkomme. »Heil« ist nicht etwas Abstraktes, sondern ich werde von ihm umfangen, »von hinten, von vorne, von unten, von oben«. Ich habe meinen Ort in der Welt Gottes, einen festen Ort; deshalb muß ich mir dort auch nicht verloren vorkommen.«

3.2. »Haben die alten Vorstellungen der Gnosis (»Erkenntnis«) nicht heute wieder neue Relevanz, im Gewande des New Age und der Esoterik: ›Ich weiß, was andere nicht wissen; ich dringe in Gebiete ein, die anderen fremd bleiben‹.«
»Sicher, sie haben es, aber damals wie heute hängt ihnen etwas Elitäres an; sie haben eine Tendenz, Glauben und religiöse Erfahrungen selbst zu zimmern; und ich fürchte, das Esoterische, damals wie heute, hat einen Hang zur Weltflucht und zur Verachtung der Rationalität. Das gefällt mir daran nicht.« –
»Ich finde es sehr gut, nach ›Erkenntnis‹ zu suchen, auch wenn Paulus dagegen polemisiert. Zum Glauben gehört doch auch, daß ich mich darum bemühe. Das klingt immer so schön: ›Allein durch Gnade!‹, aber es macht den Menschen auch unmündig. Ich will ja nicht vom Vorrang des menschlichen Verstehens reden, aber doch von einer Wechselbeziehung zwischen göttlicher Gnade und menschlichem Verstehen. Ich habe doch eine Verantwortung für mein Leben, auch eine religiöse, und deshalb ist der Versuch, den Glauben zu verstehen nach religiöser Erkenntnis zu streben, auch okay!«
»Und mit der Esoterik und mit New Age, das drückt auch eine Sehnsucht der Leute aus. Unsere Gottesdienste sind sehr kopfbetont. In der Esoterik und im New Age wird mehr das Gefühl angesprochen, das brauchen die Leute, danach suchen sie. Sie wollen auch ganzheitlicher angesprochen werden, nicht so aufgeteilt in Kopf und Bauch, Verstand und Gefühl. Erkenntnis ist doch auch etwas, was immer den ganzen Menschen und nicht nur einen Teil von ihm angeht.«

3.3. » ›Der inwendige Mensch‹ ist der, der sich der Liebe Christi aussetzt (Vers 17). Das ist mehr als nur die ›religiöse Seite in mir‹. Ich verstehe das eher als ein Antriebszentrum, das mich ganz betrifft, nicht nur einen Teil von mir, etwa den religiösen.«
»Das sehe ich auch so. Der ›inwendige Mensch‹ äußert sich nicht nur im stillen Stübchen; er beeinflußt vielmehr mein ganzes Handeln. Alles an mir ist doch auch von meinem Glauben her bestimmt – oder etwa nicht?«
»Doch, das sagt doch auch das Bild von der Liebe als der Wurzel, aus der alles andere wächst. Und da wird mir auch klar, wozu ›geistliche Erkenntnis‹ dient: Nicht dazu, andere zu überstrahlen und die eigene Frömmigkeit wie einen Goldklumpen vor sich herzutragen, sondern dazu, sie einzubringen in Beziehung; anderen zu helfen. Geistliche Erkenntnis ist nichts zum Besitzen, sondern etwas zum Anwenden. Sie ist zum Gebrauch bestimmt.«

3.4 »Das Überschwengliche bringe ich in Zusammenhang mit der ›Gottesfülle‹. Wenn ich mir das vorstelle: ›Erfüllt mit der ganzen Fülle Gottes‹ – das ist für mich etwas ganz Warmes, so voller Frieden, abgesättigt wie ein kleines Kind.«
»Ja, das ist etwas, das überfließt. Das ist so wie im 23. Psalm: ›Und schen-

kest mir voll ein!‹ Das schwappt über. Da wird nicht irgendwie etwas bemessen (›in Maß ins Glas wie beim Cognac in der Wirtschaft‹), sondern da wird aus dem Überfluß ausgeteilt. Jeder kann teilhaben. Da wird nicht angefüllt oder erfüllt, sondern übererfüllt.«
»Und das, was ich kriege, behalte ich nicht für mich allein. Ich gebe es einfach weiter. Es ist ja auch nicht nötig, es für mich zu behalten; denn es ist soviel, daß ich immer noch genug habe, auch wenn ich davon hergebe.«
»Das ist wie bei dem Märchen vom Hirsetöpfchen, das nicht aufhörte zu kochen. Immer war genug da.«
»Und in der Bibel gibt's dazu die Geschichte von der Witwe von Sarepta, deren Ölkrug und ihr Mehlvorrat sich nicht erschöpften.«
»Jetzt kann ich den Text ganz anders verstehen. Am Anfang hatte ich gedacht, es gehe nur um eine Beziehung zwischen Gott und mir, da sei wenig Außenwirkung. Jetzt verstehe ich: Da gibt es fast automatisch eine Außenwirkung. Wer von der Fülle Gottes erfüllt ist, der gibt von selbst diese Fülle weiter. Und er kriegt ja auch wieder etwas zurück, an Liebe und Zuwendung von den andern.«
»Auch wenn ich jetzt eure Euphorie störe: Die Fülle ist nicht alles. Ich glaube, manchmal ist es auch gut, wenn ich leer bin. Das gehört auch zum Menschsein. - Und: Wenn es keine Leere gäbe, dann wüßte keiner, was Fülle ist. Fülle ist ohne Leere nicht denkbar!«
»Euphorisch ist ein gutes Stichwort: Ich fühle mich überschwemmt von den geballten Wünschen, die der Paulus auf mich losläßt. Das ist übertrieben. der Paulus ist doch im Gottesrausch! Und ich will nicht überschwemmt werden.«

Zum Gottesdienst

Fritz Koppe

Exegetisch-homiletische Skizze

Der Textabschnitt schließt als Lobpreis mit einer Fürbitte und einem Jubelruf die vorherige Schilderung des wunderbaren Handelns Gottes ab. Von dieser Erfahrung her kommt der Verfasser zu der Bitte, daß die Leser des Briefes ähnliche »Ganzheitserfahrungen« machen sollen wie er. Darum die Bitte und der Lobpreis.
Um der lästigen Verfasserfrage des Epheserbriefes, die wohl nicht zu lösen ist, zu entgehen, gebrauche ich als Bild für Kolosser- und Epheserbrief das der zweieiigen Zwillinge. Kinder (Enkel) können sich sehr unterschiedlich

entwickeln. Wichtig für unseren Exaudi-Text ist das Ergriffensein von der erlebten Offenbarung des Ratschlusses Gottes (2,11-3, 13). Dieses Ergriffensein ist echt. Ich nenne den Vater (Großvater) des Briefes ›Paulus‹.
Die Luther-Übersetzung versucht, den komplizierten Satzbau des Griechischen (allerdings recht frei) nachzuempfinden. Für Hörerinnen und Hörer, die den Text nur einmal zu Gehör bekommen, ist der Gedankengang – dargeboten in der Luther-Übersetzung – kaum nachzuvollziehen, darum sollte jeder Prediger, jede Predigerin selbst eine Übersetzung anfertigen. Bei dem Versuch, kurze Sätze zu bilden, wird man sich kleine Abweichungen und Ergänzungen erlauben müssen. Wiederholungen erleichtern das Hören. Auch sollte in Vers 14 der Bezug zu den vorhergehenden Versen hergestellt werden. Ich schlage folgende Übersetzung vor:
[Da jetzt die Weisheit Gottes offenbart ist,] beuge ich meine Knie vor dem Vater, – [vor IHM], von dem jedes Geschlecht im Himmel und auf Erden seinen Namen empfängt. [ER möge euch] nach dem Reichtum seiner Herrlichkeit Kraft geben, durch Seinen Geist im inneren Menschen stark zu werden. [Ich bete darum,] daß Christus durch den Glauben in euren Herzen wohne und [ihr Menschen werdet], die in der Liebe einwurzeln und ihre Lebensgrundlage darin haben. [In der Liebe begründet] sollt ihr mit allen Heiligen zusammen erfassen, was in der Breite und Länge, was in der Höhe und Tiefe ist, um [damit] die alles Erkennen übersteigende Liebe Christi zu begreifen. So werdet ihr letztlich von Gottes Ganzheit erfüllt werden.
Dem aber, dem durch die Kraft, die in uns wirkt, viel mehr möglich ist, als wir erbitten oder uns vorstellen können, dem sei Ehre in der Kirche und in Jesus Christus durch alle Geschlechter hindurch von Ewigkeit zu Ewigkeit. Amen
»Mein« Paulus wird von dem Überschwang der Mitteilung in Gebetsform: »Mögt ihr doch Anteil haben, an dem, was ich erlebt habe und erlebe!!« (siehe die Verse 3,1–13) förmlich fortgerissen. Die Lobpreisung Gottes wächst, während sie geschrieben wird. So kann auch die Predigerin, der Prediger das Lob Gottes in sich wachsen lassen und es der gottesdienstlichen Gemeinde als Mitteilung wie als mithineinnehmende Fürbitte weiter vermitteln. Die kurz angerissenen Gedanken und Bilder wachsen wirklich in die Breite und Länge, in die Höhe und Tiefe. Die Predigt darf also zum Lob Gottes den einzelnen Bildern nachgehen und je nach Ort, Gemeinde und Neigung des Predigers, der Predigerin ausführen. Die Erfahrung der Herrlichkeit Gottes führt zu Lob und Dank. Lob und Dank enden im Gebet, daß auch andere Menschen das glückliche Ergriffensein von dem Reichtum Gottes erfahren: »Mögen wir doch teilhaben an der wunderbaren Herrlichkeit Gottes, möge ER uns Seine Kraft, den Heiligen Geist, senden!« Damit ist die Predigt Vorbereitung und Vorgriff auf das kommende Pfingstfest. Folgende Bilder aus dem Text haben mich besonders angesprochen.

Der Textabschnitt ist umgrenzt von dem Begriff ›Geschlecht‹. Schon hier ist die Höhe und Tiefe (V. 15: jedes Geschlecht im Himmel und auf Erden) und die Breite und Länge angedeutet (V. 20: alle Geschlechter hindurch von Ewigkeit zu Ewigkeit). Auch wenn das Wortspiel mit p-a-t-e-r und p-a-t-r-i-a im Deutschen nicht aufnehmbar ist, so ist hier doch aus dem Zusammenhang deutlich, daß das Bekenntnis zu Gott dem Schöpfer der himmlischen Gewalten wie auch der irdischen Völker ausgesprochen wird. Vielleicht stört manche und manchen das dominierende väterliche Bild, aber es ist sicher reizvoll, darüber nachzudenken, wann Eltern mit der Namensgebung für ihr Kind beginnen. Das erwartungsvolle Spiel mit den möglichen Namen beginnt längst vor der Geburt. Die Mutter weiß eher von der zu erwartenden Geburt. Namen werden spielerisch überlegt vor der Mitteilung der Schwangerschaft an andere. Gott gibt den Geschlechtern ihren Namen schon in ihrem Entstehen und bestimmt so ihr Sein noch ehe ER sie geschaffen hat.

V. 16 »der innere Mensch« stellt die anthropologische Frage nach dem, was uns heute innerlich erfüllt, genauer noch: was uns im Kern ausmacht, was Antrieb unseres Träumens, Empfindens, Denkens, Entscheidens, Handelns ist. Diese Frage möchte ich mit der Gemeinde bedenken. Die Flut esoterischer Schriften zeigt, wie stark diese Frage virulent ist.

An dieser Stelle besteht die Möglichkeit – gerade auf Grund der von Paulus gegebenen Antwort V. 17 –, auch apologetisch zu predigen. Es ist wohl die Zeit gekommen, in der die Kirche aus dem Schweigen gegenüber derzeitigen »Patchwork-Religionen« heraustreten muß und – möglicherweise bekenntnisartig – ihren Glauben in Beschreibung anderer gelebter Religionsformen benennen muß. Die Auseinandersetzung mit anderen Weltanschauungen allein in Erwachsenenbildungsseminaren reicht wahrscheinlich nicht mehr aus.

Sehr ausführlich hat sich die Anthroposophie mit der Frage des ›Ich‹ – und wie dieses sich entwickelt – beschäftigt. Es lohnt, sich mit den dort vertretenden Selbst-Erlösungs-Vorstellungen auseinanderzusetzen. Die Reinkarnationslehre (Seelenwanderung), mit der heute modehaft als große religiöse Sinnstiftung gespielt wird, war bei den Anthroposophen immer schon Teil des Lehrgebäudes. Neben den üblichen Handbüchern empfehle ich zur schnellen Information Jan Badewien: »Anthroposophie«, da dort das Verhältnis von Anthroposophie und christlichem Glauben in 10 Thesen zusammengefaßt ist.

Allgemein bekannt ist, wie die Organisation Scientology die Suche und Frage nach dem Ich aufgreift und ausbeutend ausnützt. Die Faszination naturwissenschaftlicher Aussagen im religiösen Bereich und damit spekulativ nachvollziehbarer Sätze ist immer noch ungebrochen. Der Mensch als Wesen von einem anderen Planeten – »Operierender Thetan« bei den Scientologen – mit einem irdisch gefangenen Ich, das nur befreit werde muß, ist bekanntermaßen die moderne Variation einer uralten gnostischen Aussage.

Während ich diese Zeilen schreibe, verschwindet allmählich der Komet Hale-Bopp aus dem Gesichtskreis unseres Nachthimmels. Nicht verschwinden kann aber die Tatsache, daß sich über dreißig Männer und Frauen in den USA vergifteten, weil sie hinter dem Kometen das Kommen eines UFOs erwarteten. Die kurzen Filme in den Fernsehnachrichten zeigten fröhliche Menschen, von denen man nicht erwarten konnte, daß sie ihr Reden vom Ende ihres Lebens wahr machen würden. Welche Sehnsucht und welcher lebensfeindliche Irrtum hat diese Menschen erfüllt! War es das immer stärker Hingezogenwerden in eine künstliche Welt, die sie von dem konkreten Leben hier auf Erden so abzog, daß nur noch die Sehnsucht nach der ›UFO-Welt‹ blieb?
Unter apologetischem Predigten verstehe ich nun nicht eine verurteilende Rechthaberei, aber doch eine klarstellende Benennung der Unterschiede, die auch deutlich macht, an was wir Christen im Unterschied zu anderen glauben. Und das wird nun in V. 17 deutlich gesagt – es ist für mich der Mittelpunkt der Predigt: Christus möge in uns einwohnen (vergleiche hierzu den Kommentar von R. Schnackenburg!). Das Einwurzeln in der Liebe ist dann die erfahrene Sinn-Vergewisserung, von der aus Paulus lebt und seine Lebensaufgabe gestalten kann. Gerade diese Erfahrung führt zum Erstaunen und wunderbaren Erfassen des Handelns Gottes und von dort zu Lob und Dank und dann zur Bitte, daß alle an dieser Erfahrung teilhaben können.
Dieses Staunen über die sich in alle Richtungen ausbreitende Herrlichkeit Gottes, die im inneren Menschen beginnt und sich dann nach außen in die Breite und Länge, in die Höhe und Tiefe fortsetzt, lädt uns als Predigerinnen und Prediger ein, Erfahrungen mit der wohlgeordneten Schöpfung zum Lob Gottes auszusprechen. Hier können beispielhaft – wenige – naturwissenschaftliche Erkenntnisse der Astrologie, des Mikrokosmos oder der Evolution genannt werden.
V. 19 aber weist darauf hin, eine Schöpfung, die nur nur nach den naturwissenschaftlichen Gesetzen geordnet ist, ist kalt und stumm, ja – sie ist in sich sinnlos, da sie ihrer selbst nicht bewußt ist und damit kein Ziel ihrer Bewegung weiß. Über dieser gesetzmäßig ent-deckbaren Ordnung liegt noch eine höhere Ordnung: die Liebe. Was Breite, Länge, Höhe und Tiefe umfaßt, ist nur erkennbar, wenn wir in der Liebe eingewurzelt sind und diese durch Christus aus uns heraus gelebt wird. Diese »höhere« Ordnung, die in der Feindesliebe – vorgelebt in der Vergebungsbitte am Kreuz – ihr Ziel findet, ist für uns fast unfaßbar und kaum natürlich lebbar. Es ist eine Ordnung der Liebe, die auch das Dunkle, das Gehaßte integriert. Welche evolutionären Stufen müssen wir nach dem Plan Gottes noch durchlaufen, um das nachleben zu können, was Christus uns schon vorgelebt hat? Die Bitte des Paulus, daß Christus in uns einwohne, ist dringend nötig. Die Erfüllung ist in das Gebet schon hineingenommen: Die Verheißung ist uns gegeben: »So werdet ihr letztlich von der Ganzheit Gottes erfüllt werden!«

Gegen zweifelnde Fragen und trauriges Beharren auf der Unerfüllbarkeit der Verheißung vom Reichtum Gottes, der ganzheitlich ist, verweist nun Paulus auf die Kraft, die in uns mehr bewirken kann als wir uns vorstellen können. Dieser Kraft sei Ehre in vielfältiger Zeit.
Bei allem Lob über Gottes wunderbares Handeln in seiner Schöpfung sollten aber der Zweifel und die Traurigkeit nicht einfach beiseite geschoben werden. Viele der Gottesdienstteilnehmerinnen und -teilnehmer erwarten Tröstung und Vergewisserung und kommen deshalb zu »ihrem« Gottesdienst. Die aus bitterer Erfahrung gebildete Skepsis: Ich »werd dies Leben nicht vor seinem Tode loben!« (siehe Kontexte!) ist weitverbreitet und tief verwurzelt. Hier kann die Predigt - über den Text hinausgreifend - darauf eingehen, daß der Epheserbrief mehrmals erwähnt, Paulus sei Gefangener. Allumfassendes Lob, das die Grenzen unserer Erfahrung sprengt, kann auch aus der Enge, die Angst macht oder ist, entstehen.

Vorschläge zur Liturgie

Der für den Sonntag Exaudi vorgeschlagene Psalm 27 - im Wechsel gesprochen - entspricht als *Eingangspsalm* sehr schön der eben angesprochenen Verschränkung von Lob und Klage.

Dann, das Stichwort des Sonntages aufnehmend, das *Bußgebet:*
»Gott, höre meine Stimme, wenn ich rufe!«
So beten wir oftmals voller Angst
zur Dir, Gott,
aber häufig ist es gut,
wenn Du unseren Ruf überhörst,
unsere Worte verhallen läßt.
Der Zorn hat uns schreien gemacht,
das Scheltwort war uns Waffe,
der verletzende Witz gab uns Macht über andere.
Gott,
wieviel Worte unseres Lebens wären besser ungesagt geblieben:
Worte des Betrugs,
Geflüster der üblen Nachrede,
Gurren der Heuchelei!
Wieviele Worte haben wir leer gesprochen,
Bekenntnisse, denen wir nicht treu waren,
Schwüre, die nicht wogen,
Versprechen, die keine Dauer hatten.
Gott, höre unsere Stimme,
gib uns neue Worte:
Worte der Treue,

Worte der Wahrheit,
Worte des Lobs,
Worte des Lebens und der Liebe,
gib uns Dein Wort!
Kyrie eleison!

Tagesgebet
Gott,
von Dir ist alles Leben ausgegangen,
Deine heilige Kraft belebt und gibt Mut,
wir bitten,
stärke uns im inwendigen Menschen,
laß uns das Geheimnis Deiner Schöpfung erkennen,
daß wir Dein Lob singen,
denn Dir allein gebührt Ehre
von Ewigkeit zu Ewigkeit.
Amen

Statt der vorgegebenen *Evangeliumslesung* Johannes 15,26–16,4 schlage ich Johannes 16,7–15 vor, da dieser Abschnitt besser zu der sich offenbarenden Weisheit Gottes paßt.

Fürbittengebet
Gott,
Dir sei Ehre in der Zeit aller Geschlechter hier auf Erden,
Deinen Namen tragen wir
und so bitten wir:

Gib Kraft nach dem Reichtum Deiner Herrlichkeit,
daß Menschen in Frieden leben können,
nicht die Not der Einsamkeit erfahren.
Wir bitten für uns.

Gott im Himmel,
laß Deinen Geist wirken im inwendigen Menschen,
mache stark,
die nahe der Verzweiflung sind,
die hergeben müssen, was ihnen lieb ist,
die die Bitterkeit von Krankheit und Tod erfahren.
Wir bitten für uns!

Gib uns Glauben, damit Christus in uns wohne,
laß Seine Liebe in uns eingewurzelt sein,
damit wir Deine Gnade in der Welt leben und zeigen,
damit wir helfen, wo Leid ist,
damit wir trösten, wo Angst herrscht!

Gott, Du bist Geist,
hilf allen Menschen zur Wahrheit,
laß sie erkennen die Liebe Christi,
damit sie erfüllt werden von der Kraft Deines Lebens.
Wir bitten für die Menschen,
die sich zu Dir bekennen;
wir bitten für die Menschen,
die Deine Wahrheit noch nicht gefunden haben,
nimm sie auf in die Fülle Deiner Kraft
und laß sie Deine Liebe inwendig schauen.

Lieder
EG 447,1-3+6+7; 398,2; 327,1-4; 417,1+2; 133,1+5+8

Vorschlag für die Predigt

Wer sind Sie?
Ich möchte Sie einladen, über sich selbst nachzudenken. Wer bin ich? Wer ist das, was ich als mein ›Ich‹ bezeichne?
Wir können sicher sagen: Ich bin ... Ich bin Hausfrau, ich bin Mutter von Kindern, ich bin Witwe. Ich bin Vater, ich Sohn, ich bin von Beruf das und das. Ich bin Schüler, ich bin die Freundin von ...
Alles, was ich von mir sagen kann, scheint in Beziehung zu anderen Menschen bestimmt zu sein. Es ist eine Art äußere Bestimmung. Wenn ich nun aber frage: »Wer bist du in dir?«, dann wird die Suche nach dem ›Ich‹, das den jeweiligen Namen trägt, viel schwerer. Welches ›Ich‹ gebraucht da vernünftig meinen Verstand? Welches ›Ich‹ läßt Liebe aus den Augen heraus leuchten? Welches ›Ich‹ sprudelt in heftigem Streit harte Worte hervor?
In uns trägt jeder von uns seine Geschichte, seine Träume, seine Ängste und Erlebnisse glücklicher Stunden. Wir sind erfüllt von den Beziehungen, die wir leben - oder von den Einsamkeiten, die wir durchleiden. Was ist aber das Zentrum, das uns ausmacht? - das uns erfüllt? - auf was gründet sich unser jeweiliges ›Ich‹?
Als Antwort lese ich den Predigttext für den heutigen Sonntag Exaudi. Der Apostel schreibt dort im 3. Kapitel ab Vers 14:
Textlesung in der o. a. Übersetzung
Darum bittet der Apostel Paulus: Christus soll in unseren Herzen wohnen. Durch den Glauben soll ER unser Zentrum werden. Das ›Ich‹ eines jeden von uns soll in der Liebe Gottes gegründet sein, damit wir letztlich von der Ganzheit Gottes erfüllt werden.
Hört sich gut an - aber können wir dazu etwas tun? - wie soll das geschehen?

Da ich darauf aus mir selbst keine Antwort weiß, liebe Gemeinde, will ich mit Ihnen über dieses Gebet des Apostel Paulus für uns nachdenken.

Das eben Gehörte ist ein Gebet, aber es klingt eher wie ein Lobgesang - ein Lied zu Ehren Gottes. Hier weiß ein Mensch - wir gehen ruhig davon aus, daß es der Apostel Paulus war - hier weiß also ein Mensch, daß Gott uns erfüllen will mit der Ganzheit Seiner Herrlichkeit, die die Liebe ist.

- Die Erfahrung des Apostel Paulus: Gottes Verheißungen erfüllen sich: Das Wort Gottes breitet sich unter den Heiden aus.
- Trotz der Situation der Gefangenschaft kommt der Apostel zum Lob Gottes.
- Das Gebet für alle Christen - auch für uns: Dieselbe wunderbare Erfahrung der Sinnhaftigkeit allen Lebens zu machen.
- Das Gebet für uns: Wir sollen erfassen, wie Gott seine Schöpfung wunderbar ordnet (Hinweis auf naturwissenschaftliche Erkenntnisse über die Schöpfung Gottes).
- Die Kälte eines Weltenraumes ohne Gott.

Und gerade in diese Angst hinein - in diese Angst, daß es in dem Weltenraum ohne Gott genauso grenzenlos leer sein könnte wie in unserem Inneren ohne Christus, spricht der Apostel Paulus sein Gebet für uns. Es ist die Angst machende Vorstellung: Da ist das leere Innere, über das sich wie der Bogen über einen Abgrund das Ich wölbt. In diese Angst hinein betet Paulus:

»Daß ihr mit allen Heiligen zusammen erfassen könnt, was in der Breite und Länge, was in der Höhe und Tiefe ist, um so die alles Erkennen übersteigende Liebe zu begreifen.«

Über der wunderbaren Ordnung, die wir in den Naturgesetzen entdecken und begreifend nachvollziehen, muß noch eine höhere - andere - Ordnung liegen: Die Ordnung der Liebe. Und diese Liebe läßt uns spüren, spüren heraus aus unserem Herzen, dieser Weltenraum ist nicht leer. In diesem unendlichen All west ein liebender Gott, der alles erfüllt mit seinem Wort und uns - seine Geschöpfe - nicht in der Eiseskälte selbstablaufender Naturgesetze verlorengehen läßt.

Es läßt sich auch anders sagen: In der abgründigen Tiefe meines ›Ich‹, dort, wo ich manchmal nur das Unbestimmbare, das Leere zu spüren - zu sehen - glaube, da liegt als fester Grund die Liebe Christi. Es ist die Liebe Gottes, die alles umfaßt - vergleichbar der Aussage über den alles umfassenden Raum.

Darum das Gebet für uns. Über - unter all dem, was naturwissenschaftliche Vernunft entdecken kann, über aller Ordnung, die Quantentheorie wie Relativitätstheorie zu vereinen sucht, muß die Ordnung der Liebe Gottes liegen. Das Gebet will, daß wir diese Liebe in ihrer Ordnung begreifen - für uns begreifen können. Es ist eine Liebe, die auch den Gegner, den Feind miteinbezieht.

- Wie aber ist Feindesliebe möglich? Spricht unsere tägliche - natürliche Erfahrung nicht dem Gebot der Feindesliebe ständig neu Hohn?
- Was hat sich geändert seit Christus in die Welt kam? (Die Länge der Geschichte!)
- Seit Christi Kommen wissen wir: Auch der Feind trägt etwas an sich, das Gott liebt. Dies zu erkennen, heißt das, die höhere Ordnung der Liebe zu erkennen?
- Gebet für uns: Kraft zu finden, daß Nicht-Geliebte lieben zu können. Der Geist Gottes möge in uns wirken.

Aber das ist ja nun das Wunderschöne: Gegen alle Zweifel, gegen alle negative enttäuschende Erfahrung können wir immer wieder neu darauf vertrauen, daß diese Kraft des Geistes uns geschenkt wird. Wie der Apostel erleben konnte, daß Gottes Verheißungen sich erfüllten und bei Juden wie Heiden durch Jesus Christus wahr wurden, so können auch wir darauf vertrauen, daß Gottes Verheißungen bei uns erlebbar werden. Die Liebe Gottes kommt zu uns. Wir können sie weitergeben - auch dem von uns zunächst nicht geliebten Nächsten - heute sagen wir ›Nachbar‹ - oder besser noch ›Mitmensch‹.
Die ganze Kirchengeschichte ist Geschichte davon, daß Menschen mit ihrem Leben Zeugnis von der erfahrenen Liebe Christi ablegten. Ich denke jetzt nicht an die Menschen, die wir als Märtyrer, als Blutzeugen der Heiligen kennen, sondern an die Menschen, die alltäglich ihren Glauben lebten und darin auch getröstet zu sterben wußten. Ich denke an die Menschen, die uns den Glauben lehrten und uns so Vorbild wurden, daß wir in diesem Glauben leben können. Gebete erfüllen sich. Das haben diese Menschen, diese alltäglichen Zeugen des Glaubens uns beigebracht. So wird sich auch das Gebet des Apostel Paulus für uns erfüllen, daß wir letztlich von der Liebe Gottes also von dieser wunderbaren Ganzheit Gottes erfüllt werden. Die Liebe Gottes findet ihr Ziel. Das ist Gottes Schöpfungsordnung. Auf dem Weg zu diesem Ziel geben wir Gott die Ehre, auf dem Weg zu diesem Ziel sind wir Kirche Jesu Christi. Auf dem Weg zu diesem Ziel feiern wir miteinander Gottesdienst. Unser Ich ist erfüllt von dem Geist an Gott. Er geschehe in Liebe. Amen

Kontexte

Ulla Hahn
Endlich

Endlich besoffen und ehrlich
und immer noch'n Sonett
Reißt mir den Himmel auf
legt mir die Welt ins Bett:
Ich hab genug

ich steh mir selbst bis oben
und werd dies Leben nicht
vor seinem Tode loben.
Jaja ich weiß ihr habt mir keinen Grund
für dieses Wut- und Wehgeschrei gegeben
Mir geht es gut, ich halt ja schon den Mund
nur eine Frage sei noch zugegeben
Seid ihr ganz sicher daß ihr lebt und
heißt Nichttotsein schon Leben?

Literatur

Jan Badewien: »Anthroposophie - Eine kritische Darstellung«, F. Bahn Verlag, Konstanz 1990[4]
Ulla Hahn: »Endlich« aus: »1000 Deutsche Gedichte und ihre Interpretationen« Band 10 herausgegeben von Marcel Reich-Ranicki, Insel Verlag Frankfurt 1996[3], Seite 447
Rudolf Schnackenburg: »Der Brief an die Epheser«, EKK X, Zürich 1982

Pfingstsonntag

Annäherungen an den Predigttext Apostelinnen- und Apostelgeschichte 2,1–18

Jürgen Rogler

Das Gespräch fand am 17. Januar 1996 mit drei Frauen aus verschiedenen Gemeindebereichen statt.

1. Die Erzählebene

- Pfingsttag, was war das für ein jüdischer Festtag? Warum sind die Juden aus aller Welt anwesend?
- Da geschieht Fremdes, und die Reaktion der Leute ist altbekannt: Die einen treiben ihren Spott, und die anderen gehen auf Distanz. Aber darüber hinaus sind die Hinweise auf die Gefühle der Leute wichtig: Sie wurden bestürzt, entsetzten sich, waren ratlos usw. Die Reaktionen wären heute genauso.
- Ich habe Schwierigkeiten mit dem Wunder. Das klingt wie Zaubern. Das Weissagen und die Visionen erinnern mich an einen Bereich, der nicht stimmt, z.B. Horoskope.
- Mir fällt auf, daß durch das Geistgeschehen drei Sinne angesprochen werden: das Ohr durch das Brausen, das Auge durch das Feuer und das Gefühl, weil man das Erfülltwerden spürt.
- Wie ist das mit den Sprachen? Warum wissen die einzelnen, daß es jedermanns Muttersprache ist?
- Die Sprachen sind für mich ein Zeichen dafür, daß alle durch den Glauben verbunden werden. Gleichzeitig soll die Botschaft in alle Sprachbereiche weiterverbreitet werden.
- Ob es sich hier um eine Anspielung an die babylonische Sprachverwirrung im Alten Testament handelt?
- Mir ist der Petrus aufgefallen. Er war mir bis zu diesem Zeitpunkt in der Erzählung so sympathisch. Er war so feige und damit so menschlich. Es ist hier das erste Mal, daß er Mut hat und die Stimme erhebt.
- Wie ist eigentlich das Wortpaar Knechte und Mägde zu verstehen? Sollen Leute auf einem niedrigen gesellschaftlichen Stand gemeint sein oder Jünger und Jüngerinnen?

2. Was bedeutet der Text für uns heute, und welche Lebenserfahrung verbinden Sie mit ihm?
- Die Verständigung trotz verschiedener Sprachen kenne ich. Wir haben uns immer mit Italienern unterhalten, ohne die Sprache zu können. Aber es ging gut, weil wir uns sympathisch waren.
- Manchmal geht es mir in einer Predigt so, daß ich mich ganz speziell angesprochen fühle. Dann denke ich: »Das ist nur für mich. Andere können nicht so viel davon haben.« Umgekehrt geschieht es manchmal, daß ich nicht viel mit nach Hause nehme.
- Das steckt wohl auch darin, wenn es heißt, jeder hörte seine eigene »Muttersprache«? Wichtig ist, sich persönlich angesprochen zu fühlen. An Weihnachten besuchen wir immer einen Gottesdienst, in dem die Weihnachtsgeschichte in Fränkisch erzählt wird. Da spüren wir: Der Pfarrer spricht uns aus dem Herzen.
- Was ich meinem Sohn weitergeben möchte, ist, die Vorurteile vor dem Fremden abzubauen. Neulich war er bei einem türkischen Jungen eingeladen und erzählte, die essen so »türkisches Zeug«. Ich versuche ihm zu vermitteln, daß es keine Rangunterschiede zwischen den Menschen gibt und daß die anderen Kulturen auch wichtig sind.
- Ich wüßte gerne, was an dem Text symbolisch oder beispielhaft ist und was man davon in die Wirklichkeit umsetzen kann. Gibt es eigentlich eine einheitliche Lehre zu diesem Text?
- Nein, das würde ich mir auch nicht wünschen. Ich kann den Text für mich in verschiedenen Lebensphasen lesen und jedesmal etwas anderes daraus lernen. Zur Zeit wünsche ich mir, ich könnte selber besser mit Fremden, sprich mit meinen neuen Nachbarinnen umgehen. Wenn sie zum x-ten Mal tratschen und behaupten, mein Auto verliere Öl, dann werde ich halt auch grantig.

3. Was reizt zum Widerspruch?
- Die Geschichte spielt sich nur unter Männern ab. Wieso wird von den Frauen nichts erzählt? Im Gegensatz dazu steht die Verheißung des Geistes bei Joel: Der Geist wird ausdrücklich Söhnen und Töchtern bzw. Knechten und Mägden gegeben. Vielleicht bricht mit dem Geist etwas Neues an, auch neue Möglichkeiten für die Frauen.

4. Wo wünschen Sie sich mehr Informationen?
- Ich wüßte gern noch mehr über den jüdischen Pfingsttag. Woher kommt der Name »Pfingsten«? Und was bedeutet er für uns? Erinnern wir uns mit dem Fest an ein einmaliges Geschehen oder kehrt der Inhalt wieder wie im Weihnachtsfest?
- Mir sind die Visionen, Weissagungen und Träume noch rätselhaft. Ich habe Probleme damit, weil es mich an Horoskope erinnert; an Bereiche eben, die dem Glauben entgegenstehen.

5. Was wünschen Sie sich von der Predigt?
- Daß ich den Text richtig übersetzt bekomme und verstehen kann, was damit gemeint ist.
- Daß die Predigt eine deutliche Unterscheidung zwischen dem Begriff »reden in anderen Zungen = Sprachen« und der Glossolalie (= Zungenreden) macht.
- Ich wünsche mir, daß die Predigt in unserer multikulturellen Gesellschaft das Miteinander und das gegenseitige Verstehen betont. Wichtig auch die Beziehung zwischen Muttersprache und den anderen Sprachen. Es geht darum, die Toleranz zu lernen.

6. Abschließender Kommentar
Die Gesprächspartnerinnen sind schnell auf die Textebene und auf die aktuellen menschlichen Bezüge eingestiegen. Am Schluß fiel mir auf, daß Fragen nach dem Heiligen Geist und seinen Wirkungen überhaupt nicht gestellt wurden. Ist der Fragenkreis bei kirchennahen Gemeindemitgliedern zu selbstverständlich oder wurde er nicht angesprochen, weil er doch zu kompliziert ist?

Zum Gottesdienst

Karl-Heinz Risto

Exegetisch-homiletische Skizze

Während die äußeren Begleiterscheinungen der Geistausgießung mit Windbrausen und Feuerzungen sehr »wunderbar« beschrieben werden, versetzt erst die Folge, das Reden in verschiedenen Sprachen, die Menge in Erstaunen.
Jürgen Roloff weist darauf hin, daß dieser Vorgang sowohl als »Sprachenwunder« (V. 4) als auch als »Hörwunder« (V. 11) beschrieben und verstanden werden kann (Roloff, NTD 5, Die Apostelgeschichte, Seite 38). Diesem Gedanken will ich folgen, Sprechen und Hören, »Sender und Empfänger« der Botschaft miteinander betrachten und die Ausgießung des Geistes am Pfingsttag im Sinne eines »Wunders des gegenseitigen Verstehens« auslegen.
Die alltägliche Erfahrung, wie dicht Verstehen und Mißverstehen beieinander liegen, belegt der Text ebenfalls. Was die einen in Staunen versetzt, das erregte Reden dieser Menschengruppe, wird von den anderen als betrunkenes Lallen nach übermäßigem Weingenuß gedeutet. Was für ein Mißverständnis. Es könnte Anlaß geben zu handfesten Auseinandersetzungen.

Doch an diesem Pfingsttag sind die, die verstehen, die, die sich miteinander verständigen, ausnahmsweise in der Mehrheit.
Der Pfingstbericht und die folgende Petruspredigt läuten die Geschichte der Juden- und Heidenmission, der Gründung von Gemeinden im ganzen römischen Reich ein.
Die Grenzen Israels werden schon hier symbolisch überschritten, indem sich die Predigt an die Gottesfürchtigen all der in den Versen 9 bis 11 aufgezählten Länder richtet. Dieser äußeren Grenzüberschreitung geht eine innere voraus. Die nach dem Karfreitag versprengten Jünger sind nach Jerusalem zurückgekehrt und treten nun an die Öffentlichkeit, nachdem sie sich zuvor ängstlich versteckt gehalten haben.
Auf dieses Phänomen der Grenzüberschreitung und dem daraus erwachsenen Verstehen will ich den Focus der Predigt legen.
Eine aktuelle Auslegung ist sowohl für den individuellen Bereich sinnvoll als auch für den gesellschaftlichen und politischen.
Bücher wie Deborah Tannens »Du kannst mich einfach nicht verstehen. Warum Männer und Frauen aneinander vorbeireden« (Hamburg 1992) scheinen geradezu die Notwendigkeit einer Aktualisierung oder Wiederholung des Pfingstwunders zu formulieren. Und im Blick auf die viel diskutierte »multikulturelle Gesellschaft« erweist sich der gelingende kommunikative Austausch als die Hauptaufgabe, die zu bewältigen ist (vgl. Kontexte, Grözinger).

Zur Liturgie

Psalm
Psalm 118,24; 25–29

Aufforderung zu Bittruf und Lobpreis
Gott hat uns seinen Geist gegeben,
den Geist der Hoffnung und der Geduld,
den Geist der Kraft, der Liebe und der Besonnenheit.
Wir bekennen, daß wir ihn verleugnen
durch Ungeduld und Verzagtheit,
durch Streitsucht und Unverstand.
Wir bitten Gott um Erbarmen:

So spricht Gott:
»Ich will euch ein neues Herz
und einen neuen Geist in euch geben.
Ich will meinen Geist in euch geben
und Leute aus euch machen,
die in meinen Geboten wandeln

und meine Rechte halten und danach tun.«
Dankt ihm, freut euch an seiner Barmherzigkeit:

Tagesgebet
Gott, unser Schöpfer,
vielerlei Sprachen trennen die Menschen,
aber dein Evangelium verkündet deine Liebe allen Völkern.
Dein Geist stärke uns, die gute Nachricht auszurufen,
daß alle Menschen einstimmen in das Lob deiner Herrlichkeit.
Durch unseren Herrn Jesus Christus.

Lesung
1. Kor 2,12–16

Fürbittengebet
Gott,
wir suchen dich in der Ferne,
doch du bist uns durch deinen Geist ganz nah.
Durch ihn gibst du den Schwachen Kraft.
Durch ihn tröstest du die Traurigen
und ermutigst die Verzagenden.
Mach uns zu geistesgegenwärtigen Menschen,
die mit offenen Augen durch diese Welt gehen.

Deine Geisteskraft schafft Verständigung und Vertrauen.
Wir bitten dich für alle Menschen, die sich nicht mehr verstehen.
Schenke uns mehr Verständnis füreinander:
in unseren Familien,
zwischen den Ehepartnern, zwischen Eltern und Kindern,
aber auch im öffentlichen Leben.
Wir bitten dich für die Einheit der Kirche:
Gib, daß wir uns nicht abfinden mit ihrer Trennung
und aufeinander zugehen.

Durch deine Geisteskraft willst du uns zu freien Menschen machen.
Befreie uns von der Sorge um uns selbst
und schenke uns das Vertrauen, daß du für uns sorgst.
Hilf, daß wir uns nicht krampfhaft wichtig nehmen
und mehr Humor haben.

Deine Geisteskraft führt und hält zusammen.
Wir danken dir, daß wir hier in dieser Gemeinde
miteinander beten und dich loben können.

Liturgische Texte nach: Agende I der Evangelischen Kirche von Kurhessen-Waldeck

Lieder
Komm, Heiliger Geist, Herre Gott, EG 125
Zieh ein zu deinen Toren, EG 133
O daß doch bald dein Feuer brennte, EG 255

Vorschlag zur Predigt

Möglicher Anfang
Vielleicht kennen Sie das auch, liebe Gemeinde: Ich sitze, dumpf grübelnd, über einer Arbeit. Die Zeit schreitet voran; die Frühlingssonne wandert ums Haus und scheint strahlend hell in mein Zimmer. Es zieht mich magisch ins Freie. Dann geht es los. Rasch entspinnt sich in meinem Kopf ein lebhafter, innerer Dialog, in dem sich ganz verschiedene Stimmen zu Wort melden:
»O ja toll, ich werde gleich an den See fahren, spazierengehen, faulenzen, egal was heute los ist.«
»Was fällt dir ein? Wenn das erstmal einreißt, beiß gefälligst die Zähne zusammen! Erst die Arbeit, dann das Vergnügen!«
»Tja, die anderen tun ja auch nichts, und es merkt ja sowieso keiner, wie ich mich krummlege.«
»Aber wenn mich nun zufällig jemand sieht, wie ich am hellichten Tag spazierengehe! Vielleicht sollte ich doch lieber arbeiten. Ich werde es schon irgendwie hinter mich bringen.«
»Allerdings hast du in letzter Zeit wirklich zuviel geackert, denk an deine Gesundheit. Es ist wichtig, daß du dir auch Ruhe und Entspannung gönnst. Das hast du dir verdient.«
»Stimmt, wenn ich allerdings heute nichts schaffe, dann laufen zuviele Dinge auf, und ich habe hinterher umso mehr Mühe. Ich glaube, am nächsten Wochenende könnte ich mir einen Tag ganz freischaufeln. Wenn ich es mir recht überlege ...«
Ein babylonisches Stimmengewirr schon in mir selbst.
Auch äußere Streitigkeiten, Mißverständnisse, laufen nach einem ähnlichen Muster ab. Nicht bloß politische Debatten, jeder Familienkrach bringt es an den Tag, wie Menschen stunden-, tagelang miteinander reden, ohne ein Wort voneinander zu verstehen. Wie der Volksmund sagt: Verstehen ist Glückssache. Wann haben Sie eigentlich das letzte Mal an jemanden vorbeigeredet? Oder: Wann ging bei Ihnen etwas zum einen Ohr rein und zum anderen wieder raus?
Verstehen ist Glückssache oder ist es ein Wunder?

Mögliche Fortsetzung
Von einer geglückten Verständigung berichtet der Predigttext. Wildfremde Menschen – eine internationale Volksmenge gar – hätten einander verstan-

den, hätten eine gemeinsame Sprache gesprochen. Aber dazu braucht es ein Wunder. Solch eine seltsame Erscheinung wie feurige Zungen vom Himmel.
Es fällt mir nicht leicht, mir vorzustellen, was damals in Jerusalem passiert sein mag. Selbst die Augen-, besser gesagt die Ohrenzeugen hatten ihre Schwierigkeiten. Einige waren sogar der Meinung, es sei etwas zuviel Alkohol im Spiel. Eines jedoch kann ich mir gut vorstellen: Es muß eine bewegende Erfahrung sein, wenn fremde Menschen, wenn Menschen, die einander fremd geworden sind, sich plötzlich verstehen. Wenn ich mir vorstelle, Regierung und Opposition, Deutsche und Ausländer, Frauen und Männer, würden eine gemeinsame Sprache sprechen. Oder zwei Nachbarn, die sich jahrelang keinen »Guten Tag« gewünscht haben, könnten wieder miteinander reden. Das wäre ein Wunder. Was wäre ein Wunder, wenn nicht das.
Ich stelle mir vor: Unsere Kirche spricht mit einer Stimme zu den aktuellen Problemen. Ich stelle mir vor: Erwachsene und Jugendliche reden nicht mehr aneinander vorbei. Wunderbar wäre das.
Aber während ich mir lauter kleine Pfingstwunder im Alltag ausmale, wird mir klar, wie anders dieser Alltag aussieht. Bei Streitigkeiten in der Familie werden Mann und Frau, Eltern und Kinder trotz Pfingsten weiter aneinander vorbeireden. Wird jeder nur das hören, was er hören will.
Bei den Verhandlungen der UNO werden die Botschafter ihren Mikrophonknopf im Ohr behalten. Ohne Dolmetscher wird keiner den anderen verstehen. – Mir scheint, sie wollen sich auch mit Dolmetscher oft nicht verstehen.
Und wir als Gemeinde sind kaum anders. Mit einer Stimme sprechen wir das Vater Unser und das Glaubensbekenntnis. Aber würde jetzt jeder hier sagen, was »Glaube« für ihn bedeutet, es würde ähnlich klingen wie beim bunten Abend auf der Konfirmanden-Freizeit.
Ich frage mich: Mangelt es wirklich nur am guten Willen? An der Fähigkeit, einander zuzuhören? Könnten wir überhaupt eine gemeinsame Sprache sprechen? Oder brauchten wir dazu nicht »neue Zungen«?
Wir feiern heute Pfingsten in ... und nicht im alten Jerusalem. Leider. Das Sprachenwunder bleibt wohl einmalig. Aber vielleicht läßt sich etwas lernen. Was verstehe ich nicht? Mit wem verstehe ich mich nicht? Oder: Mit wem rede ich schon gar nicht mehr? Überlegen Sie einmal.
Hand aufs Herz, da fallen einem genug Beispiele ein. Nur gut, daß wir die jetzt nicht laut aussprechen. In Windeseile hätten wir ein heilloses Durcheinander, ein Hin und Her von Mißverständnissen.
Da hat man nun mit jemand geredet und geredet, immer wieder. Und dann hat man's aufgegeben. Weil's doch nichts bringt. Weil's doch nur in den Wind geredet ist. – So etwa wird es in den meisten Fällen gelaufen sein. Sich verstehen, eine gemeinsame Sprache sprechen, bis es dahin kommt, das ist oft ein mühseliger Prozeß.
Ich glaube schon, ich kann es lernen, besser zuzuhören, deutlicher zu sagen, was ich meine. Verständigung kann gelingen, ansatzweise, im Kleinen.

Aber immer wieder mache ich die Erfahrung, daß Verständigung mißlingt. Wir sind eben unterschiedliche Menschen. Wir bringen verschiedenartige Lebenserfahrungen mit, gegensätzliche Interessen. Selbst wenn ich es einmal ausschließe, daß da zwei mit Absicht aneinander vorbeireden, Mißverständnisse sind zwangsläufig. In der Politik, in der Familie, in der Kirche. Unterschiedliche Menschen sprechen eine unterschiedliche Sprache. Und sie sprechen unterschiedlich laut. Wer hat in einer Gruppe das Sagen? Wessen Stimme wird gehört, im Land, in der Familie, in der Gemeinde? Und wessen Stimme verhallt ungehört?
Unterschiede gibt es sogar in einem selbst. Verschiedene innere Stimmen reden miteinander, streiten sich sogar. Das Beispiel vom Anfang. Viele von Ihnen werden noch ganz andere Selbstgespräche kennen zwischen der Sprache der Wünsche und der erbarmungslosen Stimme des inneren Antreibers. Manchmal auch aufreibende stumme Kämpfe zwischen Verzweiflung und Hoffnung. Und wenn wir selber schon nicht bloß eine, sondern viele verschiedene Stimmen in uns haben, laute und leise, wie sollen dann ganz unterschiedliche Menschen eine gemeinsame Sprache sprechen?
Es ist nicht damit zu rechnen, liebe Gemeinde. Es ist nicht damit zu rechnen, daß die Völker dieser Welt mit einer Stimme sprechen. Es ist nicht damit zu rechnen, daß die Sprache der Träume und die Sprache nüchterner Sachlichkeit einander verstehen. Es ist nicht damit zu rechnen, daß alte und junge Menschen dasselbe sagen. Es ist nicht damit zu rechnen – es sei denn, es geschieht ein Wunder.
Und anders als ein Wunder kann ich es nicht ansehen, wenn Verständigung gelingt. Wenn Politiker miteinander reden können. Wenn Familienangehörige sich aussprechen können. Wenn unsere Kirche immer noch die Kirche aller ist. Ein Wunder des Heiligen Geistes. Des Geistes Gottes, der die Welt erneuert.
Pfingsten heißt für mich Erneuerung durch den Heiligen Geist. Erneuerung im kleinen wie im großen. Und Erneuerung der Sprache, die »neue Zunge«.
Wenn Gottes Geist meine Sprache neu macht, dann werden meine Worte beim anderen ankommen. Er wird sie hören, sie verstehen. Es werden ihm gute, ermutigende Worte sein.
Erneuerung, die Verständigung schafft. Ich werde selbst neu belebt, und meine Phantasie wird lebendig, Brücken zum anderen zu bauen.
Wenn ich Pfingsten als Neubelebung durch den Heiligen Geist verstehe, dann verliere ich auch eine Befürchtung.

Möglicher Schluß

Verständigung wird möglich; eine gemeinsame Sprache wird lernbar. Aber sie wird nicht klingen wie der Torschrei im Fußballstadion. Und sie wird sich nicht anhören wie das »Kreuzige ihn« der aufgebrachten Menge. Die

gemeinsame Sprache des Heiligen Geistes ist weder ein dumpfer Einheitsschrei noch ist sie aggressiv gegen Außenstehende.
Sie wird sein wie ein harmonisches Konzert vieler Stimmen. Für die einen wird es klingen wie Rock'n Roll, für andere wie Mozart. Und doch wird es zusammenpassen.
Das geht nicht? Das haut doch nicht hin, sagt der Musikkenner.
Recht hat er! Das ist ein Wunder! Ein Wunder des Heiligen Geistes.
»Und es soll geschehen in den letzten Tagen, spricht Gott, da will ich ausgießen von meinem Geist auf alles Fleisch; und eure Söhne und eure Töchter sollen weissagen, und eure Jünglinge sollen Gesichte sehen, und eure Alten sollen Träume haben.«
Komm, schaffende Geisteskraft.

Kontexte

Verdammt lang her, daß ich bei dir am Grab war,
verdammt lang her, daß wir gesprochen haben,
und daß vom einen auch was beim andern ankam,
so lang, daß ich mich kaum erinnern kann.
BAP, LP »für usszeschnigge« 1981

Was verbindet die Westendbewohner, die in den türkischen Läden einkaufen, mit denen, die dort verkaufen? Gibt es eine Verbindung zwischen Kunden von Kentucky Fried Chicken und denen der Vollwertkost-Läden?
Diese Fragen zeigen, daß der Begriff der multikulturellen Gesellschaft eine doppelte Ausrichtung hat. Er beschreibt sowohl ein empirisches Phänomen, wie er zugleich auch ein normatives Leitbild abgibt. Im einen Fall meint multikulturelle Gesellschaft die Addition verschiedener kultureller Lebenswelten, im zweiten Fall ist damit ein qualitativer Anspruch gestellt, nämlich der des kommunikativen Austausches zwischen den verschiedenen Kulturen, die in einer Gesellschaft existieren. In erster Hinsicht leben wir bereits in einer multikulturellen Gesellschaft. Den qualitativen Anspruch, der im Leitbild einer multikulturellen Gesellschaft mitgesetzt ist, haben wir allenfalls in ersten Ansätzen erreicht.
(Albrecht Grözinger, Es bröckelt an den Rändern: Kirche und Theologie in einer multikulturellen Gesellschaft, Chr. Kaiser/Gütersloher Verlagshaus, Gütersloh)

Pfingstmontag

Annäherungen an den Predigttext
1. Brief an die Gemeinde in Korinth 12,4–11

Ralf Handelsmann

Die Gespräche, die diesen Annäherungen zugrunde liegen, wurden mit jugendlichen Mitarbeitern/Mitarbeiterinnen aus zwei Kirchengemeinden sowie mit Kirchenvorstehern/Kirchenvorsteherinnen und Mitgliedern einer Frauengruppe geführt.

Zuviel Geist, da blickt ja keiner durch!

In den vier Gesprächsrunden trat nach dem Lesen des Textes das gleiche Phänomen auf. Die Gesprächsteilnehmerinnen und -teilnehmer waren verunsichert. Scheinbar wurde da immer das Gleiche ausgesagt, nur immer wieder anders. Die Unterschiede konnten aber nicht benannt werden, daher die Verunsicherung, bzw. Hilflosigkeit. So bezogen sich die ersten Sätze der Teilnehmerinnen entweder auf Vers 6 oder Vers 11. Der wahrgenommene Inhalt hier, nämlich: »Es gibt viele Kräfte, aber alles kommt von Gott«, bzw. »Gottes Geist teilt uns alles zu« erschien noch am griffigsten und wurde als so eine Art Zusammenfassung verstanden. Die häufige Verwendung des Begriffes »Geist« bereitete allen Probleme. Ein Jugendlicher brachte dies auf den Punkt, indem er zu Beginn des Gespräches sagte: »Weniger Geist wäre mehr!«

Jeder kann seinen Platz im Leben finden!

Im Verlauf der Gespräche veränderten sich die Gefühle der Menschen. Es war Zeit nötig, die Aussagen für sich zu übersetzen. In zwei Gruppen wurde der Text mehrmals gelesen, was eine große Verstehenshilfe war, obwohl er schriftlich ohnehin vorlag.
Ein Jugendlicher fand seinen Ansatzpunkt bei der eigenen Berufswahl. Er müsse dann berücksichtigen, was Gottes Geist ihm mitgegeben hätte. Nur dann könne die Berufswahl eigentlich richtig sein. Daran entzündete sich die Frage: Wie weiß ich denn, was Gottes Geist mir mitgegeben hat? Es gab als Antwort natürlich kein Patentrezept, sondern eher die Übereinkunft: Ich erkenne das schon, aber was ist, wenn meine Gaben keiner haben will?

Die etwas älteren Gesprächsteilnehmer einigten sich zunächst darauf, daß die Aussage, jeder hat von Gott eine Gabe für das eigene Leben mitbekommen, richtig sei. »Wir haben verschiedene Gaben, aber immer die Hilfe durch den einen Gott« und »jeder ist ein kleines Rädchen in dem großen Getriebe Gottes« bildeten dazu einen Ergänzungspunkt. Gottes Geist hat eine gute Ordnung geschaffen, die jedem und jeder Möglichkeiten bietet. Es sind aber nicht nur Gaben Gottes für uns, sondern jede Gabe ist auch eine Aufgabe. Denn an uns Menschen hängt es, was aus den Gaben wird. Hier fand sich wieder eine Übereinkunft in allen Gruppen, nämlich das Wissen, daß die Menschen selber oft verhindern, daß eigene Gaben oder die Gaben anderer genutzt werden können. Menschen nicht zum Zuge kommen lassen, das sei dann ja eigentlich Sünde gegen Gott, stellte jemand für sich fest. Und umgekehrt sähe dann der »richtige« Weg so aus: 1. Gottes Gabe in mir will erkannt werden, 2. liegt es dann an mir, diese Gabe wachsen zu lassen und 3.: gegen alle Widerstände kann ich versichert sein, daß Gott mich dabei unterstützt, denn er hat mich ja so gewollt. Um das zu verwirklichen, sei eine große Portion Zivilcourage und Gottesglaube nötig, denn unsere Welt mit ihrem höher Bewerten von bestimmten Gaben und dem Abwerten von anderen sei mächtig.

Trost, trotz aller Hindernisse

War am Anfang die Unsicherheit über den Text dominierend, so wurde zum Schluß der Gespräche der Trost dieser Worte wirksam. Das, was in dieser Welt den Geistgaben Gottes entgegensteht, ist zwar mächtig, aber mit Gott auf der eigenen Seite wird es schon gehen.
Außerdem wurde es als sehr tröstlich empfunden, daß keiner perfekt sein muß und es auch gar nicht sein kann, wenn unterschiedliche Gaben verteilt sind. Zensurendruck, Leistungsdruck im Betrieb oder auch in der Familie, die sind zwar da, aber sie sind auch nicht alles. Ich bin ein kleines Rädchen in dem Getriebe, aber ich bin wichtig, denn Gott traut mir etwas zu.

Düt und Dat zu Geist und Geistern

In den Gesprächen trat expressis verbis nirgends der Bezug zur christlichen Gemeinde und den Geistgaben für die Gemeindearbeit auf. Es wäre leicht gewesen, diesen Bezug herzustellen, aber von selbst wurde der Bezug nicht gesehen.
Jugendliche und einige Erwachsene hatten Schwierigkeiten mit dem Vers 10, denn »Wunder tun« und »Geister unterscheiden« erinnerte an okkulte und spiritistische Bräuche, von denen man sich gerade unterscheiden wollte. Assoziationen zu Geister- bzw. Horrorfilmen wurden geweckt, wo am Ende immer der Gute die bösen Geister besiegt.
Jemand hatte die Idee, der Text sei so etwas wie ein Gespräch mit Gott.

Ausgangspunkt ist die Frage eines Menschen: Wo bist du denn spürbar in meinem Leben, Gott? Die weiteren Fragen des/der Menschen seien dann weggelassen und nur Gottes Antworten aufgeschrieben.
Einer Kirchenvorsteherin fiel das Gedicht »Das Eisenbahngleichnis« von Erich Kästner ein: »Wir sitzen alle im gleichen Zug ... und viele im falschen Coupé«. Der Text wurde als Gegenpol begriffen, denn der Mensch nach 1. Kor 12 habe zwar auch »vorgegebene Abteile« und zum Teil »harte Sitze«, aber er könne doch selbst etwas daraus machen und in das richtige Coupé wechseln.

Zum Gottesdienst

Gerlinde Wnuck-Schad

Exegetisch-homiletische Skizze

Die Annäherungen zeigen, daß der paulinische Brieftext eines Hermeneuten bedarf. Die Pfingstgemeinde von heute benötigt ebenso wie die korinthische damals eine Einführung »über die Gaben des Geistes« (12,1). Während freilich Paulus gegen das pneumatische Fieber in seiner jungen Gemeinde ankämpfte, das das Wirken des Heiligen Geistes zu ersticken und die Einheit zu gefährden drohte, leben wir heute in unseren volkskirchlichen Strukturen eher unterkühlt. Wir haben uns dem 3. Glaubensartikel entfremdet und den lebendigen Bezug zum Pfingstfest in unseren Gemeinden weithin verloren. Wie können wir also Licht und Farbe in den Text hineinbringen?
Ich möchte in der Gottesdienstgestaltung zum Ausdruck bringen, daß wir in Christus dem wahren Hermeneuten des Lebens begegnen, dessen Geist von Gott kommt, von dem alles ist, was wir sind und haben (1. Kor 4,7). Die Lichtmetapher ist geeignet, den Gedanken von der Einheit in der Vielfalt zu veranschaulichen (Farben sind Brechungen des einen Lichtes). »Licht« ist seit alters Gleichnis für das trinitatische Wirken Gottes (Bezug zum folgenden Trinitatissonntag!), das sich in vielfältigen Brechungen an Pfingsten in die vielfarbige Gestalt der einen Kirche Jesu Christi ergießt.
So wie die Farben Taten des Lichtes sind (Goethe), so sind die verschiedenen Gaben (»Charismen«) Taten (»Energien«) des Heiligen Geistes. Von der Wirkmacht der Gaben in den dumpfen und geist-losen Strukturen von Kirche und Gesellschaft ist anschaulich zu reden. Hier könnte im Jubiläumsjahr der Hildegard von Bingen (1098–1179) anläßlich ihres 900. Geburtstages am Leben dieser herausragend begabten Frau ein leuchtendes

Exemplum gegeben werden. Im Gottesdienst am Pfingstmontag steht die Gestalt der Kirche mit den Menschen von heute »im Licht« - mit dem Ziel, mehr Farbe und Leben in die Kirche von morgen zu bringen.

Vorschläge zur Liturgie

Zum Eingang

»Das Licht gibt allem Kraft: Gott selber lebt im Lichte! Doch wär er nicht das Feuer, so würd es bald zunichte.« Angelus Silesius (Cherubinischer Wandersmann, 1. Buch, Nr. 195)

Introitus

nach Psalm 139

»HERR, von Licht ist umstellt mein letztes Verschweigen. Wenn Du atmest, finde ich ins Wort. Du ereilst mich von ferne und umgibst mich mit Räumen, darin ich geboren werde DIR zu, bis alles an mir lebendig wird in Deiner Hand, die mich schafft.

Wunderbar und zu hoch ist mir die Erkenntnis von DIR: dieses: DU BIST! Kaum begreife ich, daß ich bin, sichtbar werdend für Dich und für mich. Was ich auch denke, wohin ich auch gehe, ich falle DIR zu.

Deine Morgenröte durchdringt die Nacht, Deine Ufer wachsen aus dem Meer. Bei den Toten bricht eine Erweckung an. Ich kann mich, wo ich auch bin, Deinem Leben, Deiner Liebe, Deiner Atemkraft nicht entziehen. So gebäre mich in den Tag. Bilde mich aus. Deine Augen schauen schon alle meine Tage und erkennen, was bleiben wird. Du hast mich ja in Dein Buch geschrieben, auf die Seite der Ewigkeit und Dein Herz schlägt ohne Ende für mich.

Die Liebe kennt keine Grenzen. Sie fließt. Sie kennt nur die Strömung. Ihre Quelle wächst unter der Haut.«

Sr Christamaria, Christusbruderschaft

(aus: Materialdienst der Ev. Tagungsstätte Löwenstein, Beiheft zum Arbeitskatalog »Geistes-Gegenwart«, Leitfaden für Gruppenleiter, 1985, Seite 50)

Sündenbekenntnis

»Herr, unser Gott,
im Lichte deiner Gnade erkennen wir,
wie dunkel unser Leben ist und wie fern wir von dir sind.
Wir haben uns dir verschlossen.
Darum fehlt es uns an Zuversicht, und wir sind arm an Liebe.
Vergib uns unsere Schuld
und erneuere uns durch die Kraft deines Geistes.
Herr, erbarme dich.«

(aus: Gottesdienstgestaltung. Ein ökumenisches Werkbuch, hrsg. v. K.-H. Bieritz und M. Ulrich, Köln 1985, Seite 193)

Gnadenzusage
Johannes 8,12

Schriftlesung
Matthäus 16,13–19

Glaubensbekenntnis
»Ich glaube an die Kraft des Stillen und des Schwachen
und an die heilige Energie in ihm.
Ich glaube an das zarte Leuchten mitten in der Nacht
und an die Zukunft Gottes mitten in den Schrecken der Zukunft.
Ich glaube an das heimliche Wort mitten im Schweigen
und an seine verwandelnde Kraft.
Ich glaube, daß ich nicht angewiesen bin auf die Gedanken,
die ich mir selbst ausdenke.
Ich glaube, daß, der das Ohr geschaffen hat, spricht.
Ich glaube, daß Gott nicht fern, sondern nah ist
als Licht und Sinn meines Tages und Lebens.
Ich glaube, daß von mir nichts gefordert ist,
als daß ich mich füge, als williges Werkzeug in die Hand Gottes.
Damit auch durch mich, durch uns alle
das Notwendige geschieht zum Leben und Heil der Welt.
Ich glaube an den Heiligen Geist.«
Jörg Zink
(aus: Materialdienst der Ev. Tagungsstätte Löwenstein, Arbeitskatalog zur Ausstellung »Geistes-Gegenwart«, 1985, Seite 23, © Jörg Zink)

Lieder
EG 124 (»Nun bitten wir den Heiligen Geist«); EG 125 (»Komm, Heiliger Geist«); EG 136 (»O komm, du Geist der Wahrheit«); EG 165, v. a. V. 6 (»Gott ist gegenwärtig«); EG 172 (»Sende dein Licht«); EG 182,4+5+9 (»Suchet zuerst Gottes Reich«); EG 268 (»Strahlen brechen viele aus einem Licht«); EG 410 (»Christus das Licht der Welt«); EG 662 (Regionalteil Baden, Elsaß und Lothringen, Pfalz: »Schenk uns Weisheit, schenk uns Mut«)

Fürbittengebet
Wir ahnen, Gott,
daß du uns mit deinem guten Geist begabt hast.
Warum soll uns bange sein vor dem, was uns umtreibt?
Wir fühlen uns oft allein,
ratlos, wenn wir vor dem Berg von Übeln stehen,
die die Welt umklammern.
Verzagt sind wir.
Doch du erfrischt unseren Mut mit deinen guten Gaben,

die du reichlich auf uns, auf alle deine Geschöpfe ausgeschüttet hast.
Gott, dein Geist stellt uns in weiten Raum.
Wir sind nicht allein –
gemeinsam wollen wir nach guten Wegen
für eine dir gemäße Welt suchen,
wo Gerechtigkeit ist,
wo Friede sich durchsetzt,
wo deine Schöpfung befreit atmen kann.

Neues Leben ist möglich,
Altes kann überwunden werden.
Es gibt Veränderung, ja.
Gott, du hast die ersten Gemeinden begeistert.
Komm und reiß' uns mit, stoß' uns an.
Wir brauchen deinen Geist.
Laß dabei unsere Ahnung
zur Gewißheit des Glaubens werden,
daß wir andere anstecken können,
daß unsere Sinne sich öffnen
für die Bewältigung von Angst und Enge.
Daß wir sie spüren, die Begeisterung von Pfingsten,
unsere Begabung zu tanzen, zu spielen, zu singen.
Darum bitten wir dich, guter Geist.
Margot Käßmann
(aus: neue Eingangs- und Fürbittengebete, hrsg. v. W. Brinkel und H. Hilgendiek, Gütersloh 1994, Seite 87)

Segen
Die Seele ist wie ein Wind, der über die Kräuter weht,
und wie ein Tau, der auf die Gräser träufelt,
und wie die Regenluft, die wachsen macht.
Genauso ströme der Mensch
sein Wohlwollen aus auf alle,
die da Sehnsucht tragen.
Ein Wind sei er, indem er den Elenden hilft,
ein Tau, indem er die Verlassenen tröstet,
und Regenluft, indem er die Ermatteten aufrichtet
und sie mit der Lehre erfüllt wie Hungernde:
indem er ihnen seine Seele hingibt.
Amen
Hildegard von Bingen

Vorschlag zur Predigt

Möglicher Anfang
Das morgendliche Licht sendet uns an diesem Pfingstfest einen farbenfrohen Gruß. Es flutet von außen herein, das Licht. Durchglüht die Kirchenfenster und läßt sich in vielfältigen Brechungen hier und dort nieder. Mit seidigem Glanz in den Blütenblättern der Pfingstrosen auf dem Altar malt es uns ein stimmungsvolles Aquarell. Mit lustigen kleinen Farbkegeln umspielt es Wände, Säulen und Decken. Hier ist gut sein - ein weiter Raum, ein Ort voller Licht.
»Farben sind Taten des Lichtes«, so hat der berühmte Dichterfürst Goethe einmal gesagt. Denn den Reichtum der Farben schenkt und wirkt uns dasselbe eine Licht.
Ich habe große Lust, diese Farbpalette des Lichtes zu nehmen und mit ihr den heutigen Predigttext auszuleuchten. Wie ein farbenfrohes Kirchenfenster kann er wohl den Raum weiten für die Taten des Heiligen Geistes. Freilich, wir müssen uns auf ihn einlassen – müssen gleichsam in ihn hineingehen, wie in ein Haus aus Licht. Vordergründig, von außen betrachtet, bleibt selbst jedes Kirchenfenster dumpf, grau und undurchsichtig. Wer außen stehen bleibt, sieht nichts und versteht nichts von den Taten des Lichtes. Seien Sie also herzlich willkommen im pfingstlich durchfluteten Haus des Lichtes.

Zum weiteren Verlauf
1. So wie die verschiedenen Farben Brechungen (»Taten«) des einen Schöpfungslichtes sind, so wirkt derselbe eine Schöpfergeist menschliche Gaben und Begabungen. »Es sind verschiedene Gaben, aber es ist ein Geist«, sagt Paulus, einer der Apostelfürsten. Gaben sind Taten göttlicher Geisteskraft. Sie bringen Licht und Farbe ins Leben des einzelnen, wie der Gemeinschaft, in der sie »zum Nutzen aller« dienen sollen.
2. Im Widerspiel der Kräfte steht gegen das Licht die Macht der Finsternis. Menschen leiden an den dunklen Strukturen der Wirklichkeit. Sie sehnen sich nach Strukturen in Wissenschaft, Technik und Wirtschaft, d.h. im Alltag der Welt, die den Blick frei geben auf das Wirken Gottes. Menschen leiden auch an der Farb- und Gefühllosigkeit ihres Lebens. Ihnen ist der Weg zu den inneren Gaben und Werten verdunkelt, sei es, daß sie sich nichts zutrauen, sei es, daß sie das göttliche Licht scheuen. Menschen mißtrauen dem Wirken der Geisteskraft und folglich ignorieren sie das Haus des Lichtes. Sie »sonnen« sich im Licht eigener Leistung und eigenen Verdienstes.
3. Es geht weder darum, vorhandene Strukturen zu verteufeln, noch darum, den Stolz auf das eigene Können madig zu machen. Aber in unseren Köpfen und Herzen verwandeln sich unsere Leistungen und selbst Strukturen in ihrer Eigendynamik zu »Götzen«, wenn wir entweder alle

Hoffnungen auf Leistungen setzen oder Angst haben, ohne diese oder jene Wissenschaftstechnik und Wirtschaftsform keine Zukunft mehr zu haben. Leistungsdenken und -strukturen beherrschen uns, wenn wir nicht von Zeit zu Zeit uns besinnen, uns von ihnen distanzieren. Wenn uns die Transparenz des Alltags für das Wirken Gottes aus dem Blick gerät, verlieren wir die Zukunft Gottes.

4. Es bedarf großer und entschlossener Geisteskraft, die sich in die dunklen Strukturen einmischt, sie erhellt, aber nicht in sie aufgeht. Der Pfingstbericht des Lukas macht augenscheinlich, daß diese Kraft »von außen« einfluten muß (»und es geschah ein Brausen vom Himmel wie eines gewaltigen Windes, und er erfüllte das ganze Haus ...« Apostelgeschichte 2,2). Oder wie Paulus schreibt: »Was hast du, das du nicht (von Gott) empfangen hast?« (1. Korinther 4,7). In unserem Predigttext nennt er uns vier Fenster der Taten des Heiligen Geistes: Er wirkt a) Weisheit und Erkenntnis, b) Glauben, Heilungs- und Wunderkräfte, c) die prophetische Gabe und die kritische Urteilskraft sowie d) die Gabe der Zungenrede und ihrer Auslegung. (Gliederung nach L. Steiger, in: GPM 1992/5, Seite 270 f.) Wenn wir sie nur vordergründig ansehen, bleiben sie dumpf und grau, und einer resümiert: »Zuviel Geist, da blickt keiner durch!« (vgl. Annäherungen I.) Wie also kann die je verschiedene Farbpalette dieser einzelnen Fenster zum leuchten kommen?

5. Hier können praktische Lebensbeispiele folgen und anschaulich erzählt werden; Widerfahrnisse, die aus der Kraft des biblischen Wortes heraus mehr Farbe, mehr Licht, mehr Leben in den Alltag brachten, die zur Aufhellung der Strukturen beitrugen; Beispiele, die das Wirken der Geisteskraft im Alltag erspüren lassen und die Predigthörerinnen und -hörer ermutigen, in diesem Sinne ihre Lebensbeziehungen zu lichten, ihre eigenen Gaben zu entdecken und zu leben. So könnte schließlich der Text selbst im Kontext des Lebensalltags zum Leuchten kommen.

Für mich wäre es verlockend, im sogenannten Hildegard-von-Bingen-Jahr anläßlich ihres 900. Geburtstags der Jubilarin zu Ehren alle 4 Fenster aufstrahlen zu lassen. Sie selber besaß einzigartig alle diese Gaben der von Paulus beschriebenen Geisteskraft. Und sie kannte die göttliche Farbenlehre und die »Grünkraft« des Heiligen Geistes, die alles Lebendige als Gottes Pflanzung betaut. Etwas von den Farben der Geistesgaben an dem Leben dieser Frau exemplarisch aufleuchten zu lassen, lädt ein in das Haus des Lichtes.

Möglicher Schluß

Jede und jeder von uns kann an sich entdecken: Gott hat mir in ganz persönlicher Art und Weise Geisteskraft geschenkt. Er hat uns Christinnen und Christen mit seinen verschiedenen Gaben ausgestattet. Auch wir können uns mit solchen Kirchenfenstern vergleichen: Zusammengesetzt aus unzähligen kleinen Glasfragmenten, bilden wir miteinander ein farbenprächtiges großes Bild. Es kommt auf den Standpunkt an, ob es noch dumpf, grau und undurchsichtig ist – oder ob es schon die Taten göttlichen Lichtes durchfluten.

Kontexte

Zwei Texte aus dem EG von Hildegard von Bingen (Ausgabe für die Ev.-luth. Kirchen in Bayern und Thüringen, Seite 364 und Seite 978):

»O Kraft der Weisheit,
du umkreist allen Kreislauf
umfassend das All,
auf einer Bahn, die das Leben hat.

Drei Flügel hast du:
der eine schwingt hoch in die Höhe,
der andre keimt aus der Erde,
der dritte schwingt sich all überall.

Lob dir, alle Würde des Lobpreises,
o Weisheit.«

und

»Der Heilige Geist ist Quelle des Lebens,
Beweger des Alls,
Wurzel alles geschaffenen Seins.
Er läutert das All von allem Fehl.
Geist tilgt die Schuld und Geist salbt die Wunden,
Geist ist leuchtendes Leben, würdig des Lobes,
auferweckend das All und alles wiedererweckend.

Ich bin das heimliche Feuer in allem, und alles duftet von mir,
und wie der Odem im Menschen, Hauch der Lohe,
so leben die Wesenheiten und werden nicht sterben,
weil ich ihr Leben bin.
Ich flamme als göttlich feuriges Leben
über dem prangenden Feld der Ähren,
ich leuchte im Schimmer der Glut,
ich brenne in Sonne, in Mond und in Sternen,
im Windhauch ist heimlich Leben aus mir
und hält beseelend alles zusammem.«

»Das verschenkte Licht
Es war eine Frau, die hatte gehört, daß an einem fremden Ort eine heilige Flamme brennt. Sie machte sich auf, um etwas von diesem Licht zu sich nach Hause zu holen. Sie dachte: Wenn du dieses Licht hast, dann hast du Glück und Leben, und alle, die du liebst, werden es auch haben.
Sie begab sich auf den weiten Weg, fand die heilige Flamme, entzündete ihr Licht daran und hatte auf dem Rückweg nur eine Sorge: daß ihr das Licht erlöschen könnte.

Unterwegs traf sie einen, der fror und kein Feuer hatte. Der bat sie, ihm von ihrem Feuer zu geben. Die Frau mit dem Licht zögerte. War die Flamme nicht zu kostbar, zu heilig für solch eine gewöhnliche Sache? Dann aber gab sie dem im Dunkel Frierenden von ihrem Licht.
Die Frau setzte ihrem Heimweg fort, und als sie beinahe zu Hause war, brach ein Unwetter über sie herein. Sie versuchte, ihr Licht vor Sturm und Regen zu schützen, aber es erlosch.
Den weiten Weg zurück zum Ort der heiligen Flamme würde sie nie mehr schaffen - aber bis zu dem Menschen, dem sie geholfen hatte, reichte ihre Kraft, und an dessen Licht konnte sie das ihre wieder entzünden.«
Barbara Hug
(aus: Barbara und Hans Hug (Hrsg.), Blätter, die uns durch das Jahr begleiten. Ein immerwährender Kalender mit 365 Geschichten, Kreuz Verlag, Stuttgart 1992)

Trinitatis

Annäherungen an den Predigttext
Brief an die Gemeinde in Rom 11, (32) 33–36

Hans-Jürgen Kant

Wir sitzen mit befreundeten Eltern zusammen. Wir reden über die drohende Schließung des nahegelegenen Lützener Gymnasiums. Die Schülerinnen- und Schülerzahlen entsprechen nicht mehr den gesetzlichen Vorgaben in Sachsen-Anhalt. Im weiteren Verlauf des Gesprächs kommen wir auf den Text aus dem Brief an die Gemeinde in Rom zu sprechen: Daß alle im gleichen Boot sitzen, das ist für die Runde interessant. Auch die unerforschlichen Wege. Und wir fragen uns, was es mit unserem Tun auf sich hat. Lohnt sich ein Engagement für die Schule und überhaupt? Oder sollten wir uns passiv den Dingen hingeben, wie sie durch Gesetze vorgeschrieben werden, wie das Leben nun einmal mit uns spielt? Sind Gottes Wege mit uns wirklich unerforschlich und seine Entscheidungen unbegreiflich? Oder lassen sie sich doch erforschen, indem wir auf das Leben, Tun und Reden Jesu blicken?

Seniorenrunde. Alle haben den Text vor sich liegen. Eine Frau liest vor. Bereits an dem Wörtchen »alle« in V. 32 knüpfen die Teilnehmer spontan an: Das ist ungerecht, Gut und Böse werden in einen Topf geworfen. Geiseln und Geiselnehmer in Tschetschenien, Unterdrücker und Unterdrückte: Alle sollen gleich schlecht sein, und alle sollen gleiches Erbarmen erleben? Ha, wenn mal alle gleich wären! Schauen Sie sich die da drüben im Westen an. Die erheben sich über uns hier im Osten. Die haben die Betriebe plattgemacht. Jetzt sitzt meine Schwiegertochter zu Hause. Bei uns konnten die Frauen alle arbeiten gehen. Nicht daß ich die alten Zeiten wieder haben will, aber auf den Ämtern, da sitzen nur Westdeutsche in den leitenden Funktionen. Die nehmen uns aus wie eine Weihnachtsgans. Früher, da konnten wir unser Obst noch in die Aufkaufstelle bringen, jetzt kaufen die Leute nur dieses bestrahlte Zeug, und das einheimische Obst fällt ins Gras und verfault.
Hiob, dem ist Schlimmes widerfahren mit den Kindern irgendwie, und leiden mußte er. Weil man Gott so oft nicht versteht, deshalb sagen ja auch sehr viele, daß es Gott nicht gibt. Und manchmal fragt man sich, was hat er

eigentlich im Sinn, wenn er die Menschen leiden läßt und nicht eingreift. Im Fernsehen die schrecklichen Bilder, am liebsten gucke ich gar nicht hin. Jeder will nur die Macht, und immer sind die Unschuldigen mitbetroffen. Und man fragt sich, wann hört das mal auf.
Daß sich die einen nicht über die anderen erheben, das wäre schön, ist aber eine Illusion. Im Glauben sollte es wohl so sein. Aber es funktioniert irgendwie nicht. Vielleicht sind die Menschen so.

Gespräch mit Konfirmandinnen und Konfirmanden der 8. Klasse. Was für ein Knast ist ein »Gefängnis des Ungehorsams«? Wer sind »alle«? Früher wurden alle umgebracht, die nicht zur Kirche gegangen sind und geglaubt haben, wie sie sollten.
Wenn Gottes Wege unerforschlich sind, existeren sie vielleicht gar nicht. Wie soll man seine Wege laufen, wenn man sie nicht erforschen kann. Gott ist hier irgendwie der Höchste der Welt, der Herrscher, niemand kann Gott übertreffen. Und trotzdem läuft's in der Welt nicht besser.

Zwei junge Erwachsene, Anfang 20, sagen mir, was ihnen einfällt. In ein paar Wochen wollen sich beide konfirmieren lassen. »Gefängnis des Ungehorsams« - was ist das? Ein Ort, an den die Menschen kommen, die Sünde begangen haben, um hier ihre Strafe zu erlangen? Oder ist das schlechte Gewissen so ein Gefängnis? Doch wenn man seine Verfehlungen einsieht, vielleicht wird man dann doch noch errettet.
Will Gott manchmal nur seine Macht zeigen? Erst provoziert er Aufruhr, dann zeigt er sein Erbarmen. Gottes Wege sind eben doch unerforschlich (V. 33). Gott allein gibt sich die Regeln (V. 34). Gott muß die Menschen maßregeln, die ihn anzweifeln (V. 35). An so einen fernen, hohen Gott soll man glauben?
Vielleicht verstehe ich auch alles falsch. Meine Eltern hatten mich zwar getauft, aber dann hatte ich nicht mehr viel mit Kirche zu tun. Sie wissen ja, wie das damals war.

Zum Gottesdienst

Ingrid Keßler-Woertel

Exegetisch-homiletische Skizze

Die Aufgabenstellung ist klar: Röm 11, (32) 33–36 soll am Sonntag Trinitatis gepredigt werden. Zunächst einige Anmerkungen zum Kasus Trinitatis. Merkwürdig, Weihnachten, Ostern, Himmelfahrt oder Pfingsten würde man keine Anmerkungen vorausschicken. Der jeweilige Kasus ergibt sich aus seiner Geschichte. Mit Trinitatis ist das anders. Im Gegensatz zu allen übrigen Festen des Kirchenjahres ist Trinitatis eine gedankliche Zusammenfassung aus Erfahrungen des Glaubens und Heilsereignissen. Trinitatis ist ein relativ junges Fest. Noch 1179 ließ Papst Alexander III. feststellen, »die römische Kirche feiere nicht ein besonderes Fest der Heiligen Dreieinigkeit ...« Mit dieser Feststellung konnten weder der Papst noch das Konzil die Idee eines trinitarischen Festes aufhalten. Der Gedanke, ein solches Fest zu feiern, hatte sich besonders in Spanien ab dem 8. Jahrhundert entwickelt. Um dort arianischer Häresie vorzubeugen, hatte man begonnen, eine besondere Betonung in Frömmigkeit und Verkündigung auf den Glauben an die Dreifaltigkeit zu legen. Dieser Weg hin zur Festlegung eines kirchlichen Festes war nicht mehr aufzuhalten: 1260 wurde auf der Synode von Arles das Fest der Dreieinigkeit auf den Sonntag nach Pfingsten gelegt. Soweit Gedanken zur Entstehung des Kirchenfestes Trinitatis. Wie tief dieses Fest in der Frömmigkeit und in den Köpfen selbst der treuesten Gemeindeglieder verankert ist, das möge jeder Prediger, jede Predigerin für sich, seine (ihre) Gemeinde und damit letztlich für die Predigt selbst entscheiden. Otto Weber, der langjährige Lehrstuhlinhaber für reformierte Theologie an der Universität Göttingen (Nachfolger von Karl Barth) soll einmal gesagt haben, er ginge jeden Sonntag zur Kirche, aber am Sonntag Trinitatis täte er das nicht, weil die Pastoren an diesem Sonntag entweder Banalitäten sagten oder Häresien verkündigten.

Schon die Darstellung des Textes Röm 11, (32) 33–36 zeigt das Dilemma an, das sich bei näherer Beschäftigung mit dem Text auftut. Während Vers 32 das in den Kap 9–11 Ausgeführte abschließt, bilden die Verse 33–36 eine in sich geschlossene Einheit, eine Doxologie, einen – wie es in der Lutherbibel heißt – Lobpreis der Wunderwege Gottes. Ich vermag nicht zu erkennen, warum gerade diese Verse für den Sonntag Trinitatis ausgesucht worden sind. Auch ist mir unverständlich, warum Vers 32 in Klammern hinzugefügt wurde. Im Folgenden möchte ich zunächst einiges zu Vers 32 erläutern, um dann zu den Versen 33–36 überzugehen. Ich meine allerdings, daß es eine Überforderung des Predigthörers und eine Überfrachtung der Predigt bedeuten würde, wenn man versuchte, in einer Predigt sowohl dem Vers 32 als auch den folgenden Versen gerecht zu werden. Zu Vers 32 vermerkt schon Martin Luther: »Merk diesen Hauptspruch, der alle Welt und menschliche Gerechtigkeit verdammt und allein Gottes Gerechtigkeit hebet, ...« Und Karl Barth stellt in seiner Auslegung zum Römerbrief (1. Auflage!) fest: »... daß wir es hier (sc. Röm 11,32) viel mehr mit einem grimmig beunruhigenden Axiom zu tun haben, in dem der Schlüssel des ganzen Römerbriefes (und nicht nur des Römerbriefes) zu finden sein dürfte. Was Paulus meint, wenn er von Gott, Gerechtigkeit, Mensch, Sünde, Gnade, Tod, Auferstehung, Gesetz ..., wenn er vom Tag Jesu Chri-

sti redet, was für Kategorien anzuwenden sind, um diese Urworte zu buchstabieren, das entscheidet sich am Verständnis oder Unverständnis dieser Stelle.«
Das heißt doch: Durch uns selbst sind wir niemals gerecht. Gerecht werden wir erst durch Gottes Gnade und sein Erbarmen. Gerade in der heutigen Zeit mag dieser Gedanke wieder aus der Versenkung hervorgeholt werden. Ich lasse die Wucht dieser Zitate erst einmal stehen, um mich den Versen 33-36 zuzuwenden. Mit Fug und Recht kann man diese Verse als den hymnischen Abschluß von Röm 9-11 ansehen. Hatte Paulus in den vorhergehenden Kapiteln in Rede und Gegenrede argumentiert, so fällt er nun in eine ganz andere Sprache. Das kommt nicht von ungefähr und ohne Bedacht. Paulus ist sich sehr wohl bewußt, wem er schreibt: der - ihm persönlich unbekannten - Gemeinde in Rom. So, wie Prediger heute versuchen, ihre Gemeinde abzuholen mit Begriffen, Formulierungen und auch Geschichten, in denen sich die Hörer wiedererkennen, so tat dies Paulus schon vor 1900 Jahren. Um dem römischen Leser des Briefes den Lobpreis, die Doxologie, deutlich vor Augen zu malen, nimmt Paulus Begriffe auf, die dem damaligen Leser bekannt sind: batos - sofia - gnosis - es -dia -eis. Diese Trias waren dem römischen Leser so geläufig wie dem kirchennahen Gottesdienstteilnehmer heute die trinitarische Formel bei der Taufe »... auf den Namen des Vaters und des Sohnes und des Heiligen Geistes«. Ob der heutige Gottesdienstbesucher allerdings diese Formen mit Leben füllen, sprich: sie für sich verstehen kann, ist damit nicht gesagt, könnte aber ein Ziel der Predigt am Sonntag Trinitatis sein. (siehe Predigtentwurf A) An dieser Stelle möchte ich die oben abgebrochenen Ausführungen über Karl Barth und die Prädestinationslehre wieder aufnehmen und für diese Predigt jedenfalls den Vers 32 des Textes so in eine Predigt mit hineinnehmen, daß dem Hörer sehr deutlich wird, daß nicht wir Gott erwählen, sondern daß er uns erwählt hat. Das bedeutet: All unser Leben, Denken - oder um die Überschrift der Lutherbibel über Röm 11,33 ff. wieder aufzunehmen - »Lobpreis der Wunderwege Gottes« kann nur immer menschliche Antwort sein auf ein Geschehen, das in Gott seinen Anfang genommen hat.

Vorschläge zur Liturgie

Votum
Diesen Gottesdienst wollen wir miteinander feiern zur Ehre Gottes. Des Gottes, der von sich selbst sagt: »Ich bin der Herr, dein Gott, du sollst keine anderen Götter neben mir haben«, und zur Ehre Jesu Christi, der uns zusagt: »Wo zwei oder drei in meinem Namen versammelt sind, da will ich mitten unter ihnen sein.« Und im Vertrauen auf Gottes Heilige Geisteskraft, die unser Reden und Hören, Singen und Beten mit lebendiger Kraft erfüllen möge. Amen.

Lieder
EG 139, 1-3 (Gemeindegesang)
EG 139,4+5 werden von Liturg und/oder Gemeinde gesprochen
EG 288,5-7
EG 321,1-3 (alternativ: Strophe 3 wird als Gebet gesprochen)

Schriftlesung
Das EG bietet im Anhang eine Fülle von Psalmen, die im Wechsel gesprochen werden können. Ich schlage Psalm 139 vor.

Gebete
Gott, im Lichte deiner Wahrheit erkennen wir, daß wir gesündigt haben in Gedanken, Worten und Werken. Du hast uns in deinen Dienst gerufen; aber wir haben die Zeit vertan, die du uns anvertraut hast. Du hast uns unsere Nächste und unseren Nächsten gegeben, sie zu lieben wie uns selbst; aber wir erkennen, wie wir versagt haben aus Selbstsucht und Trägheit. Darum kommen wir zu dir und bekennen unsere Schuld. Richte uns, Gott, aber verwirf uns nicht. Wir wissen keine andere Zuflucht als dein unergründliches Erbarmen.
(nach Losungen 1997, Gebet für den 30. 6. 1997)

Vorschläge zur Predigt

Im Folgenden möchte ich Vorschläge zur Predigt machen. Vorschlag A ist dann angebracht, wenn das Kirchenfest Trinitatis im Gottesdienst einen gewissen Raum einnehmen soll, wenn es zur liturgischen Festtradition der Gemeinde gehört oder mehr bekannt werden soll.
Vorschlag B ist ein Predigtvorschlag zum Röm 11, (32) 33-36, der auf den Kasus Trinitatis nicht eingeht.

Predigt A

Einstieg: mit einer Geschichte, wie ich sie erlebt habe.
Sicherlich kann jeder für sich andere Beispiele in ähnlicher Form berichten:
Am Sonntag sollte die Taufe der kleinen Imke stattfinden. Alles war von den Eltern der Kleinen vorbereitet, die Gäste geladen, der Kuchen bestellt. Einige Tage vor der Taufe besuchte ich dann die Eltern zum Taufgespräch. Ich hatte mich für den Abend angemeldet, weil ich gerne ungestört mit den jungen Eltern reden wollte. So war es dann auch: Imke lag schon in tiefem Schlaf, als ich ihre Eltern aufsuchte. Ich wurde ins Wohnzimmer gebeten, wir tranken Kaffee. Imkes Eltern harrten der Dinge, die da kommen würden. Zuerst redeten wir – wie sagt man doch so schön – »über Gott und die

Welt«, dann lenkte ich das Gespräch auf die Taufe. »Ja«, meinte die junge Mutter, »natürlich haben wir schon Taufen gesehen, aber wenn man ein eigenes Kind zur Taufe bringt, und Imke ist ja unsere erste, dann ist das etwas anderes.« »Deshalb«, sagte ich, »möchte ich Ihnen den Ablauf der Taufe erläutern und«, so fuhr ich fort, »Sie unterbrechen mich, sobald Sie eine Frage haben.«
So las ich dann vor, erklärte zwischendurch und kam dann zum Taufakt, wo es heißt: »Imke, ich taufe dich auf den Namen des Vaters und des Sohnes und des Heiligen Geistes.« Da unterbrach mich Imkes Mutter und meinte: »Also, das verstehe ich nicht ganz. Was heißt das: auf den Namen des Vaters und des Sohnes und des Heiligen Geistes?«
Liebe Gemeinde, das ist eine ganz wichtige Frage, die Imkes Mutter mir da stellte. Ich habe mich sehr bemüht, sie ausführlich und richtig zu beantworten. Wir hier im Gottesdienst hören und sprechen das ja auch oft zusammen: Gott Vater, Sohn und Heiliger Geist. Drei Personen und doch – wie hieß das gerade in dem Lied, das wir gesungen haben: »drei in eins«, was bedeutet das?
Da müssen wir zurückgehen in die Anfangszeiten des Christentums ...
(Im Folgenden würde ich in vereinfachter und damit verständlicher Form erzählen ...)

Predigt B

Predigtanfang:
Es ist schon eine Reihe von Jahren her, damals war ich noch Schülerin. Eines Tages hatte unser Deutschlehrer eine Idee: »Wie wäre es«, fragte er uns, »wenn ich euch Adressen besorgen würde von gleichaltrigen Jungen und Mädchen aus ganz anderen Ländern und Kulturen? Und Ihr schreibt Euch dann und lernt Euch so kennen?« Wir waren begeistert. Die Aussicht, mit einer ganz fremden Person Briefe zu schreiben, fanden wir ungeheuer spannend. Es dauerte auch nicht lange, da brachte uns der Lehrer die ersten Anschriften mit: Adressen aus England, Neuseeland, sogar eine Adresse aus Kuba.
Das Mädchen, deren Adresse ich erhielt, hieß Inger-Marie Injerdignen und lebte in Norwegen. Ich packte die Adresse in meine Schultasche, und auf dem Nachhauseweg überlegte ich schon, was ich meiner künftigen Brieffreundin wohl schreiben könnte. Zuhause ließ ich mir kaum Zeit zum Essen. Dann suchte ich Briefpapier und Stifte zusammen, und schon saß ich an meinem Schreibtisch und schrieb: Liebe Inger-Marie, mein Name ist... Ja, und dann hörte der Schreibfluß auch schon auf. Was sollte ich ihr, einer völlig unbekannten, noch weiter schreiben? Was interessierte sie wohl? Was wollte sie von mir wissen, was war mir so wichtig, daß ich es ihr unbedingt mitteilen wollte? Liebe Gemeinde, ich weiß nicht mehr, was ich genau geschrieben habe. Nur so viel kann ich sagen: Inger-Marie hat

zurückgeschrieben, und unsere Brieffreundschaft hielt über 10 Jahre. In meiner Erinnerung sehe ich mich noch immer an meinem Schreibtisch sitzen und darüber nachdenken: Was will dieses Mädchen von dir wissen, und was ist mir wichtig, ihr zu sagen?

Diese Kindheitserinnerung, die bestimmt einige von Ihnen so oder ähnlich haben, fiel mir wieder ein, als ich den Predittext für den heutigen Sonntag las. Und so, wie ich mich am Schreibtisch sitzen sehe, nachdenklich an meinem Füller kauend und jedes Wort überlegend, so stelle ich mir das auch bei Paulus, dem Apostel vor.

Paulus stand damals vor einer ähnlichen Aufgabe: Er war schon viel herumgekommen in seinem Leben, hatte nicht nur Jerusalem, Damaskus und den Libanon besucht, sondern auch Ephesus, war von Kleinasien nach Griechenland gekommen. Wohin er auch kam, wo er auch Station machte, nie hatte er seine Aufgabe aus dem Auge gelassen: die Aufgabe, den Menschen von Gott zu erzählen und von Jesus Christus und vom Wirken des Heiligen Geistes. Hatte er erst einmal Zuhörer gefunden, hatte er eine kleine gläubige Gemeinde gefunden, dann zog er weiter. Aber er blieb mit ihnen in Kontakt, er berät die Gemeinden, gibt Informationen zum Glauben und zum christlichen Leben. Dazu schreibt er Briefe. Einige dieser Briefe sind erhalten. Briefe, die im Neuen Testament abgedruckt sind, Briefe an die griechische Gemeinde in Korinth oder in Ephesus etwa. Eines Tages dann hört Paulus von einer kleinen Gemeinschaft, die er noch nicht besucht hat, die er auch nur vom Hörensagen kennt, die ihn aber interessiert. Ganz besonders deshalb interessiert, weil diese kleine christliche Gemeinschaft in der Stadt wohnt, die man in der damaligen Zeit für *die* Weltstadt schlechthin hielt: Ich meine Rom. Weil Paulus wohl die Möglichkeit sah, bald nach Rom zu gelangen, schreibt er dieser ihm bis dahin unbekannten Gemeinschaft.

Ihm ist das Schreiben damals sicherlich sehr viel leichter gefallen als mir, denn er weiß genau wovon und worüber er schreiben wird: über Gott, über das Verhältnis vom Menschen zu Gott, darüber, daß Gott erst die Juden und dann dazu die Christen erwählt hat.

In seinem Brief erklärt Paulus nicht nur, er argumentiert auch: Er nimmt Fragen auf, von denen er sich vorstellen kann, daß die Gemeindeglieder in Rom sie stellen könnten, er diskutiert, er wägt ab.

Dann kommt er an die Stelle, die ich vorhin vorgelesen habe, die unser heutiger Predigttext ist: »Denn Gott«, schreibt Paulus, »denn Gott hat alle eingeschlossen in den Ungehorsam, damit er sich aller erbarme.« Paulus legt erst einmal zufrieden seinen Stift beiseite. Das ist, so denkt er, ein guter Schlußsatz für die vorherigen Kapitel. Da hatte er über die Christen und die Heiden und die Juden gesprochen und darüber, wie Gott mit denen umgeht. Noch einmal liest er seinen Schlußsatz: »Denn Gott hat alle eingeschlossen in den Ungehorsam, damit er sich aller erbarme.« Ja, ob Christen, Juden oder Heiden, wir können von uns aus nicht vor Gott bestehen,

wir sind von uns aus immer Sünder. Viele Jahre später wird Martin Luther einmal zitieren: »Wir Menschen sind allzumal Sünder.« Wir sind auf die Gnade Gottes angewiesen und auf sein Erbarmen.
Paulus nimmt den Schreibstift wieder zur Hand; er spürt: So kann der Briefabschnitt noch nicht enden; es fehlt noch etwas. Es fehlt noch die Beschreibung dessen, was Gott eigentlich ist und wie er ist und wie er handelt. Da setzt Paulus dann zu einem ganz großen Lob an: Ich stelle mir das so vor, als wenn wir nach ganz langem Überlegen einen superguten Gedanken haben und voller Erleichterung tief aufseufzen. So auch Paulus: »O, welche Tiefe des Reichtums, der Weisheit und der Erkenntnis Gottes. Wie unbegreiflich sind seine - Gottes - Gerichte und unerforschlich seine Wege.« Ja, das ist ganz genau so: Wer sind wir Menschen denn, daß wir Gottes Willen erforschen könnten oder eine Wege wüßten. Wir sind nur kleine Räder in der Weltgeschichte; der, der die Wege sieht, führt und lenkt, ist Gott.
Eine Konfirmandin fragte mich einmal: »Hat Gott sich die ganze Welt oder all das, was ist und sein wird, selbst ausgedacht oder hatte er einen Ratgeber?« - Nein, Gott ist so unerforschlich groß, er braucht keinen Ratgeber, er ist sich selbst Ratgeber. In einer andere Konfirmandenstunde fragte mich einer: »Wenn ich jetzt ganz viel Gutes tu, muß mir dann Gott nicht auch Gutes zurückgeben?« Eine interessante Frage. Aber wer sind wir denn, daß Gott uns Rechenschaft schuldig ist?! Er hat uns doch schon lange, bevor wir wurden, erdacht und geschaffen. (Gedanke: Wie kann Gott so schreckliche Dinge an uns tun? PredigerIn kann/soll diesen Gedanken weiter ausziehen, wenn es in der jeweiligen Gemeinde erforderlich ist.) Und dennoch wollte er uns noch viel näher kommen und nicht nur als der unsichtbare Schöpfer und Fadenzieher im Hintergrund bleiben. Deshalb schickte er seinen Sohn Jesus Christus zu uns in diese Welt. Damit Jesus, der Sohn Gottes, als Mensch all das erfährt, was uns Menschen ausmacht. Und er leidet bis ans Kreuz, bis in den Tod und wird dann von Gott wiederauferweckt von den Toten. Als ob das noch nicht genug ist, schickt Gott uns seinen Heiligen Geist, eine Kraft, eine Gotteskraft, die uns hilft, die uns einhüllt in allen Lagen unseres Lebens.
So groß ist Gott und so mächtig ist er und so um uns Menschen besorgt. Von ihm, Gott, sind alle Dinge, durch ihn und zu ihm hin. Und deshalb: Gott sei Ehre in Ewigkeit. Als der Apostel Paulus das geschrieben hat, da kann er gar nicht anders, denn das ist wie ein Gebet, ein Bekenntnis, das ist gewißlich wahr, oder mit einem Fremdwort gesagt: Paulus schreibt das Wort »Amen«.
Liebe Gemeinde, an dieser Stelle verlassen wir den Apostel Paulus und kehren in die heutige Zeit zurück. Bleibt noch anzumerken, daß der Brief an die Gemeinde in Rom damals wohl angekommen ist und seitdem millionenfach gelesen und interpretiert wurde. Und was bleibt uns Heutigen, die wir doch unter ganz anderen Bedingungen leben und in einer ganz anderen Zeit als Paulus (an dieser Stelle könnte auf aktuelle Dinge bezug genom-

men werden)? Was bleibt über die Jahrhunderte hinweg, das ist das Wissen: Egal, wer du bist, woher du kommst, ob du vom Christsein noch nie gehört hast oder aus einer ganz frommen Familie kommst, ob deine Familie dem Glauben gegenüber ablehnend oder ganz zustimmend ist, das erste, was Gott für dich getan hat: Er hat sich erbarmt. Er sieht dich, ja gerade dich an. Oder anders: Gott hat dich lieb. Und wenn dich einer liebhat und dir das auch zeigt, dann kannst du doch gar nicht anders als dich freuen. Oder, um es fromm auszudrücken: Du kannst gar nicht anders, als Gott zu loben und zu preisen, ihm die Ehre zu geben. Denn: All unser Loben ist nur menschliche Antwort. (siehe Exegese)

Kontexte

Heidelberger Katechismus: Frage 24
Wie wird das Glaubensbekenntnis eingeteilt?
In drei Teile:
der erste handelt von Gott dem Vater
und unserer Erschaffung;
der zweite von Gott, dem Sohn
und unserer Erlösung;
der dritte von Gott dem Heiligen Geist
und unserer Heiligung.

Heidelberger Katechismus: Frage 25
Warum nennst du denn drei:
den Vater, den Sohn und den Heiligen Geist,
wo doch Gott nur einer ist?
Weil Gott sich in seinem Wort so offenbart hat,
daß diese drei Personen unterschieden
und doch der eine, wahre und ewige Gott sind.

Gebet
Viele sagen: Ich glaube an nichts.
Ich aber möchte glauben an Gott,
den Vater aller Menschen,
der Welten hervorbringt
und Menschen führt.

Viele sagen: Ich glaube an nichts.
Ich aber möchte glauben an Jesus,
den Bruder aller Menschen,
dessen Liebe niemand tötet,
dessen Hoffnung niemand begraben kann.

Viele sagen: Ich glaube an nichts.
Ich aber möchte glauben an den Geist,
das Verlangen aller Menschen,
der die Menschen zusammenführen und
das Angesicht der Erde erneuern will.

(Lothar Zenetti)

Herr, hilf uns leben und glauben:
bewaffnet mit Zuversicht
eingebettet in Hoffnung
gestärkt mit Vertrauen
(Barbara Cratzius)

1. Sonntag nach Trinitatis

Annäherungen an den Predigttext 1. Johannes 4,16 b–21

Bernd Giehl

Kein einfacher Text; deshalb nehme ich ihn mit in den Bibelkreis, der sich wöchentlich im Gemeindehaus trifft. Dieser Kreis hat viel Übung im Aufschlüsseln von Bibeltexten, gerade auch dann, wenn sie zu den komplizierteren Texten gehören. Diesmal sind außer mir nur vier Mitglieder dieses Kreises anwesend: ein Ehepaar, Anfang dreißig, er Student der Biologie, sie Referendarin, sodann zwei alleinlebende Frauen, Büroangestellte, Mitte vierzig, die eine (Frau S.), Hausfrau, sechzig Jahre alt, die andere (Frau W.). Wir lesen den Text in zwei Ausgaben der Luther-Übersetzung, zuerst in der Fassung von 1956, dann in der revidierten Ausgabe von 1984. Wir beginnen mit Vers 7, da es (zumindestens mir) nicht klar erscheint, ob der jetzige Zuschnitt der Perikope nun sinnvoll ist oder nicht, aber dann beschränkt sich das Gespräch doch im Wesentlichen auf die Verse 16 b bis 21. Den Einstieg finden wir über einen kleinen Textunterschied. In der älteren Ausgabe ist von »völliger Liebe« die Rede, in der neueren von der »vollkommenen Liebe«. Ist dieser Unterschied nun von Bedeutung oder ist er zu vernachlässigen? »Völlig« sei quantitativ zu verstehen, meint der Biologe, während »vollkommen« eine Qualität ausdrücke. Aber gibt es »vollkommene Liebe«? Nein, meint Frau W., vollkommene Liebe gebe es nicht. Liebe sei schwankend; mal liebe man mehr, mal weniger. Jemand anders widerspricht: In diesem Text gehe es nicht nur um Gefühle, sondern mindestens ebensosehr um eine Glaubenssache. Wer verliebt ist, sei wie betäubt; der Glaube dagegen habe es mit Gewißheit zu tun. Zum Beweis dafür verweist er auf Vers 18: »Furcht ist nicht in der Liebe.« Wer liebt habe (vollkommenes) Vertrauen.

Die Konsequenz aus dem bisher Gesagten: Es muß verschiedene Spielarten von »Liebe« geben. Zumindestens die Liebe zu einem Menschen und die zu Gott. Liebe zu einem Menschen ist immer unvollkommen, so formuliert es jemand. Und die Liebe zu Gott? Das bleibt im Augenblick noch offen.

Aber was ist denn nun einfacher: einen Menschen zu lieben oder Gott? Zunächst erscheint es so, als sei die Gruppe mehrheitlich der Meinung, Gott zu lieben sei einfacher, weil Gott ideal sei, der Mitmnensch dagegen immer Schwächen habe (die Socken, die der Ehepartner immer herumliegen läßt, statt sie selbst wegzuräumen.) Aber dann wirft eine Teilnehmerin ein, auch die Liebe zu Gott sei manchmal nicht einfach, weil er einen zu Zeiten hart prüfe.

Leider geht dann niemand mehr auf diesen Aspekt der Sache ein, vielleicht, weil er zu »heiß« ist; stattdessen kehrt die Gruppe wieder zur menschlichen Liebe zurück; versucht die verschiedenen Spielarten von Liebe zu ergründen. Liebe zum Ehemann könne aufhören, sagt die Büroangestellte, nicht jedoch die zum Kind. Einen Sohn oder eine Tochter werde man immer lieben; egal wie sie sich entwickelten. Die Wurzeln der Liebe, ergänzt der Biologe, lägen in der Sexualität sowie im Mutterinstinkt; sie seien Teil der Evolution und somit auch unter den Tieren vorhanden. Die Sexualität als Hinführung zur Liebe sei eine gute Grundlage; auch wenn der sexuelle Bereich im Augenblick überbetont sei. Frau W. entdeckt »Liebe« in den emotionalen Beziehungen zu Freunden. Liebe, so sagt sie »ist, die eigene Bequemlichkeit radikal zurückzustellen für das Wohl eines anderen.« »Liebe bedeutet Abhängigkeit im stärksten Maße.« (Die Referendarin)

Nach einer guten halben Stunde bitte ich die am Gespräch Beteiligten, doch auch noch etwas zur Gottesliebe zu sagen.

Der Biologe: »Zwischen Wunschbild und Wirklichkeit der Liebe zu Gott klaffen Welten.« Frau S.: »Was du eben über Abhängigkeit gesagt hast, das ist ein gutes Bild. Wir sind total von Gott abhängig. Aber wollen die Menschen denn von Gott abhängig sein?«

Am ehesten sei die Liebe zu Gott dann zu spüren, meint der Biologe, wenn man einen anderen Menschen liebt.

Gott lieben, meint Frau S., ist am ehesten möglich, wenn es einem gut geht.

Der Biologe: »Es ist schwierig, eine emotionale Beziehung zu Gott aufzubauen, wenn man ihn nicht erfassen kann.«

Frau S.: »Wenn wir das Maß von Liebe, das wir für einen anderen empfinden, an der Zeit messen, in der wir uns mit ihm beschäftigen, dann ist die Liebe zu Gott gering.«

Der Biologe: »Wenn wir nur die Hälfte unserer bewußten Zeit für den Nächsten aufwenden, lieben wir Gott.«

Die Referendarin: »Ist das überhaupt möglich – die Hälfte seiner bewußten Zeit für den Nächsten aufzubringen? Verlangst du da nicht viel zu viel?«

Eine Zeitlang redet die Gruppe über diesen Maßstab; er scheint ihr zu hoch angesetzt zu sein. Dann ein neuer Versuch, Liebe zu Gott zu beschreiben:

Der Biologe: »Einem Menschen gegenüber kann ich spontan Wärme empfinden.«

Die Referendarin: »Manchmal empfinde ich ganz spontan Wärme gegenüber Gott, weil ich denke, mir geht's gut.«

Der Biologe: »Für mich wird Liebe zu Gott konkret in der Begegnung mit Menschen.«

Damit ist die Gruppe wieder bei der menschlichen Liebe. Alle haben sie Erfahrungen mit dem Ideal wie auch mit der Fehlbarkeit menschlicher Liebe. Das Gespräch dreht sich jetzt noch einmal um die Frage, wie weit man einen Menschen akzeptieren muß, um ihn zu lieben. Gibt es vielleicht sogar das Phänomen, daß man jemanden zwar liebt, aber nicht akzeptiert?
»Ich versuche, das, was mich nervt, losgelöst zu sehen von der Person des anderen. So wie die Waffe, die jemand führt, um mir Verletzungen beizubringen. Ich entwaffne meinen Gegner, aber ich hasse ihn nicht dafür.« (Der Biologe).
Frau S.: »Was aber, wenn der andere mich stets und ständig nervt? Würde er das nicht abstellen, wenn er mich ›völlig‹ lieben würde«?
Der Biologe: »Auch dann versuche ich, in ihm das Idealbild zu sehen und damit die konkreten Fehler zu übersehen oder nicht so wichtig zu nehmen. Menschen verändern sich nur dann, wenn sie es selbst wirklich wollen, nicht jedoch, weil jemand anders sie ständig kritisiert.«
Pfarrer: »Aber können Sie das denn durchhalten, daß Sie nicht versuchen, diesen konkreten Menschen Ihrem Bild anzupassen?«
Der Biologe: »Ich denke schon, daß ich beides auseinanderhalten kann.«
Die Gruppe redet noch ein wenig über die menschliche Liebe, dann wendet das Gespräch sich anderen Dingen zu. Ob ich zufrieden sei mit dem Verlauf des Gesprächs, fragt mich die Referendarin. Doch, ich bin zufrieden. Zumindestens ist mir klargeworden, wie schwer Liebe zu beschreiben ist und daß es viel leichter ist, zu sagen, was man für einen Menschen empfindet als für Gott. Und noch etwas anderes ist mir bei diesem Gespräch klargeworden: daß der Erste Johannesbrief recht hat, wenn er die Liebe zu Gott und die Liebe zu den Menschen als ein unlösbares Ganzes sieht.

Zum Gottesdienst

Klaus Zillessen

»Gott ist Liebe«

a) Jahrelang gab ich den Konfirmandinnen und Konfirmanden vor dem Konfirmationstag drei Blätter mit etwa 100 Bibelsprüchen aus dem Alten und Neuen Testament. Sie sollten sich daraus ihren Konfirmationsspruch aussuchen. Fast jedesmal wählten etwa 3 von 15 Konfirmadinnen diesen Satz aus: »Gott ist Liebe, und wer in der Liebe bleibt, der bleibt in Gott und Gott in ihm.« (1. Johannes 4,16b). Mein Verdacht: Unsere Konfirmandinnen (mit ihren ersten Schwärmereien, Verliebtheiten oder ihrer »ersten großen Liebe«) verstanden das Bibelwort etwa so: »Meine Liebe, mein Verliebtsein ist etwas Göttliches, ein himmlisches Gefühl.« – Kein Grund zum Lächeln. Auf Erwachsenenebene verstehen die Teilnehmerinnen und Teilnehmer der Wiesbadener Gesprächsrunde (siehe »Annäherungen«) 1. Johannes 4,16 b ähnlich: Wurzel der Liebe ist die menschliche, natürliche Liebesempfindung, die »emotionale Beziehung«. Und der Biologe in dieser Gesprächsrunde sagt: »Die Wurzeln der Liebe liegen in der Sexualität sowie im Mutterinstinkt.« Der Pfarrer schließlich resummiert: Der Erste Johannesbrief hat recht, »wenn er die Liebe zu Gott und die Liebe zu den Menschen als ein unlösbares Ganzes sieht.« – Was ganz außerhalb des Blickfelds der Gesprächsrunde geraten ist: Für den ersten Johannesbrief wurzelt unsere Gottes- und Menschenliebe nicht in uns und in unserer Kreatürlichkeit, sondern in der *Liebe Gottes zu uns Menschen, die all unserm Lieben vorausgeht:* »... denn er hat uns zuerst geliebt« (V. 19). Oder wenige Zeilen vor unserer Perikope: »Darin steht die Liebe, nicht daß wir Gott geliebt haben, sondern daß er uns geliebt hat und gesandt seinen Sohn ...« (V. 10). Sich von Gott geliebt wissen – das ist die Wurzel für Gottes- und Menschenliebe.

b) Vers 19 hat man mir vor 49 Jahren als (zunächst ungeliebten) Konfirmationsspruch auf den Weg gegeben. Allerdings in der Fassung, wie er damals (vor der letzten Revision) in der Lutherbibel stand: »Laßt uns ihn(!) lieben, denn er hat uns zuerst geliebt.« In der Tat haben etliche alte Handschriften »ihn« überliefert, andere: »Laßt uns Gott lieben.« Dennoch ist – wenn man dem Duktus des Briefes folgt – die neue Fassung des Luthertestaments richtig: *Laßt uns lieben«,* nämlich: *die anderen, die Menschen, die Brüder und Schwestern.* Also keine mystische, schwärmerische, fromme, platonische Liebe zu Gott, die sich von den »enttäuschenden« Menschen abgewandt hat und mit Gott allein sein will in trauter Zweisamkeit.

c) Die Liebe zu den Geschwistern bekommt ihren *Maßstab, ihr Profil, ihre Gestalt* von der Liebe Gottes zu uns:
Es ist konkrete, realistische Liebe, *Liebe »in der Welt«* (V. 17 b). In einer schwierigen Welt, wo die Menschen so sind, wie sie uns hier und jetzt begegnen, nicht »ideal«, sondern mit ihren »Schwächen« (siehe »Annäherung«), nicht so wie sie sein sollten oder wie ich sie gerne hätte. Versöhnungsbedürftige Sünder sind es, die Gott geliebt hat (V. 10) und die auf meine Liebe warten. Auch der Ketzerei Verdächtige – so versteht Käsemann die Auseinandersetzungen in den Johannesbriefen. – Liebe zu den »geringsten Brüdern« (Mt 25,40)
Liebe ohne Angst (V. 18), ohne Angst vor dem anderen, ohne Mißtrauen und Abgrenzung gegenüber den anderen, ohne Angst davor, durch die Berührung mit ihnen »angesteckt« und verdorben zu werden. Ohne Angst, etwas falsch zu machen (»... liebe – und dann tu was du willst!«). Liebe ohne Angst vor Dritten: »Was könnten die denken, z. B. die »Pharisäer«, die

»Schriftgelehrten« und Gott selbst am jüngsten Tag. Liebe, ohne Angst zu haben und ohne Angst (Druck) zu machen. – Feindesliebe (Mt 5,44) Liebe, nicht lediglich als warmes und überschwengliches Gefühl, von dem ich mich treiben lasse, sondern *Liebe als Auftrag und Aufgabe* (V. 21). Der Johannesbrief beruft sich dabei auf Jesu Doppelgebot der Gottes- und Nächstenliebe (ich empfehle als Lesung im Gottesdienst deswegen Markus 12,28–34 a). Wenn Liebe Aufgabe und Auftrag ist, gibt es nicht nur etwas zu empfinden, sondern auch zu planen, zu organisieren (Diakonische Werke), zu verwirklichen, zu handeln, zu ordnen (Sozialgesetzgebung).

Ich habe Probleme bei der *Zuordnung dieses Textes zum »Thema« des Sonntags* (1. Sonntag nach Trinitatis), das in meiner (badischen) Agende mit »Apostel und Propheten« umschrieben wird. So entscheide ich mich dafür, den Gottesdienst nicht vom Stichwort »Apostel und Propheten«, sondern vom Predigttext her zu gestalten: »Gottes Liebe zu uns – und unsere Gottes- und Menschenliebe«. Deswegen wähle ich als Evangeliumslesung Markus 12,28–34 a statt Lukas 16,19 ff.
Es würde dem Predigttext widersprechen, wenn die Besucher im Gottesdienst hörend und betend mit sich und Gott »allein« blieben, ohne Kommunikation bei den andern. Deswegen will ich versuchen, die im Predigttext angesprochene *Gottesliebe und Geschwisterschaft zeichenhaft erleben* zu lassen: Im »Rosenmonat Juni« könnte vorn im Kirchenraum eine Vase mit vielen *Rosen* stehen. Rosen als Zeichen der Liebe. Damit nicht zu dick aufgetragen wird: keine hochgezüchteten Edelrosen, sondern schlichte Moosröschen oder einfache Polyanthearosen aus dem Garten. Jeder Besucher bekommt nach der Predigt oder am Schluß des Gottesdienstes zwei Rosen geschenkt (so wie Gott uns seine Liebe schenkt) und kann eine davon weiterschenken – entweder an einen »Bruder« oder »Schwester« hier im Gottesdienstraum oder auf dem Nachhauseweg an einen wildfremden Straßenpassanten oder an einen Nachbarn daheim ... Es muß ja nicht der oder die sein, mit der er oder sie sich ohnehin schon am besten versteht.
Wer es lieber etwas humoriger und augenzwinkernder hat, mag statt Rosen *Lebkuchenherzen* verschenken (wie sie seit Generationen auf Jahrmärkten und Kirmes angeboten werden) mit der Zuckergußaufschrift »Ich hab dich lieb«, »Love« oder »Ik liebe dir« – vielleicht von den Konfirmanden oder dem Frauenkreis gebacken und garniert?

Vorschläge zur Liturgie

Lieder
Eingangslied: »Herr Jesu, Gnadensonne« EG 404,1,2,4,6 (»Ach, zünde deine Liebe in meiner Seele an«)
Hauptlied: »Gott liebt diese Welt« EG 409 (stellt eine sinnvolle Verbindung auch zum vorangehenden Glaubensbekenntnis her)

Lied nach der Predigt: aus dem Wochenlied »Nun bitten wir den Heilgen Geist« EG 124 vor allem Vers 3 »Du süße Lieb, schenk uns deine Gunst, laß uns empfinden der Lieb Inbrunst, daß wir uns von Herzen einander lieben ...«. Ausdrücklichen Bezug auf unseren Predigttext 1. Johannes 4, V. 20 nimmt Gellerts »So jemand spricht, ich liebe Gott ...« EG 412
Schlußlied: Verse aus EG 400 »Ich will dich lieben ...« z. B. Verse 1,5,6,7 oder EG 401 »Liebe, die du mich zum Bilde deiner Gottheit hast gemacht«

Eingangsspruch
»Darin ist erschienen die Liebe Gottes unter uns, daß Gott seinen eingeborenen Sohn gesandt hat in die Welt, daß wir durch ihn leben sollen.« (1. Johannes 4,9+21) oder Eingangspsalm 34,2-9.

Bußklage
Ach Gott,
So viel Gleichgültigkeit und so wenig Liebe,
so viel Abstand voneinander und so wenig Wärme,
so viele Nachbarn nebenan, oben und unten - und doch so viel Einsamkeit,
so viel Briefe - und so wenig Anteilnahme,
so viel Ferngespräche - und so wenig Nähe,
dies Gedränge in den Geschäftsstraßen! - und doch sind alle mit sich allein.
So viel Talkshows - und so wenig dauerhafte Gemeinsamkeit,
so viel Not - und so wenige Helferinnen und Helfer,
Konferenzen, die nicht enden - und doch nur Erklärungen und Auseinandersetzungen,
so viel Worte - und keine einzige Liebeserklärung,
so viel Fäuste - und so wenige, die sich die Hände reichen,
so viel Ellbogen - und so wenige Umarmungen,
so viel Kälte - und so wenig Liebe -
wer erbarmt sich über all die vielen?
Wer erbarmt sich über uns?
Gott, erbarme dich!

Gnadenzusage
Gott spricht: »Ich habe dich je und je geliebt,
darum habe ich dich zu mir gezogen aus lauter Güte.
(Jeremia 31,3)

Kollektengebet/Gebet vor der Lesung
Was stürmt nicht alles auf uns ein, bietet sich an, drängt sich auf, macht sich wichtig, scheint wichtig. - Worauf kommt es denn zuletzt wirklich an? Sag es uns, Gott, aus deinem Wort.

Lesung
Markus 12,28-34 a

Schlußgebet/Fürbitten

Hab Dank, Gott, für alle Liebe, mit der du uns begegnest,
für das Geschenk des Lebens,
und dafür, daß du in Jesus Christus unser Bruder wurdest,
für alle Zuwendung durch ihn,
alle Nachdenklichkeit, wenn er zu uns spricht,
all seine Hingabe und sein Verzeihen.
Hab Dank für alle Frische,
für alles Neuwerden und Wiederaufleben aus deinem Geist.

Hab auch Dank für die Zuwendung der Brüder und Schwestern deiner Gemeinde, für jedes aufmunternde Wort und alle Wärme, die ich erfahre.

Das bitten wir dich nun:
daß unsere Liebe zu dir leidenschaftlicher werde,
immer mehr wachse, reife und Früchte bringe.

Und dann gib uns neue Liebeskräfte nach der Art Jesu:
Liebe, die nicht erdrückt, sondern freigibt.
Liebe, die den Mut hat, Grenzen zu überschreiten,
die der anderen und dem anderen freundlich in die Augen schaut, auch wenn sie anders aussehen, anders denken, anders glauben, anders leben als ich.
Laß uns wenigstens die Anfangslektionen jener hohen Kunst der Feindesliebe lernen.

Wir bitten dich für unsere katholische und freikirchlichen Schwestergemeinden hier in unserer Stadt,
für unsere Partnergemeinden in Berlin und Ghana,
für die diakonischen Einrichtungen bei uns:
für alle, die im Matthias-Claudius-Altenheim leben und arbeiten,
für die Kinder, Erzieherinnen und Eltern unseres Kindergartens,
für die Schwestern der Sozialstation und ihre Patienten und Patientinnen,
für den Sozialarbeiter, die Sozialarbeiterin und den Seelsorger, die Seelsorgerin im Gefängnis und die Gefangenen,
für die Nichtseßhaften auf dem Bahnhofsvorplatz ...

Zuletzt bitten wir dich für alle, die wir vergessen und aus unserem Denken verdrängt haben, weil ihre Existenz uns hilflos, sprachlos und aggressiv macht - oder an dunkle Flecken in unserem Leben erinnert ...

Vorschlag zur Predigt

So könnte die Predigt beginnen:

Konfirmandinnen wünschen ihn sich zur Konfirmation. Brautpaare wünschen ihn sich als Trauspruch: - diesen Auftakt zu unserem Briefausschnitt: »Gott ist Liebe. Und wer in der Liebe bleibt, der bleibt in Gott und Gott in ihm.«

Konfirmandinnen wie Brautpaare finden in diesen Sätzen der Bibel offenbar ihre Erfahrung bestätigt, daß Liebe und Verliebtsein etwas »Himmlisches« ist, etwas »Göttliches«. Sind unsere starken Gefühle, unsere Leidenschaft, unsere erotischen Empfindungen, unsere Zuneigung, unsere Mutter- und Beschützerinstinkte – sind dies die Quelle aller Liebe?
Es gibt etwas, das all unseren Liebesmöglichkeiten vorausgeht: Gottes Liebe. »Laßt uns lieben«. Ja: »denn er hat uns zuerst geliebt.« Wovon lebt unser Lieben, wovon bekommt es Ausrichtung und Gestalt? »Nicht davon, daß wir geliebt haben, sondern von daher, daß Gott uns geliebt hat.«
Die Liebe unseres *Schöpfers* gab uns den Reichtum menschlicher Liebesmöglichkeit, freundschaftlicher Zuwendung, Zuneigung, Mutterliebe, erotischer Liebe ...
Gottes *Geist* eröffnet uns weite Felder, auf denen Liebe wachsen kann. Und in *Jesu Christi* Leben und Sterben entdecken wir staunend die vielfältige reiche Gestalt geglückter Liebe.
Zu wissen, daß ich von Gott geliebt bin, – das setzt die guten Kräfte der Liebe bei mir frei. Und Jesu Weise zu lieben gibt meiner Liebe die rechte Gestalt.

So könnte die Predigt weitergehen:
Unserem Briefausschnitt sind *drei Ausprägungen der Gottes- und Nächstenliebe* besonders wichtig, weil sie unserem Lieben Profil (das Profil Jesu) geben:
- Liebe »in dieser Welt« (V. 17) ...
- Liebe »ohne Angst« vor Gott und Menschen (V. 18)
- Liebe als Gestaltungsaufgabe, als »Gebot« (V. 21 a)

(Stichworte zu diesen drei Predigtabschnitten siehe oben in der »exegetisch-homiletischen Skizze« II,1 c)

Möglicher Schluß der Predigt
Da habe ich nun die ganze Zeit nur »über« Liebe geredet. Höchste Zeit, daß wir endlich auch *Zeichen der Liebe austauschen!* Hier vorn steht eine weite Vase mit vielen Rosen aus Gärten von Gemeindegliedern, die ich darum bat.
Diese Rosen schmückten den Altarraum als Zeichen unserer Liebe zu Gott. Unsere Konfirmanden überreichen jetzt jedem von Ihnen zwei dieser Rosen. Eine dürfen Sie für sich mit nach Hause nehmen und wissen: Gott liebt mich auf vielfältige Weise. Die andere Rose mögen Sie nach dem Gottesdienst auf dem Nachhauseweg jemand anders schenken, einem Mitgottesdienstbesucher, einem wildfremden Straßenpassanten, der Ihnen begegnet, einem Kranken aus Ihrem Bekanntenkreis, den Sie ohnehin gleich noch vor dem Mittagessen besuchen wollten – oder einem mißgelaunten Nachbarn über den Zaun hinüber. Rosen – als Zeichen dafür, daß Gott uns liebt und als Zeichen unserer Gottes- und Menschenliebe.

Kontexte

(aus dem Poesiealbum eines kleinen Schulmädchens)
»Du bist mein Glück, du bist mein Stern,
auch wenn du brummst, hab ich dich gern.«

Gellerts Lied zu unserem Predigttext 1. Johannes 4,20 (»So jemand spricht: Ich liebe Gott - und haßt doch seine Brüder ...« - EG 412) hat Beethoven vertont: »6 Lieder von Gellert« für Singstimme und Klavier, Opus 48 Nr. 2

2. Sonntag nach Trinitatis

Annäherungen an den Predigttext
Brief an die Gemeinde in Ephesus 2,17-22

Klaus v. Mering

Meine Art, den Text unter die Leute zu bringen und ihre Reaktionen einzuholen, weicht von der der meisten Kolleginnen und Kollegen situationsbedingt ab: Ich spreche keine Gruppe an, sondern die - mehr oder minder zufälligen - Besucher der Langeooger Inselkirche. Die steht den ganzen Tag offen und findet regen Zulauf, vor allem von Seiten der InselurlauberInnen und Tagesgäste, aber hin und wieder auch von Einheimischen. Die Spannbreite derer, die sich hier zu Wort melden, dürfte entsprechend weit sein: vom langjährigen Insel-Fan und alljährlichen Pilger, der sich bereits seit Wochen auf den Besuch der Inselkirche gefreut hat, bis zum - vielleicht von der neugierigeren Partnerin nur mühsam mitgeschleppten - Tagesgast, der mürrisch im Eingangsbereich der Kirche stehen bleibt und dessen gelangweilter Blick auf das große Fragezeichen fällt, mit dem ich auf meine Bitte aufmerksam mache, etwas aufzuschreiben zu einem Bibeltext, über den demnächst viele Pastoren predigen müssen (auf dem Zettel ist die Perikope in mehreren deutschen Übertragungen abgedruckt). Als Prediger und Predigerinnen werden wir deshalb guttun, diese Rückäußerungen unter zwei Voraussetzungen zu lesen:

- Hier äußern sich Menschen, die sich so sehr angesprochen fühlten, daß sie den spontanen Einwand ›warum gerade ich?‹ überwanden und sich ein paar Minuten Zeit für diesen Text ließen. Man darf davon ausgehen, daß etwas an diesem Text sie so an- oder aufgeregt hat, daß sie ihre Gedanken nicht für sich behalten wollten.
- Hier äußern sich mit mindestens 50%iger Wahrscheinlichkeit Menschen, die sonntags nicht unter einer Kanzel sitzen und für die Kirche entweder ein ganz befremdliches oder ein nur aus fernen Kindertagen bekanntes Phänomen ist - die entsprechenden nostalgischen Verzerrungen eingeschlossen.

Die mir vorliegenden Reaktionen lassen sich unter folgenden Gesichtspunkten zusammenfassen:

1. Der Text spricht Gefühle an, die sich mit dem Schlagwort ›multikulturelle Gesellschaft‹ verbinden. »Seit 20 Jahren habe ich an meiner Arbeits-

stätte Umgang mit Arbeitskollegen islamischen Glaubens. Wir verstehen uns von der menschlichen Seite her gesehen gut. Kommt aber die Religion zur Sprache, dann ist der Frieden dahin.« Die Übertragung der ›Guten Nachricht‹ wird als »konkret« gelobt: »Juden wie Nichtjuden, Menschen aller Völker sind eine Hausgemeinschaft, nicht Gäste, die für Gaben dankbar sein müssen. Dies ist die Aussage der Bibel, aber nicht verbreitetes christliches Denken außerhalb der kirchlichen Räume ...« – »Der Text ist völkerverbindend, wir sind auch keine Fremdlinge untereinander«. Umso weniger ist zu verstehen, »daß wir unser eigenes Haus mit zerstören (Erde – Schöpfung)«. – »Mich ärgert die Übersetzung Jörg Zinks ›... daß wir Zutritt hätten zum Vater, Fromme und Gottlose in gleicher Weise als seine Kinder‹. Wir sind alle Geschöpfe Gottes, aber wir sind *niemals* ohne den Glauben an Jesus Christus Kinder Gottes!«
2. Das Stichwort ›Frieden‹ löst bei keinem der Einsender (militär-)politische Assoziationen aus (was für ein Unterschied zu den beginnenden achziger Jahren!). Mehrere Antworten erinnern an das Jesuswort, daß er »nicht gekommen (sei), Frieden zu bringen, sondern das Schwert« (Mt 10,34 par). Die einen beziehen das auf die anhaltenden kriegerischen Auseinandersetzungen zwischen Anhängern verschiedener Religionen oder Konfessionen und halten die Aussage des Eph deshalb für utopisch: »Solange Menschen glauben, werden sie sich über ihren Glauben streiten!« Die andern fordern genau umgekehrt mehr Leidenschaft zur Auseinandersetzung ein und wittern in der »Verkündung des Friedens eine in der Kirche verbreitete Neigung zur Verschleierung und Konfliktvermeidung, die nur in Gleichgültigkeit ausmünde.« Dieses scheinbare Entweder-Oder muß m.E. dahin bearbeitet werden, daß Konfliktvermeidung und fehlende Streitkultur zwangsläufig zu blutigen Auseinandersetzungen führen und Gespräche über den Glauben nicht nur die Suche nach dem kleinsten gemeinsamen Nenner zum Ziel haben, sondern auch das Herausarbeiten und Verständlichmachen von unterschiedlichen Traditionen.
3. Das Bild vom Eckstein bzw. Tempelbau verstellt offenbar vielen Lesern den Zugang mehr als daß es ihn erschließt. »Ein sehr unsympathisches Bild, besonders dieser Schlußstein, der alles zusammenzwingt, jedwede Offenheit versperrt, kein Lufthauch, Himmel – dumpfes, dunkles, kaltes, stickiges Gemäuer.« Zum Schluß die Schreiberin selbstkritisch: »Das Bild des Baus wirkt sehr stark und hat die Mitbürger und Hausgenossen ganz untergehen lassen bei mir.« In solche und ähnliche Aussagen spielt sicher hinein: Die Menschen lasen den Text unter dem Eindruck, daß sie soeben nach einem vielleicht mehrstündigen Aufenthalt unter dem offenen Himmel einer Nordseeinsel in diese Kirche eingetreten sind (die allerdings nicht nur nach meinem Urteil recht hell und gar nicht »stickig« ist). Aber dieser Eindruck wird auf jeden Fall mitgeformt und ideologisch beeinflußt durch einen starken Vorbehalt gegen »die Kirche als Institution«, als »historisches Gemäuer«, als Ort, wo man es »mehr mit Steinen und Mau-

ern als mit Menschen und offenen Türen« zu tun bekommt. Ja, die Tätigkeit des Bauens selbst läßt offenbar weniger an die Geborgenheit im »ersehnten Eigenheim« denken als an die »bedrohliche Kulisse von Wolkenkratzern«. Auch da, wo Kirche grundsätzlich positiv besetzt ist, dominiert offenbar diese ›Ameisenperspektive‹: »Uns Menschen, die wir nun ein Staubkorn im großen All sind, bleibt nichts anderes, als den Ablauf aller Dinge in die Hände unseres Schöpfers zu legen. Wir Menschen tun klug, wenn wir weitere Bausteine zusammentragen und am einst gelegten Eckpfeiler weiterbauen«.

4. Auffällig war für mich, daß in keiner Äußerung auf die in einschlägigen Kreisen immer lauter werdenden Diskussionen über das Verhältnis von Reisenden und Bereisten in unserer Freizeitgesellschaft Bezug genommen wird (vgl. Klaus v. Mering, Wenn Nähe ans Licht kommt - Langeooger Texte; bes. die Abschnitte ›Kirche für die aufgescheuchten Seelen - Pastorale Probleme in saisonabhängigen Kur- und Ferienorten‹, Seite 5-39 und ›Kinder Opfer des Paradieses - Zur Lage der Kinder und Jugendlichen auf der Insel‹, Seite 46-51). Auf einen Insulaner kommen in Langeoog pro Jahr ca. 80 UrlauberInnen. In den zahlreichen und meist sehr gut besuchten Gottesdiensten sind über 95% der TeilnehmerInnen im Jahresdurchschnitt Fremde bzw. »Gäste« (so die ortsübliche Bezeichnung). Der ironische Vorschlag, die Einheimischen sollten künftig mit einer farbigen Armbinde auf die Straße gehen, damit die Urlauber wüßten, bei wem sie eine verläßliche Auskunft erhalten könnten, löst zwar immer wieder Heiterkeit aus, die dahinterstehende Problematik wird aber verdrängt - auf beiden Seiten! Haben wir in der Anspruchsgesellschaft auch verlernt, Gastgeber und Gäste zu sein? »Fühlen Sie sich wie zuhause, aber benehmen sie sich auch so!«, soll jemand über die Türe seiner Ferienwohnungen geschrieben haben - mit Sicherheit ein gut erfundenes Gerücht. Andererseits beklagen vor allem langjährige Langeoog-Urlauber, daß sie ihre Vermieter »nur noch zum Kassieren zu sehen kriegen«.

Was müssen/können wir gegen den grassierenden Neokolonialismus der Tourismuswirtschaft tun? Fremdenfeindlichkeit äußert sich ja nicht nur in der Ablehnung von Fremden im eigenen Land oder Dorf, sondern auch in der rücksichtslosen Einebnung alles Fremden am Urlaubsort, damit man sich selbst nicht mehr als »Gäste und Fremdlinge« fühlt. Der Christusfrieden zwischen Nahen und Fernen darf weder religiös noch kulturell als Einheitsbrei mißdeutet werden, der letztlich nur neue Feindschaft und Abgrenzung hervorrufen wird. Christus, der Eckstein, ist auch »ein Stein des Anstoßes« (1. Petr 2,8), an dessen Gradlinigkeit Maß genommen werden muß, damit aus Begegnung Geschwisterlichkeit wird und nicht Verbrüderung.

Zum Gottesdienst

Birgit Brügge-Lauterjung

Exegetisch-homiletische Skizze

Der Epheserbrief ist - von einzelnen bekannteren Sätzen abgesehen - vielen Predigthörerinnen und -hörern eher fremd. Sein zentrales Thema ist das Geheimnis der Aufnahme der Heiden in das alte Gottesvolk. Insofern es im Epheserbrief in diesem Zusammenhang immer wieder um die Aufhebung von Trennungen geht, gelangt er in einer Zeit der Ein- und Abgrenzungen zu neuer Aktualität. Denn mit der Tendenz, bestehende Grenzen aufzuheben (»Haus Europa«), geht die verstärkte Absicht einher, sich gegenüber anderen deutlich abzugrenzen und die Eigenständigkeit zu behaupten. Es erscheint mir sinnvoll, den gesamten Abschnitt Epheser 2,11–22 bei der Auslegung im Blick zu haben: Ihr wart einst Heiden, die außerhalb des Gottesvolkes waren - durch das Kreuz Christi ist der trennende Zaun abgebrochen und Frieden zwischen beiden geworden.

Der Predigttext lebt von seinen Kontrasten und Bildern - auch wenn sie nicht immer konsequent und stringent ausgeführt werden.

Ferne / Nähe, Gäste / Fremdlinge, Mitbürger / Hausgenossen, auf dem Hintergrund der Diskussion um eine multikulturelle Gesellschaft sind das Begriffe mit Brisanz und Dynamik. In Duisburg ebbt gerade die Diskussion um den lautsprecherverstärkten Muezzin-Ruf ab, die die Augen dafür geöffnet hat, daß das Zusammenleben von Christen und Muslimen in 30 Jahren nicht weit gediehen ist. »Multikulti« gilt weithin als folkloristisches Thema einer privilegierten Schicht. Die breite Bevölkerung ist distanziert, skeptisch, ja ablehnend, und auch christliche Gemeinden sind mit dem, was von ihnen an Offenheit erwartet wird, deutlich überfordert.

So wird auf den gefürchteten islamischen Fundamentalismus häufig mit einem (un-)christlichen Fundamentalismus reagiert. Mit seiner eigenen Vorstellung vom Fundament: »Erbaut auf den Grund der Apostel und Propheten, da Jesus Christus der Eckstein ist«, dessen Inhalt »Frieden euch, die ihr fern wart, und Frieden denen, die nahe waren« ist, ermöglicht der Predigttext eine andere, christliche Füllung des Wortes »Fundament«. Eine deutliche Akzentuierung trägt das Bild vom »Haus« (Hausgenossen, Bau, heiliger Tempel, Wohnung Gottes) bei. Es bietet einerseits »Heimat« an, »Be-hausung« für die Ängstlichen und Unsicheren; ist jedoch andererseits eine bewegliche, lebendige Größe, die wächst und offen ist für neue Menschen und Impulse.

Die Spannung zwischen Geborgenheit und Aufgeschlossenheit versuche ich in meiner Predigt aufrechtzuerhalten. Erst Geborgenheit macht Ent-

grenzung erträglich und lebbar; Aufgeschlossenheit bewahrt die Kirche davor, zu erstarren oder allein zu einer kuscheligen Wohlfühlgemeinschaft zu werden.
Der Grund der Öffnung für andere liegt in der Erinnerung an die eigene Geschichte, in der Erkenntnis: Wir selber waren Ferne; erst Gott selbst hat uns in das Volk Gottes hineingenommen. Wie können wir anderen den Zutritt verwehren? Gottes Geist vereinigt Gegensätze und macht Menschen zu gleichberechtigten Hausgenossen in seinem Haus. Ich sehe darin die christliche Variante der Fremdheitserfahrung des Gottesvolkes und der daraus resultierenden Konsequenz für das eigene Verhalten Fremden gegenüber, wie sie z. B. in Ex 22,20 beschrieben wird.
Gäste, Fremdlinge, Mitbürger, Hausgenossen - nicht nur auf Ausländer, Asylanten, Andersgläubige möchte ich diese Begriffe beziehen. Durch den Blick auf Fremdheitserfahrungen im eigenen Leben der Predigthörerinnen und -hörer möchte ich den seelsorgerlichen Aspekt des Predigttextes aufnehmen und auch solchen Fremdheitserfahrungen ein Zuhause geben bei Gott.

Vorschläge zur Liturgie

Votum
In Gottes Namen feiern wir Gottesdienst.
Gottes Güte reicht weiter als unser Horizont.
Jesu Liebe durchbricht Grenzen und reißt Zäune ein,
die wir voreinander errichten.
Des Heiligen Geistes Kraft hilft uns überwinden,
was uns von Gott und voneinander trennt.

Eingangspsalm
Psalm 36,6-11 »Herr, deine Güte reicht so weit der Himmel ist«

Sündenbekenntnis
Wie wenig
haben wir doch begriffen
von deiner Güte, Gott!
Wir, die wir
mißtrauisch sind
gegenüber Menschen,
die anders leben,
anders glauben,
anders sind
als wir.

Wir, die wir selbst
beherrscht sind
von der Angst,
nicht gut genug,
nicht leistungsfähig,
nicht liebenswert
zu sein.
Gott, erbarme dich über uns!

Gnadenspruch

Bei Gott ist Raum für alle Menschen. Auch für uns.
Jesus sagt: In meines Vaters Haus sind viele Wohnungen. Wenn's nicht so wäre, hätte ich dann zu euch gesagt: Ich gehe hin, euch die Stätte zu bereiten? (Johannes 14,2)

Kollektengebet

Lassen wir uns
überraschen
von Gottes Geisteskraft,
die unsre engen Herzen
weit macht
und uns zur Gemeinschaft
befreit.

Lassen wir uns
beflügeln
von Gottes Geisteskraft,
die unsre ängstlichen Gedanken
verwandelt
und unsre Phantasie
und unsre Träume
weckt.

Lassen wir uns
verändern
von Gottes Geisteskraft,
die unsre festgefahrene Lebensweise
aufbricht
und uns in neue Bahnen
lenkt.

Schriftlesung

Neben dem Evangelium des Sonntags, Lukas 14,16–24 (Gottes Einladung an die Menschen auf Straßen und Gassen): 1. Chronik 29,10 b–18 (Wir alle sind Gäste und Fremdlinge vor Gott); Jesaja 57,15–19 (nah – fern).

Schlußgebet

Komm, o Gott, du befreiende Kraft.
Menschen sind gefangen
in ihren Ängsten und Vorurteilen.
Wer gibt ihnen Mut, aufeinander zuzugehen
und in Erfahrung zu bringen,
was den andern bewegt und trägt?
Befreie auch uns, Gott.

Komm, o Gott, du aufbauende Kraft.
Menschenleben sind zerstört
durch Streit und Krieg.
Wer ist da, der sie aufrichtet und heilt,
und der ihnen hilft,
Neues zu schaffen und zu erleben?
Erbaue auch uns, Gott.

Komm, o Gott, du verbindende Kraft.
Menschen errichten Grenzen und Mauern
zwischen Völkern, Geschlechtern und Religionen
und erheben sich übereinander.
Wer schenkt ihnen das Zutrauen,
daß alle Menschen Gottes Kinder sind -
die fernen und die nahen?
Verbinde auch uns miteinander, Gott.

Komm, o Gott, du verändernde Kraft.
So vieles ist festgefahren und erstarrt
an unserem Glauben und an unserer Kirche.
Wer gibt uns Phantasie und Weisheit,
neue Wege zu entdecken und zu gehen?
Verändere auch uns, Gott.

Du, Gott,
kannst Menschen
befreien, aufbauen, verbinden, ändern
in deinem Geist -
laß uns deine Wohnung sein.
(BBL)

oder

Gott, dein Himmel geht über allen auf,
und deine Güte umgreift die Erde, unsere Welt.
Du läßt viele Menschen in vielen Ländern
in deinem Namen leben und wirken, kommen und gehen.
Du bist weit und groß, weiter und größer, als wir es sind.

Du begegnest uns in anderen Menschen
und in anderem Glauben
und erwartest, daß wir verstehen lernen
und denen entgegenkommen,
die uns fremd erscheinen und bedrohlich,
in ihrer Sprache, ihrer Meinung,
ihrem Aussehen und ihrer Kultur.
Die Kraft deines Geistes wohnt auch bei ihnen.
Wir sind getauft auf deinen Namen.
Du kannst uns unabhängig machen von den Dingen,
die uns binden, blenden und ängstlich machen.
Dann können wir uns gegenseitig festhalten,
erhalten, vertrauen
und deine Gemeinde sein aus vielen Gliedern
und doch einig und dein.
Einig in dir, ist es die Aufgabe deiner Kirche,
aus den Problemen unserer Zeit hinauszuweisen.
Dazu brauchen wir Mut zur Umkehr
und deine Hilfe.
Darum bitten wir gemeinsam, wie Jesus auch gebetet hat ...

(in: Heidi Rosenstock/Hanne Köhler, Du Gott, Freundin der Menschen. Neue Texte und Lieder für Andacht und Gottesdienst, Stuttgart 1991, Seite 116)

Lieder

EG 130,1–3 »O Heilger Geist, kehr bei uns ein«; EG 262 »Sonne der Gerechtigkeit«; EG 395 »Vertraut den neuen Wegen«; EG 600 (Rheinland, Westfalen, Lippe) »Meine engen Grenzen«; EG 609 (RWL) »Du hast vereint in allen Zonen«; EG 674 (RWL) »Damit aus Fremden Freunde werden«; Mein Liederbuch B 83 »Komm, bau ein Haus«; Hallejuja 65 »Wo Menschen sich vergessen«.

Vorschlag zur Predigt

Möglicher Anfang

Einmal Gast sein, sich so richtig verwöhnen lassen, bedient werden, ohne selbst etwas tun zu müssen, das ist einfach herrlich!
Der Kunde ist König und Königin – besonders als Gast. »Der Kunde ist unser Gast, wir wünschen, daß er sich wohlfühlt und gerne wiederkommt«. Diese Verkaufsideologie las ich kürzlich an der Kasse eines großen Kaufhauses. Gäste, die Geld ausgeben und sich das Vergnügen etwas kosten lassen, sind gerngesehene Gäste. Schließlich lebt davon die gesamte Gastronomie.
Doch trotzdem: Gast sein, gerade dann, wenn man sonst immer alles selber machen muß, das ist ein schöne Sache.

Zum weiteren Verlauf

1. Einmal Gast sein ist wunderbar - aber immer?

Auf die Freundlichkeit anderer angewiesen zu sein, das darf kein Dauerzustand werden. Ein Gast, der nicht mehr abreist, ist kein Gast mehr, den wir uns wünschen. Doch ich denke jetzt nicht nur an den Gast aus der Verwandtschaft oder den Kneipenbesucher oder den Geschäftskunden. Ich denke an die Gäste, die nicht nur kommen, um ihr Geld auszugeben, sondern um Geld zu verdienen. Gast-Arbeiter. Die werden ganz schnell zu unliebsamen Gästen. Gastfreundschaft hat eben ihre Grenzen.

Solche Gäste werden wie Fremdlinge behandelt, wie Fremdkörper, die nicht dazugehören. Dauergäste und Fremdlinge: Beides sind rechtlose Nichtbürger, die gerade einmal geduldet werden; Menschen, die auf das Wohlwollen ihrer Mitmenschen angewiesen sind; Menschen, die nicht richtig zuhause sind.

Und das bekommen sie zu spüren. Zu allen Zeiten.

2. Zur Zeit des Epheserbriefes gab es die Dorfbewohner, die zwar die Ländereien der Städte bewirtschafteten, aber keineswegs die gleichen Rechte hatten wie die Vollbürger; sie waren Gastarbeiter und Menschen zweiter Klasse. Daneben gab es die ganz und gar rechtlosen, mehr oder weniger geduldeten Nichtbürger. Auch im religiösen Bereich gab es zwei Klassen von Christen: Die sogenannten Heidenchristen waren den Judenchristen deutlich nachgeordnet.

Heute gibt es die Gastarbeiter aus der Türkei und die Asylanten aus Bosnien. Und unter ihnen gibt es die große Gruppe der Andersgläubigen.

Da sind Menschen, die uns nah sind, und da sind andere, die stehen uns fern. Und wenn uns die, die uns fern stehen, zu nahe auf den Pelz rücken, dann wird es ungemütlich. Es hat sich nichts geändert.

3. In der Bibel wird das Volk Gottes selbst immer wieder daran erinnert, daß es ein Volk aus Fremdlingen war; Menschen, die also wissen, wie es ist, als Fremde in einem Volk aus Einheimischen, mit einem anderen Glauben in einer Welt der Götter zu leben. Die Bibel geht sogar soweit, daß sie alle Menschen als »Gäste und Fremdlinge« bezeichnet.

Gäste und Fremdlinge. Menschen, die sich in dieser Welt nicht richtig zuhause fühlen. Die Erfahrung, fremd zu sein, nicht richtig dazuzugehören, kennen viele. Dazu muß man sich gar nicht in einem fremden Land aufhalten. Mitten in einer Welt, in der Jugendlichkeit und Tempo gefragt sind, ein alter Mensch. Der Arbeitslose in einer Umgebung, in der Leistung und Erfolg zählen. Frauen in Bereichen, in denen Männer das Klima bestimmen. Das Gefühl, hier nicht zuhause zu sein, das teilen viele Menschen. Was ist mit dem, der sterbenskrank ist und erleben muß, wie sich die Gesunden nach und nach von ihm zurückziehen? Und die Trauernden, die erfahren müssen, daß ihre Trauer eine zeitlang von den anderen respektiert wird - aber dann? Sie alle sind Fremdlinge in dieser Welt, erfahren bitter, was es heißt, nicht dazuzugehören. Jeder Mensch ist auf seine Weise Gast

und Fremdling auf dieser Erde. Spätestens der Tod zeigt uns, daß wir nur Gäste waren.
Das war schon immer so. Daran ändert sich nichts.
4. Es hat sich doch etwas geändert. Grundlegend. Das zumindest behauptet unser Predigttext. Aus Gästen und Fremdlingen sind Mitbürger und Hausgenossen geworden. Aus den gerade einmal geduldeten und ansonsten rechtlosen Wesen sind Familienmitglieder mit vollen Rechten geworden.
Wo? – Im Haus Gottes. Und so wird das Haus Gottes beschrieben: Der Zaun der Feindschaft, der Menschen voneinander trennt, ist abgerissen worden. Die Nahen und die Fernen leben friedlich miteinander. Denn etwas Neues entsteht, dessen Grundstein »Frieden« heißt. Zu dem neuen Haus haben alle freien Zugang, ja mehr noch, es ist ein Haus, zu dem alle als Bausteine und als Bauleute gehören. Alle Menschen gehören im vollen Sinne dazu: Juden und Heiden, Männer und Frauen, Junge und Alte, Gesunde und Kranke. Im Geist haben alle Zugang zum Vater. Jede und jeder kann in Gottes Haus ein Zuhause finden.
Keine Angst, einen christlichen Einheitsbrei gibt das nicht. Von Gleichmacherei ist das weit entfernt. Ein friedliches Miteinander, das ist das Ziel.
5. Das Haus Gottes hat ein festes Fundament. Es ruht auf dem Grund der Apostel und Propheten, und Jesus Christus ist der Eckstein.
Vom »Fundamentalismus« wird viel geredet in diesen Tagen. Vom islamischen Fundamentalismus fühlen wir uns bedroht. Die Reaktion darauf ist mancherorts ein christlicher Fundamentalismus. So unterschiedlich auch die einzelnen Inhalte sind, eins ist beiden gemeinsam: Sie behaupten, allein im Vollbesitz der Wahrheit zu sein und dulden keine andere Anschauung neben sich.
Welche Angst muß hinter einem solchen Fundamentalismus stecken! Da ist nichts zu spüren von der Offenheit des Gotteshauses, wie es im Epheserbrief beschrieben wird, nichts ist zu merken von der Menschenfreundlichkeit Gottes, der alle einlädt, in Frieden in seinem Haus zu wohnen. Wer wirklich ein Fundament hat, braucht keinen Fundamentalismus. Der hat es nicht nötig, seine Anschauung mit Zähnen und Klauen gegen Andersdenkende und Andersglaubende zu verteidigen.
6. Wie damals das Volk Gottes, so erinnert auch uns die Bibel daran, wer wir sind: die einst Fernen, die Gott in seine Nähe geholt hat. Denkt daran, daß ihr selbst Fremde wart, die Gott zu seinen Hausgenossen gemacht hat. Wenn ihr das nicht vergeßt, werdet ihr die Fremden nicht bedrücken.
Eine Be-hausung können die Ängstlichen finden in Gottes Haus; die Unsicheren, die sich von anderen bedroht fühlen, und erst einmal festen Grund unter ihren Füßen brauchen. Dazu ist das Haus Gottes da. Doch dann, aus ihrer Geborgenheit heraus, können die Bewohnerinnen und Bewohner ihr Haus öffnen für fremde Menschen und fremde Themen.
Wir sind oft noch weit entfernt davon, als christliche Gemeinde ein solches Haus Gottes zu sein. Oft sind wir ängstlich besorgt um unsere Sicherheit.

Oft sind wir nicht in der Lage, das Fremde in unsere Nähe kommen zu lassen. Aber Gottes Haus ist in Bewegung. Es wächst und verändert sich unentwegt. Nicht aus unserer Kraft verändert es sich, sondern aus Gottes Kraft werden wir miterbaut zu einer Wohnung Gottes im Geist.

Möglicher Schluß

Vielleicht können Sie sich darauf einlassen und lassen sich zum Schluß einmal in eine Welt entführen, in der ein Dichter ein wundersames Haus beschreibt, das dem Haus Gottes ähnlich ist, wie ich es mir vorstelle. Auf seinem Weg erblickte Bastian etwas, das ihn in Erstaunen setzte, weil er noch nie etwas Derartiges gesehen hatte, nämlich einen Wegweiser mit einer geschnitzten Hand: »Zum Änderhaus«, stand darauf. Bastian folgte der angegebenen Richtung ohne Eile und fühlte sich zunehmend vergnügter, so als stände ihm eine frohe Überraschung bevor. Schließlich tauchte ganz am Ende der Allee ein Haus auf. Während Bastian auf das Haus zuging, beobachtete er, daß es in einer stetigen, langsamen Veränderung war. Etwa mit der Geruhsamkeit, mit der eine Schnecke ihre Fühler hervorschiebt, bildete sich auf der rechten Seite ein kleiner Auswuchs, der allmählich zu einem Erkertürmchen wurde. Zugleich schloß sich auf der linken Seite ein Fenster und verschwand nach und nach. Aus dem Dach wuchs ein Schornstein hervor, und über der Haustür bildete sich ein Balkon mit einer Gitterbalustrade. Bastian war stehengeblieben und beobachtete die fortwährenden Veränderungen mit Staunen und Belustigung. Jetzt war ihm klar, warum dieses Haus den Namen »Änderhaus« trug. Während er noch so stand, hörte er aus dem Inneren eine warme, schöne Frauenstimme singen: »Hundert Jahre, lieber Gast, / warten wir auf dich. / Da du hergefunden hast, / bist du's sicherlich. / Daß du Durst und Hunger stillst, / alles steht bereit. / Alles, was du suchst und willst, / auch Geborgenheit, / Trost nach allem Leid. / Ob du gut warst oder schlecht, / wie du bist, so bist du recht, / denn dein Weg war weit.« (Michael Ende, Die unendliche Geschichte, Stuttgart 1979, Seite 387 f., gekürzt)
Ohne Angst kann ich hineingehen in Gottes Haus, finde Wärme und Geborgenheit, darf so sein wie ich bin – und kann andere hereinlassen und sie so sein lassen, wie sie sind. Gottes Haus ist ein lebendiges Haus. Es lebt von der Verschiedenheit der Menschen, die Gäste waren und nun seine Bewohner sind.

Kontexte

Mit leichtem Gepäck

Gewöhn dich nicht.
Du darfst dich nicht gewöhnen.
Eine Rose ist eine Rose.
Aber ein Heim
ist kein Heim.

Sag dem Schoßhund Gegenstand ab
der dich anwedelt
aus den Schaufenstern.
Er irrt. Du
riechst nicht nach Bleiben.

Ein Löffel ist besser als zwei.
Häng ihn dir um den Hals,
du darfst einen haben,
denn mit der Hand
schöpft sich das Heiße zu schwer.

Es liefe der Zucker dir durch die Finger,
wie ein Trost,
wie der Wunsch,
an dem Tag
da er dein wird.

Du darfst einen Löffel haben,
eine Rose,
vielleicht ein Herz
und, vielleicht,
ein Grab.

Amor Dei

Er ist der Leib, in dessen Innenraum
wir ruhn und rollen ohne Unterlaß.
Er ist die Erde, und er ist der Baum
sein Mund, die Grille und das Gras.
Er ist der Wellenschaum, der Himmelssaum,
der Äther und der Dinge Ebenmaß.

Er ist der Geist, aus dem sich jedes Ding
mit Atem, Schauer, Licht und Leben regt,
der dein Entzücken, deine Pein
in seinen glanzgetränkten Augen trägt,
der deine Lust dein Ja, dein Nein
in seine grenzenlose Liebe legt.

Kein Halt und Halten, keine Heimat hat
die Welt für mich und dich un ihrem Ring.
Wir sind Verzauberte in fremder Stadt,
uns ewig Wandelnde von Ding zu Ding,
bald grünend, bald verwelkend wie ein Blatt,
bald Larve, Raupe, bunter Schmetterling.

In seine Hände und in seine Huld
strömt aller Wandlung ewige Wiederkehr
und Scham und Schönheit, Süßigkeit und Schuld
zusammen wie die Flüsse in das Meer.
Und jeder Mythos, jeder dunkle Kult
bringt uns zur letzten Ruhestätte her.

Er gibt uns Allen seine Liebe wie
ein Feuer, das, was es berührt, entbrennt.
Jeder Funken wird zur Melodie
auf seinem weitgespannten Instrument,
und alle einen sich zur Symphonie,
die, alles liebend, sich als Gott bekennt.

(Rose Ausländer, Die Erde war ein atlasweißes Feld. Gedichte 1927–1956, © S. Fischer Verlag GmbH, Frankfurt/M. 1985

Das Lied von einem Haus
Es leben heute zusammen / in ein und demselben Haus / Menschen aus allen Völkern / in ein und demselben Haus.
Die zwanzig, die da oben wohnen / das sind die reicheren Nationen / die achtzig in den untern Räumen / von Wohlstand können die nur träumen.
Es leben heute zusammen / in ein und demselben Haus / Menschen aus allen Rassen / in ein und demselben Haus.
Die wenigen, die oben prassen / das sind die auserwählten Rassen / die tüchtigen, die weißen Brüder / die teilen unter sich die Güter.
Wann leben endlich zusammen / in ein und demselben Haus / Menschen wie Brüder und Schwestern / in ein und demselben Haus?
Die Völker, Rassen, Religionen / sie sollen beieinander wohnen / in einem Haus, auf einer Erde / Herr, sprich erneut dein Wort: Es werde!
(Lothar Zenetti, Texte der Zuversicht. Für den einzelnen und die Gemeinde, 6. Auflage, München 1987, Seite 21)

Friedensgruß vor der Kommunion
Dem da / dem andern / dem x-beliebigen / dem Wildfremden / der mir wurscht ist / der mich nichts angeht / dem man nicht trauen kann / dem man besser aus dem Weg geht /dem man's schon von weitem ansieht / dem da / dem Spinner / dem Blödmann / dem Besserwisser / dem Speichellecker / der nicht so tun soll / dem's noch leidtun wird /der mir's noch büßen soll / der noch was erleben kann / der sich nicht unterstehen soll / dem ich's schon noch zeigen werde / dem da / wünsche ich Frieden.
(Lothar Zenetti, a. a. O., Seite 105)

Ein Farbiger wünschte, in eine New Yorker Gemeinde aufgenommen zu werden. Der Pfarrer war reserviert. »Tja«, sagte er, »da bin ich nicht sicher, Mr. Jones, ob es unseren Gemeindemitgliedern recht sein würde. Ich schlage vor, Sie gehen erst mal nach Hause und beten darüber und warten ab, was Ihnen der Allmächtige dazu zu sagen hat.« Einige Tage später kam Mr. Jones wieder. Er sagte: »Herr Pfarrer, ich habe ihren Rat befolgt. Ich sprach mit dem Allmächtigen über die Sache, und er sagte mir: »Mr. Jones, bedenke, daß es sich um eine sehr exklusive Kirche handelt. Du wirst wahrscheinlich nicht hineinkommen. Ich selbst versuche das schon seit vielen Jahren, aber bis jetzt ist es mir noch nicht gelungen.«
(H. L. Gee, aus: ders., Fivehundred Tales to tell again, Gee & Co. Ltd., London 1955)

Hinweisen möchte ich auf die Studie »Fremde Heimat Kirche«. Ansichten ihrer Mitglieder« der Studien- und Planungsgruppe der EKD. Sie enthält erste Ergebnisse der dritten EKD-Umfrage zur Kirchenmitgliedschaft und beschreibt u. a. »Die treuen Kirchenfernen oder Christen in Halbdistanz«. Wer in seiner Predigt das Hauptgewicht auf das Verhältnis von Kerngemeinde und volkskirchlichem Rand legen möchte, findet hier umfangreiches Material.

3. Sonntag nach Trinitatis

Annäherungen an den Predigttext 1. Timotheus 1,12–17

Arno Schmitt

Die Nuß, die da zu knacken war, hatte es in sich, und ob ich's mit einer anderen Lerngruppe zuwege gebracht hätte, weiß ich nicht! Also tat ich's mit den »12ern«, Schülerinnen und Schüler der Gesamtschule, die ihr Verhältnis zur Kirche zuallererst so beschreiben: »Seit der Konfirmation hab' ich's hinter mir ...« – aber auch so: »Da war ich mit meiner Familie wieder im Weihnachtsgottesdienst, doch habe ich vom Pfarrer kaum etwas anderes als Genörgel und Geschimpfe gehört ... wie kann unter solchen Umständen ein Kind geboren werden und ein Stern aufgehen?« Auch in Kollegiumsrunden war »Timotheus« eigentümlich präsent in diesen Tagen – an Versuchen, näher an ihn heranzukommen, der Strecken seines Lebens tief drunten gewesen sein muß, sich jetzt aber wie auf einer Wolke fühlt (»stark«, »reich«), fehlte es nicht – aber auch daran nicht: Abstand zu halten zu einem, der sein Glaubenslied auffallend schnell und fast ein bißchen zu virtuos anstimmt.

Also, mein lieber Herr Apostel

»Ist ja ein tolles Stück: eben noch Verfolger und Frevler und jetzt Vorbild und erste Geige. Paulus, wie wär's denn mit Papst? Also wenn das die kirchlichen Karrieren sind, dann wundere ich mich über gar nichts mehr ...«
»Da versucht einer, sich in den Vordergrund zu spielen ... Ich hab' ein seltsames Gefühl bei diesem Danklied. Ich weiß ja nicht, wer es ist, der hier spricht. Nenn' ihn Paulus, nenn' ihn anders, egal. Für mich ist er der Wolf im Schafspelz: er intoniert sein Glaubensbekenntnis, toll, Paule, keiner kann's besser und alles stimmt – nur eines nicht: du führst etwas im Schild – du putzt dich heraus – du inszenierst dich – fromme Raffinesse. Sag', Paule: Was hast du vor?«
»Das mit dem Vorbild – das will ich erst mal sehen ...« (Einige Tage später:) »Ich hab' den Timotheus zuende gelesen, auch den zweiten Brief. Dort geht's ordentlich zur Sache, kann ich euch sagen. Von Leuten, die dauernd nur mosern und endlose Fragen stellen, ist die Rede, und Paulus gibt mächtig einen drauf – auf den Mund gefallen ist

der nicht. Aber das Tollste ist, wie er sich über die Frauen der Gemeinde ausläßt ...«

»Über die Frauen? Ja, ich denk', die seien in der Frühzeit der Kirche so wichtig gewesen. Haben die nicht ganze Gemeinden organisiert? Und heute? Ich gehe ja nicht oft in die Kirche, aber vor allem sind es doch Frauen, die ich dort sehe, und soweit ich's überblicke, sind es auch sonst (im Kindergarten, im Büro, in der Schwesternstation, im Altenheim und so) vor allem die Frauen, die die Arbeit tun ...«

»O.K. – aber die Männer sagen, wo's lang geht! So ist es doch! Ich weiß nicht, ob das in der Kirche je anders war ... Da hast du's, im Timotheus steht es schwarz auf weiß: ›Erster unter ihnen‹. Erster, Chef, Head-Man, nenn's wie du willst!« (Die Auseinandersetzung an dieser Stelle wurde in der Gruppe noch eine ganze Zeit ausgetragen.)

»Ich weiß nicht, ob ihr richtig gelesen habt: Dort, wo vom ›Ersten unter ihnen‹ und vom ›Vorbild‹ die Rede ist, ist nicht von einem Prachtexemplar oder so etwas die Rede, sondern von einem, der am Ende war und für den es nur noch eines gab: Entweder es ist da einer, der mich rausholt, und das wird ihn 'ne Menge kosten, vor allem 'ne Kiste voll Geduld – oder ich kippe durch ... Was ich sagen will: Nicht vom eigenen Konto hat er's genommen ... nicht als Held sieht er sich, eher als Anti-Held ... ›Erster‹ unter solchen also, denen nichts mehr geblieben ist, nichts als 'n leergefegtes Konto – und darauf wurde 'was überwiesen ...«

»Der hier seinen Hymnus singt, tut es nur scheinbar mit persönlichem Engagement. Irgendwie habe ich das Gefühl: Es kostet ihn keinen Groschen, Frevler, Verfolger, Lästerer gewesen zu sein ... Nun ja, früher mal, Jugendsünden – doch jetzt? Wie durch Zauberhand passé – aus und vorbei und weggewischt. Geht das denn – so einfach zur Tagesordnung überzugehen, so nach dem Motto: gestern Biest, heute Heiliger? Wie – da sehe ich die Schatten der Vergangenheit, und was tue ich? Ich streife sie von mir und stell' sie in die Dunkelkammer ... Nicht besonders überzeugend, Apostel! Ich will dir deine Neugeburt gerne abnehmen, aber es fällt mir schwer. Es kommt mir vor, als habest du nur die Seiten gewechselt. Wenn ich höre, wie du Dialoge beenden, Fragen abschneiden, wettern und diffamieren kannst, dann komm' ich ins Grübeln, ob das mit der Barmherzigkeit für dich wirklich eine Erfahrung war – oder eben auch nur wieder eines jener Fertigteile ist, derer sich der Kopf und die Zunge der Menschen halt so bedienen ...«

»Noch mal zu dem, was der Apostel sonst so sagt: Die Frauen sollen sich also tunlichst zurückhalten in der Gemeinde, sollen sich von den Männern belehren lassen und in der Stille lernen, dort, wo man sie nicht sieht und nicht hört und wo sie keinen Ärger machen können. Vielleicht tu' ich dir Unrecht, Paulus, und du hast es nicht ganz so gemeint, im Korintherbrief bist du ja auch viel zurückhaltender als hier. Nur, mein Lieber: Wie stimmt das denn zusammen – da sprichst du in höchsten Tönen von der

Barmherzigkeit, die dich Chaoten aus der Patsche geholt hat, und besingst deinen Gott, von dem das alles kommt, als ›Ewigen König‹ und so ... und sprichst im gleichen Atemzug denen, die dir nicht ins Konzept passen, diese Barmherzigkeit und Gnade ab!? Ich glaub', du bist mir 'ne Erklärung schuldig ...«

»Ich hab' 'nen Verdacht: Hier spricht gar nicht der Paulus ... und ob der Timotheus, an den der Brief geschickt ist, sein Freund ist, von dem er im Brief an die Korinther spricht, ist auch noch die Frage. Sein Argumentieren müßte sich in kurzer Zeit radikal gedreht haben - von seiner alten Lockerheit (z. B. »Ich bin gewiß, daß weder Hohes noch Tiefes, weder Engel noch Mächte noch Gewalten, weder Gegenwärtiges noch Zukünftiges mich trennen können von der Liebe Gottes ...« Röm 8,38 f.) ist ja kaum mehr 'was zu entdecken ... Nur: Wer spricht dann?«

Über sieben Brücken

»Mich haben die Paulusverse weite Strecken gehen lassen. Ich weiß nicht, ob es paßt, aber für mich spricht hier ein Mensch, der über sieben Brükken gegangen ist - fort von sich selbst. Es ist ihm aufgegangen: Du kannst nicht dein eigener Herr sein, sonst wirst du dir selbst zum Knecht. Du kannst nicht ohne Gehör für die Stimmen leben, die dich umgeben. Vielleicht ist es das, was der Apostel mitteilen will: Lerne, dich zu vergessen! Laß dich auf Disposition von außen ein! Suche andere Stimmen, andere Weisungen, andere Weisheiten, die mehr sind als dein eigener Witz - zurückgeschleudert auf dich selbst, wirst du verkommen ... Nein, du kannst dich nicht gewinnen, indem du dich deiner selbst entledigst - des eigenen Denkens, der eigenen Entscheidung, des eigenen Gewissens. Du kannst dich nicht gewinnen, indem du dich an Autoritäten verlierst. Wer du bist und wie du handeln sollst, wirst du allerdings auch nicht erfahren, indem du nur mit dir selbst im Gespräch bist und anderes als dich selbst nicht gelten läßt. Manchmal bin ich es müde wie nur irgendetwas, mein eigener Ratgeber zu sein - da brauche ich das Gespräch mit einer Erfahrung, die mehr weiß als ich selbst - da brauche ich das Gespräch mit einer Tradition, die älter ist als ich selbst - da brauche ich die Bilder und die Lebensentwürfe und die Weisheit, die sich andere vor mir erdacht haben und die sich andere neben mir erdenken - da brauche ich die Fremde, um zu mir selbst zu kommen ...«

Zum Gottesdienst

Ralf Handelsmann

Exegetisch-homiletische Skizze

Die Perikope ist in sich geschlossen. Vorher wird die Gegnerschaft skizziert. Formgeschichtlich ist es ein Dankhymnus. Eine Doxologie (Vers 17), die den Bezug zu Gott bringt, schließt (nicht nur an dieser Stelle) den Sinnabschnitt ab. Der ganze Brief dürfte mit hoher Wahrscheinlichkeit nicht auf Paulus zurückgehen. Die neuere Forschung ist sich einig, daß zu viele Ungereimtheiten dem entgegen stehen. Das haben auch die Schülerinnen und Schüler in den Annäherungen sehr deutlich herausgearbeitet. Historisch wird auch der Adressat Timotheus nicht in Ephesus geblieben sein, da er nach den Angaben in der Apostelgeschichte (Kap 20,1 f.) dem Paulus vorausgeeilt ist. Der Brief ist erst um 180 n. Chr. sicher bezeugt. Sein Verfasser weiß sich aber offenbar in der Tradition des Paulus und setzt dessen Autorität ein, um gegen Mißstände in Gemeinden (Irrlehren) anzugehen. Philipp Vielhauer (Geschichte der urchristlichen Literatur Seite 219 f.) vermutet besonders hinter Vers 16 eine deutliche Gegenposition zu gnostischen Strömungen des 2. Jahrhunderts. Die Gnostiker waren der Ansicht, alles bereits verstanden zu haben, was es von Christus Jesus zu wissen gab. Sie hatten eine dualistische Weltsicht und irdische Dinge interessierten sie nicht mehr. Im Gegenteil, sie propagierten eine strenge Askese und die Ehelosigkeit.

Der Autor des Textes sitzt in einer Zwickmühle. Auf der einen Seite muß er die Autorität des Paulus (hatte er keine eigene?) herausstellen (Vorbildfunktion), auf der anderen Seite geht es ihm aber inhaltlich um das »sola gratia« welches mit der Zitationsformel (Joachim Jeremias NTD Bd. 9 zur Stelle) im Vers 15 zusammengefaßt und besonders betont wird. Ganz wichtig: Was da gesagt wird, ist »des Glaubens wert«. Es ist noch spürbar, daß die Sätze so nicht authentisch sind (siehe auch die Annäherungen), was eine gewisse Skepsis gegenüber dem überzeichneten Paulus zur Folge haben kann. Ich sehe das Risiko für den Prediger/die Predigerin, daß die Person des Paulus (wie sie hier gezeichnet ist) ein zu großes Gewicht bekommt und die eigentliche Botschaft in den Hintergrund gedrängt wird. Die lautet nämlich: *Christus nimmt den Sünder/die Sünderin allein aus Gnade an und diese/dieser kann im Glauben gerechtfertigt Großes vollbringen.* Für Saulus/Paulus und uns gilt immer noch, daß Jesus Christus so handelt, wie es bei Lukas 23,34 beschrieben ist. »Vater vergib ihnen, denn sie wissen nicht, was sie tun!« Wer das glauben kann, der kann sich und anderen Fehler eingestehen. Wird Christus hier ernst genommen, kann es keine Angst mehr vor Gott geben.

So scheinbar glatt wie Paulus hier gezeichnet wird, ist der Text aber mißverständlich. Denn es ist ja nicht so, daß er gestern als der schlimme Saulus, heute als der gute Paulus und morgen wieder als ein anderer durch's Leben geht. Sein Damaskuserlebnis hat ihn durch und durch verändert. Er lebt im Glauben, ist dankbar und das macht ihn stark. Jeder Gedanke an eine Form von »billiger Gnade« ist hier nicht zu begründen und sollte vorsorglich abgewiesen werden.

In Vers 12 wird darauf hingewiesen, daß Paulus durch Christus auch in sein »Amt« eingewiesen ist. Um jeder Diskussion über eine Wertigkeit der Ämter von vorn herein entgegenzutreten, sei an den Begriff des »Priestertums aller Gläubigen« erinnert, wie er sich z. B. aus dem Missions- und Taufbefehl Matthäus 28,18–20 ergibt. Paulus, einer der ersten im Amt, ja sicher, aber daneben und danach unzählige bis hin zu den Predigthörern. Paulus mit einer besonders krassen Vorgeschichte, ja, aber alle Christenmenschen mit und nach ihm in der Rolle des sündigen Menschen, der dennoch von Gottes Barmherzigkeit leben darf. Paulus im Amt mit seinen Gaben zur Mission, ja sicher, aber bis heute unzählige Christen im »Priestertum aller Gläubigen« mit den Fähigkeiten/Gaben, die sie von Gott erhalten haben.

Ekklesiologisch warnt der Text vor einer zu großen Überheblichkeit der »guten« Christen. Kirchentüren dürfen nicht künstlich geschlossen werden gegenüber Gruppen, die scheinbar nicht ins Bild passen. Sollte es hier aktuelle Probleme geben in einer Gemeinde, dann (aber auch nur dann) gehören diese angesprochen. Der Sitz im Leben des Textes ist, eine Barriere gegen Irrlehren zu sein. Dazu eignet er sich auch heute noch. Aber es ist ein Text, der eine enorm große Offenheit gegenüber Menschen einfordert, die an die christliche Tür pochen. Die Frage darf nicht sein: Wo kommt einer/eine her oder was hat einer/eine vorher gemacht, sondern in welchem Geist lebt, handelt und glaubt dieser Mensch jetzt.

Wird in dem Gottesdienst das Abendmahl gefeiert, sollte dieser Teil mit Beichte oder offenem Schuldbekenntnis in der Predigt verankert werden. In alten liturgischen Texten zur Beichte heißt es ». . . wie ihr glaubt, so geschehe euch . . .« Was Gott an Gnade und Barmherzigkeit für uns bereithält, ist nur im Glauben an Christus Jesus (so z. B. Römer 9,33) zu empfangen. Hier gefällt mir der Gedanke von dem Gehen »über sieben Brücken« aus den Annäherungen sehr gut. Das gilt sicher für Paulus, der schnell einen großen Abgrund überqueren mußte, aber das gilt sicher für viele, wenn sie sich an die Geschichte ihres persönlichen Glaubens erinnern. Hier muß versucht werden, Schlüsselstellen im Leben der Gemeindeglieder ins Bewußtsein zu rufen, denn dort wird am ehesten erfahrbar, welche Gnade/Barmherzigkeit Gott dem einzelnen Menschen erwiesen hat.

Der Text schließt mit einem Lob auf Gott. Von hier aus möchte ich diesen Gottesdienst gestalten. Es soll eine Feier werden, bei der fröhlich und dankbar gesungen wird, bei der ich als Prediger die Funktion habe, den

Zuhörern/Zuhörerinnen in Erinnerung zu rufen, wo sie Gottes Barmherzigkeit als Sünder erfahren haben. Und schließlich muß sich eine Möglichkeit für die Mitfeiernden ergeben, ihre Dankbarkeit Gott auch zu zeigen und eigene Veränderungen zu beginnen.

Vorschläge zur Liturgie

Liedvorschläge
Zunächst das Wochenlied EG 353, Jesus nimmt die Sünder an ..., außerdem EG 603, Ins Wasser fällt ein Stein ..., (nach der Predigt) EG 607, Vertrauen wagen dürfen wir getrost ..., EG 289 (zu Psalm 103) Nun Lob mein Seel den Herren ..., die beiden Kanons EG 590, Ja, ich will singen ... und EG 588, Der Himmel geht über allen auf ..., schon vor der Predigt zu einer Lesung EG 585, Ich lobe meinen Gott, der aus der Tiefe mich holt ... und als Loblieder zum Schluß EG 331, Großer Gott, wir loben dich ..., und EG 320, Nun laßt uns Gott dem Herren ... oder EG 347, Ach bleib mit deiner Gnade ... Wer das Motiv vom Brückenbauen ausbauen möchte, kann auf EG 612, Herr, gib mir Mut zum Brückenbauen ... zurückgreifen.

Zur Begrüßung
Der Wochenspruch Lukas 19,10 sollte verlesen werden. Schon hier werde ich allen gratulieren, daß sie zu denen gehören, die gefunden und selig sein können. Ich verschenke an jeden Besucher darum zur Gratulation eine einzelne Blume (im Frühsommer gibt es da viele Möglichkeiten, Kirchenvorsteher/Kirchenvorsteherinnen wissen sicher Rat, wie man kostengünstig an Blumen kommen kann). Wichtig ist, daß von denen, die in dem Gottesdienst handelnd in Erscheinung treten, eine positive Grundstimmung verbreitet wird. Eine Vorinformation an die LektorenInnen/KüsterIn/OrganistIn ist darum wichtig.

Kollektengebet
Gott der Güte, schön, daß du uns nicht vorrechnest, was wir alles hätten besser machen können im Leben. Gut, daß du uns annimmst wie wir sind. Darum haben wir den Mut, heute zu feiern und uns zu freuen. Danke, Gott, für deine Nähe, für deine Stärkung auch heute morgen (heute abend). Wir wollen auf die Bibel hören, wie sie uns deine Barmherzigkeit und Gnade überliefert. Öffne dazu unsere Herzen. Dabei hoffen wir besonders auf Jesus Christus, der uns deine Zuwendung hart erkämpft hat.

Psalmgebet
Ich schlage den Psalm 103 vor, wie er unter der Nr. 742 im EG abgedruckt ist. Dieser kann im Wechsel gesprochen werden. Alternativ biete ich in Anlehnung an eine Übertragung von Peter Spangenberg aus: Höre meine Stimme; Die 150 Psalmen der Bibel übertragen in die Sprache unserer Zeit;

Rauhes Haus Hamburg, 1995; Seite 120 folgende Version:
Gott, du schlägst eine Brücke zu uns, darum
lobe den Herrn meine Seele.
Mit allen Fasern meines Lebens will ich Dich loben,
denn alles, was mein Leben wirklich erfüllt sein läßt,
das trägt Deinen Namen.
Ich will daran denken, daß Du mich reich beschenkst,
denn liebevoll und voller Güte nimmst Du mich an, wie ich bin;
mit meinen Schwächen und Nachteilen,
nicht nur mit meinem Sonntagsgesicht.
Du bewahrst mich davor, mein Leben zu verspielen oder zu vertun,
Du rechnest nicht auf und nicht vor.
Seit alters her wissen das die Menschen vor Dir.
Du kommst uns entgegen mit offenen Armen,
Du schlägst eine Brücke zu uns, obwohl wir oft weit weg sind von Dir.
Über alle, die an Dich glauben, breitest Du Deine Gnade wie einen Mantel
und dann wird uns warm ums Herz.
Wir bekommen einen großen Abstand zu unseren Taten und spüren,
Du nimmst uns an wie gute Eltern ihre Kinder.
Du kennst ja die Grenzen unseres Lebens, Du weißt wie kurz es ist.
Bei Dir aber sind wir für alle Zeit gut aufgehoben,
denn Du bleibst bei denen, die Deine Regeln mit Leben erfüllen.
Darum, mit allen Fasern meines Lebens will ich Dich loben.

Einladung zum Kyrie

Gott, wir haben Dir viel zu verdanken. Aber unsere Erinnerung ist schwach. Wir vergessen schnell, was Du uns an Gutem getan hast und welche Wege Deine Wege sind. Oft lassen wir den Mut sinken, wir bleiben bei dem stehen, was andere uns angetan haben und rechnen einander die Schuld vor, die Du uns längst vergeben hast. Darum sind wir nun hier und bitten Dich gemeinsam: Kyrie eleison, Christe eleison (evtl. als liturgisch gesungenes Kyrie).

(Frei nach einem Sündenbekenntnis aus: Liturgieentwürfe für das Kirchenjahr der Ev. Kirche in Hessen und Nassau, Frankfurt 1985, zum 3. Sonntag nach Trinitatis)

Fürbittengebet

Jesus Christus, an Dich wenden wir uns nun am Ende unserer Gottesdienstfeier. Wir wissen wohl, daß Du da warst in unserem Leben. Nimm unseren Dank dafür und für Deine Nähe im Abendmahl, für die Gemeinschaft, die wir vor Deinem Tisch erleben konnten.
Nun bitten wir Dich für diejenigen in unseren Dörfern (Stadtteil etc.), die Dich noch nicht kennen. Laß Dich spüren in ihrem Leben und verändere sie, wie Du auch uns verändert hast. Wir beten gemeinsam: Herr, erbarme Dich!

Wir bitten Dich für diejenigen, die sich nicht zu Dir und uns trauen. Laß sie den Mut finden, ihre Fragen und Wünsche auszudrücken. Und schenke uns dann Offenheit und Freude über ihr Kommen. Laß uns nicht zuerst auf das sehen, was uns trennt, sondern auf das, was uns verbindet. Wir beten gemeinsam: Erbarme Dich!
Wir bitten Dich auch für die Enttäuschten, für die, die Dich gesucht und nicht gefunden haben. Mach uns bereit, ihnen ein Zeichen Deiner Güte zu sein, indem wir auf sie zugehen. Du hast uns den Auftrag gegeben, die Verlorenen zu suchen. Laß uns das nicht vergessen. Wir beten gemeinsam: Erbarme dich!
Es gibt soviel in dieser Welt, was nicht gut ist, soviel an Leid, an Ungerechtigkeit, an Gewalt. Wir können das nicht einmal alles aufzählen, aber wir bitten Dich für die Opfer, indem wir nun gemeinsam beten: Erbarme Dich!

Vorschlag zur Predigt

Möglicher Anfang
»Wir sind alle kleine Sünderlein, 's war immer so, 's war immer so ...« (ich selbst singe diesen Liedanfang 2 mal, wer das nicht mit Überzeugung kann, sollte die Worte lieber sprechen). Liebe Gemeinde! Dieses Lied kennt die Mehrheit von Ihnen, einige werden es schon mitgeschunkelt haben. Es gehört in die Karnevalszeit. Ich weiß wohl, daß Aschermittwoch dies Jahr schon gewesen ist, aber das, was da ausgesagt wird, das ist zeitlos richtig. Wir sind alle mehr oder weniger kleine Sünderinnen und Sünder. Und das war schon immer so. Trotzdem wird so ein Schunkellied fröhlich gesungen, und auch wir singen heute fröhliche Lieder. Es geht hoffentlich niemand mit Zittern und Angst in diese Kirche. Denn Gott kennt uns als Menschen, die unvollkommen sind, und trotzdem gibt er uns immer wieder eine Chance. Er ist uns gnädig!
Der Predigttext für heute bestätigt das. Der Schreiber des Textes legte seine Worte dem Apostel Paulus in den Mund, der ja in ganz krasser Form die Christen verfolgt hat, bis Jesus Christus selbst ihn radikal umgekrempelt hat. Doch hören Sie selbst ... *Textlesung* ...
Der Verfasser dieser Zeilen weiß, daß Paulus bekannt und geachtet ist. Er schlüpft in seine Rolle und macht den Menschen deutlich, was bei unserem Gott alles möglich ist. Denn da ist Gott anders als wir. Wenn uns jemand immer nur Übles will, dann gehen wir ihm aus dem Weg. Und manchmal, da geht es uns über die Hutschnur und wir geben mit gleicher Münze zurück. Gewalt in Familien, sogar Kriege haben in diesem Verhalten eine Ursache. Und was macht Gott? Er geht Paulus nicht aus dem Weg, sondern er zeigt ihm sein Wesen. Nicht Strafe oder Vergeltung erlebt Paulus, sondern Gott überspringt den großen trennenden Graben und ist ihm gnädig. Und das verändert ihn. Der Christenhasser wird zum Vorbild.

Durch ihn entstehen die ersten Gemeinden. Er setzt sich ein für seinen Gott.
Nun ist das mit Paulus ja schon lange her. Aber uns Christen gibt es noch. Ich behaupte einmal, daß wir, jeder für sich, schon erlebt haben, daß Gott uns heute noch genauso begegnet. Mir wird das immer dann deutlich, wenn ich in einer ruhigen Minute zurückdenke. Wenn ich mir selbst gegenüber ehrlich bin, dann muß ich zugeben, daß vieles in meinem Leben sich einfach gut ergeben hat. Womit habe ich es verdient, daß ich die Geburt meiner Kinder erleben konnte als ein unsagbar großes Geschenk? Wo ist denn die Strafe Gottes geblieben, wenn ich Fehler gemacht habe, wenn ich mich im Ton vergriffen habe und dadurch andere verletzt worden sind? Wenn meine Entscheidungen sich als Fehler erwiesen haben, sicher, das hatte manchmal schmerzhafte Konsequenzen, aber ich hatte noch nicht das Gefühl, daß Gott mit mir abrechnet. Sonst wäre ich nach den Krisenzeiten in meinem Leben sicher nicht immer wieder so schnell auf die Beine gekommen.
Denken Sie doch bitte mal zurück an die entscheidenden Momente Ihres Lebens. An die Geburt Ihrer Kinder, an das, was jeder von uns scheinbar zufällig empfangen hat. Haben wir das wirklich verdient? Haben Sie wirklich das Gefühl, alles selbst erarbeitet zu haben? Oder ist zu Ihrer Arbeit nicht doch vieles von Gott dazugeschenkt worden?

Zum weiteren Verlauf
Wichtig ist, daß den Hörerinnen und Hörern deutlich wird, daß jeder/jede bei einigem Nachdenken zugeben muß: Ich habe einiges empfangen in meinem Leben, ohne von Gott für meine Fehler bestraft zu sein. Vorsicht in den Formulierungen ist aber dann geboten, wenn Angehörige aus Trauerhäusern oder Menschen in einer tiefen Krise im Gottesdienst sind, die das in ihrer momentanen Situation nicht annehmen können.
Danach komme ich auf Paulus zurück. Dieser hat die Gnade Gottes ja nicht einfach nur hingenommen, sondern er ist dankbar gewesen. Irrwege in seinem Leben hat er verlassen und versucht, das, was er mit Jesus Christus erlebt hat, weiterzugeben. Gott hat ihm einen Auftrag, ein Amt gegeben. Letztlich haben wir alle dasselbe Amt, dieselbe Aufgabe mitbekommen von Gott. Paulus war dankbar, nachdem er drastisch vor Augen geführt bekommen hat, wie barmherzig Gott ihm und den Menschen überhaupt gegenüber ist. Paulus wird verändert durch seine Erkenntnis Gottes. Theologisch arbeite ich an dieser Stelle auch das Thema »teure Gnade – billige Gnade« auf.
Ich zitiere den Vers 15 (ohne den Zusatz »... unter denen ich der erste bin«). Die Sünder selig zu machen, daran möchte ich anknüpfen. Was heißt es denn, wenn jemand selig ist? Der Begriff ist schwammig und nicht einmal mit Hilfe von diversen Lexikas exakt einzugrenzen. Sicher ist aber, daß damit eine umfassende innere Zufriedenheit beschrieben wird, die im

christlichen Sprachgebrauch verbunden ist mit der Hoffnung auf Jesus Christus im Leben und über den Tod hinaus (siehe auch Vers 16). Wieder werden die Predigthörer ermuntert, bei sich nachzuforschen, wo sie selbst denn selig gewesen sind in ihrem bisherigen Leben.
Wenn Gott als der gnädige Gott zu spüren ist in meinem Leben (davon gehe ich aus!), dann bleibt die Frage: Was macht das mit mir? Paulus war ein Extremfall, seine Veränderung war eine Wendung um 180 Grad. So extrem erlebe ich das selten, auch bei mir nicht. Aber wenn wir Gott so erleben, dann muß das Konsequenzen haben bei jedem. Wenn nicht, wären wir nämlich nur eine besondere Form von Schmarotzern, die versuchen, Gott auszunutzen. Wenn aber bei uns etwas wächst, was wir bereit sind, unseren christlichen Glauben zu nennen, dann wird Dankbarkeit unserem Gott gegenüber automatisch dazugehören.
Dankbarkeit kann sich ausdrücken, indem ich zu dem hingehe, dem ich Dank schulde, und/oder ich kann anderen ebensolches zukommen lassen, weil es mir gut getan hat. Unsere Gesellschaft, unsere Welt hat einen riesenhaften Bedarf an Christenmenschen, die das, was sie empfangen haben, auch weitergeben (die Beispiele hier sind Legion). Paulus hat beides vorgelebt, und der Predigttext spiegelt das wider. Im Vers 17 läßt der Verfasser des Textes laut und deutlich sein »Dankeschön« hören, und vorher erinnert er daran, daß das ganze Leben des Apostels darin bestand, anderen diesen gnädigen Gott nahe zu bringen.
Die Gottesdienstbesucherinnen und -besucher können Gott im stillen Gebet danken. Ich werde Sie dazu auffordern, in der Stille das eigene Danke vor Gott zu bringen.

Möglicher Schluß
Paulus ist Gott dankbar gewesen, und er hat sein Leben verändert. Ich möchte Ihnen Mut machen, das auch bei sich zuzulassen. Keine Angst, ich will mich nicht selbst arbeitslos machen, ich bitte keinen von Ihnen, nächsten Sonntag hier zu predigen. Aber auch das wäre möglich! Ich will Ihnen heute etwas anderes vorschlagen. Ich habe Ihnen zu Beginn des Gottesdienstes eine Sommerblume verteilen lassen. Ein kleines Geschenk Ihrer Kirchengemeinde, was an die viel größeren Geschenke unseres Gottes an Sie erinnern soll. Sie können die Blume mit nach Hause nehmen und dort in eine Vase stellen und noch einmal in einer stillen Minute darüber mit Gott ins Gespräch kommen. Das ist nicht wenig. Sie können aber auch diese Blume nehmen und sie heute noch einem anderen Menschen schenken. Erzählen Sie ihm oder ihr dann doch einfach dazu, worüber wir heute nachgedacht haben in diesem Gottesdienst oder wie sie sie bekommen haben. Ich weiß, sich dazu aufzumachen, kostet ein schönes Stück an Überwindung. Aber es kann sich lohnen, nicht nur für die anderen, sondern für Sie. Vielleicht hilft es Ihnen ja heute, ein Stück weit »selig« zu werden.

Egal wie es Ihnen jetzt geht, ich möchte Sie einladen zu der Feier des Abendmahles. Gerade, wenn Sie sich nicht ganz sicher sind, was Sie sich zutrauen, welchen Stellenwert Sie Gott in Ihrem Leben einräumen wollen; dann möchte ich Sie ermuntern, mit uns heute dies Mahl zu feiern. Stellen Sie sich bewußt vor unseren Gott hin, er wird Sie nicht verwerfen. Und erleben Sie dann spürbar seine Nähe zu seiner Gemeinde, von der jeder und jede von uns ein wichtiger Teil ist.

Kontexte

Daß Gott den Menschen gegenüber gnädig ist, das ist nicht neu. Spätestens der Regenbogen nach der Sintflut manifestiert diesen Zug Gottes. Man findet ihn auch heute noch auf vielen Gegenständen. Er ist auf der Greenpeacefahne, taucht bei Waschmittel- und Brotwerbung auf. Die Faszination, die von diesem Symbol ausgeht, ist in allen Kulturen zu finden. Biblisch ist die Bosheit der Menschen die Begründung für Gottes Gewaltverzicht gegenüber den Menschen. Das ist scheinbar aberwitzig, aber davon leben wir. Wenn wir uns daran erinnern lassen, was fangen wir damit an?

Zu den Steinen hat einer gesagt:
Seid menschlich!
Die Steine haben gesagt:
Wir sind noch nicht hart genug!
(Erich Fried, zitiert aus: Warngedichte, Carl Hanser Verlag, München)

An einem Ufer stehe ich und sehe,
wie Gebirge am Himmel aufquellen oder vergehen,
wie Türme von Wolken sich aufbauen.
Ich fühle die Kräfte, die da am Werke sind.
Ich kann diese Energien nicht malen. Ich kann sie nicht schildern,
auch wenn ich weiß, wie es zugeht da oben.
Aber ich empfinde sie. Ich kann stärker werden, indem ich sie aufnehme.
Ich stehe in einem Kraftfeld. Ich lebe aus ihm.
Und ich weiß: Da sind Kräfte, von denen unsere Schulweisheit
nichts weiß,
Kräfte aus Gott.
(Jörg Zink, Am Ufer der Stille, Kreuz Verlag, Stuttgart 1983)

4. Sonntag nach Trinitatis

Annäherungen an den Predigttext
Brief an die Gemeinde in Rom 14,10–13

Reinhard Kirste

Wortspiele mit »krinein« während einer Religionsstunde in der Jahrgangsstufe 11

Nach der Erläuterung des griechischen Wortes »krinein« (ursprünglich »scheiden«) und dem Hinweis auf die verwandten deutschen Wörter »Kritik, kritisieren« lesen die Schülerinnen und Schüler den Text und assoziieren dann Sätze zu »krinein«. Dabei ergaben sich u. a. folgende Äußerungen, die nicht immer ganz ernst gemeint waren, aber machmal ernster als die Formulierung vermuten läßt. Sie wurden alle an den vorgegebenen Satz gehängt: Ich übe Kritik,
- weil ich so meine Vorurteile in rationale Scheinargumente verpacken kann
- wenn mir die ganze Richtung nicht paßt
- wenn ich mich nicht ändern will.
- weil ich nicht bereit bin, alles zu glauben, was man mir erzählt oder zeigt, besonders in den Medien
- weil ich nicht bereit bin, alle Fünfe gerade sein zu lassen
- wenn ich meine eigenen Verletzungen verbergen will
- weil sich Provokation so gut macht
- weil Kritisieren so intelligent wirkt, besonders mit Fremdwörtern, die keiner versteht
- weil man eine Technik gegen die Verblödungsmechanismen der Gesellschaft braucht (z. B. nutzloses Zeug kaufen, Schwachsinn im Fernsehen nicht abschalten usw.)

Ergebnis: Kritik ist ein ambivalentes Geschäft: Es gibt vernichtende und aufbauende Kritik, sie ist notwendig zur eigenen Urteilsfindung und hilft, eigenes und fremdes Verhalten zu prüfen und entsprechend zu bewerten. Also: Zur Kritik braucht man Kriterien!
Nach dieser emotional-kritischen Einstimmung erfolgt eine erste Bearbeitung des Textes durch die SchülerInnen.

»Kritische« Anfragen an den Text mit denselben Schülerinnen und Schülern (Stufe 11)

1. Es stellt sich sehr schnell heraus, daß Paulus im vorliegenden Text »kritisieren« im Sinne von »verurteilen« gebraucht. Es ergibt sich eine Steigerung:
»Krinein« → Kritik üben → richten → beurteilen → verachten → verurteilen → verletzen → herabsetzen → ausgrenzen → ins Abseits stellen → kaputt machen → vernichten, liquidieren.

2. Die Kritik am Text zeigt sich auf verschiedenen Ebenen:
- Die Drohgebärde des Paulus erschüttert keinen mehr: Wer fürchtet sich denn noch vor dem Richterstuhl Gottes?
- Ein derartiger autoritärer Gott hat keine Chance und steht dem »Gott der Liebe« diametral entgegen.
- Es zeigt sich in der Argumentation an die Gemeinde in Rom eine miese Pädagogik, die ethisch anständiges Verhalten mit einem strafenden Gott durchzusetzen versucht.
- Weiterführende Kritik muß geradezu verstummen, wenn Gott als jemand dargestellt wird, vor dem man sich zwangsweise erniedrigen muß.
- Freundschaftliches Verhalten (»Brüderlichkeit«), das den anderen mit seinen Problemen, Ängsten und Macken ernst nimmt, kann man nicht erzwingen.
- Erziehung darf nicht drohen, sondern muß Einsicht ermöglichen.
- Kritik, die die gegenseitige Achtung und das Verhalten miteinander verbessert, muß gelernt werden. Dies ist nur in einer Art Streitkultur und nicht in einer Befehlsstruktur möglich.

3. Es ergeben sich Fragen:
- Vor welcher Instanz sollen und wollen wir unser Verhalten verantworten?
- Wie lerne ich überhaupt »brüderliches« Verhalten?
- Wenn ich das Richtige und Wahre erkannt habe, wie setze ich dies dann durch, ohne den anderen zu verletzen, herabzusetzen und seiner Würde zu berauben?
- Wie gehe ich mit den Schwachen um? Gemeint sind vielleicht: die Leistungsschwachen, die körperlich Schwachen, die Langsamen, die Unfähigen, die Provinziellen, die Ängstlichen, die alles richtig machen Wollenden.
- Wer legt eigentlich in einer Gesellschaft fest, wer schwach, und wer stark ist?
- Wenn ein Mann weint, ist er dann stark oder schwach, oder was ist er überhaupt?
- Was heißt eigentlich »schwach« oder »stark«? Hängt das nicht sehr von gesellschaftlichen Klischees ab?

Als Anregung, sozusagen spiegelverkehrt:
Erich Fried: Die Maßnahmen

Die Faulen werden geschlachtet,
die Welt wird fleißig.
Die Häßlichen werden geschlachtet,
die Welt ist schön.
Die Narren werden geschlachtet,
die Welt wird weise.
Die Traurigen werden geschlachtet,
die Welt wird lustig.
Die Alten werden geschlachtet,
die Welt wird jung.
Die Feinde werden geschlachtet,
die Welt wird freundlich.
Die Bösen werden geschlachtet,
die Welt wird gut.

(Erich Fried, aus: Wolfgang Erk/Jo Krummacher (Hrsg.): Motivationen. Friedenstexte für jeden Tag, © Radius-Verlag, Stuttgart 1982, Seite 72)

Beispiel und Gegenbeispiel

Auf der einen Seite gibt es die Mentalität des »Seid nett zueinander«. Bloß keinen Streit, bloß nicht das Eigene und Besondere hervorheben. Das führt zu erheblicher Langeweile und zur Gesprächsunfähigkeit. Zum Schluß kann man noch nicht einmal mehr über das Wetter reden, weil die Wetterprognose schon zum Streit führt. Hier sind Streit und Auseinandersetzung dringend nötig.
Auf der anderen Seite werden mit Vorliebe Differenzen hervorgeholt, um sich vom anderen abzugrenzen. Wieviele Diskussionen, Begrüßungsreden werden z. B. von christlichen Rednerinnen und Redner damit eingeleitet, daß man beim Islam doch erst einmal die Unterschiede hervorheben müsse, sonst sei ein Gespräch überhaupt nicht sinnvoll. Mit den Gemeinsamkeiten von Christentum und Islam zu beginnen und damit ein gutes auch für Kritik offenes Gesprächsklima zu ermöglichen, wird von vornherein dadurch verbaut, daß Unterschiede wie eine Mauer aufgerichtet werden, hinter der man sich dann verschanzen kann. Es könnte ja sonst geschehen, daß die Kritik des Besserwissens wie ein Kartenhaus in sich zusammenfällt.

Anregungen für Prediger und Predigerinnen
(aus einem Gesprächskreis von Erwachsenen)

1. Es lohnt sich, nicht nur den Abschnitt V. 10–13, sondern besonders den vorlaufenden Text 14,1–9 anzuschauen. Es gibt genügend Beispiele von ängstlichem und zwangsneurotischen Verhalten auch in der Gegenwart.

2. Im Sinne von Römer 14,1 ist keineswegs von vornherein ausgemacht, wo die Starken und wo die Schwachen sind.
3. Diese Erkenntnis berechtigt darum in keiner Weise, sich selbst für (glaubens-)stark und die anderen mit ihren äußerlichen und veräußerlichten Riten für schwach zu halten (z. B. diejenigen, die sich wie viele Muslime streng an bestimmte Kleidungs- und Essenssitten halten).
4. Es hat keinen Sinn mit einem strafenden Gott zu drohen, weil dies die Verletzten noch mehr verletzt und die zweifelnden und kritischen Geister vor einem solchen Gottesbild davontreibt.
5. Ein Verhalten, das den anderen unterstützt und ihn liebevoll begleitet, wird nicht duch Predigt, sondern durch praktische Vorbilder in Gang gesetzt.
6. Aber eines gilt bei allen Bedenken gegen den Text: Wer gibt uns eigentlich das Recht, einen anderen Menschen zu verurteilen, nur weil er anders lebt als ich?
7. Immerhin gibt der Glaube an Gott die Möglichkeit, sich nicht als Richter gegenüber den anderen aufzuspielen. Es gibt eine höhere Instanz als die menschliche, dies macht vorsichtig im Urteil, sollte aber keineswegs Kritik hindern.
8. Kritik bekommt schnell ein Gefälle in Richtung »Verurteilung«, es sollte anders herum gehen: Kritik ermöglicht Unterscheidung, Kriterien ermöglichen Entscheidung und zwar in Richtung auf ein sich gegenseitig akzeptierendes Zusammenleben, wo Starke und Schwache gleichermaßen Platz haben. Allerdings ist das in einer Leistungs- und Wettbewerbsgesellschaft nicht die übliche Richtung. Darum lohnt eine Predigt in der Gegenrichtung.

Zum Gottesdienst

Frank Niemann

Exegetisch-homiletische Skizze

Liebe Schülerinnen und Schüler der (damaligen) Jahrgangsstufe 11, liebe Teilnehmerinnen und Teilnehmer des Gesprächskreises!
So wie ich Ihre Reaktionen sehe, haben das Wortspiel »krinein« und die Kritik des Paulus Sie zu eigener Kritik an ihm ermutigt bzw. herausgefordert. Mich hat Ihr Beitrag dazu geführt, den oft gelesenen Abschnitt noch einmal genau zu lesen. Herzlichen Dank. Es hat sich, denke ich, gelohnt: Ich bin einen Schritt weitergekommen und versuche nun, mit Ihnen über meine Überlegungen ins Gespräch zu kommen. Im Sinne der von Ihnen

angesprochenen »Streitkultur« ohne »Befehlsstruktur« sage ich aber auch meine eigenen Überlegungen zum Text. Sie weichen in einigen Punkten von den Ihren ab.
Herzliche Grüße, Ihr Frank Niemann.

Aus der Kritik an Paulus in den »Annäherungen« und aus der Kritik des Paulus im Römerbrief ergeben sich einige Fragen, denen ich nachgehen möchte. Ist, was Paulus schreibt, als »Drohgebärde« zu verstehen, oder welche Intention verfolgt er? Wie steht es mit der Furcht vor dem »Richtstuhl Gottes«, werden Christinnen und Christen hier »erniedrigt«? Des weiteren ist die Frage anzugehen, wie es sich mit dem »autoritären, strafenden Gott« und dem »Gott der Liebe« verhält und den Starken und Schwachen. Ein ausführlicher Blick in den Kontext ist notwendig und hilfreich. Römer 14 ist eine Art »Steinbruch« für Predigttexte. Drei Abschnitte sind für Gottesdienste der Perikopenreihe II zu unterschiedlichen Kirchenjahreszeiten herausgebrochen: V. 7–9 (Drittletzter Sonntag), V. 10–13 (4. n. Trin.) und V. 17–19 (18. n. Trin.).
Römer 14 gehört zum paränetischen Teil des Römerbriefes und steht unter der Überschrift »Gottesgerechtigkeit im christlichen Alltag« (auch zum Folgenden: Käsemann, An die Römer, HNT, J.C.B. Mohr, Tübingen[3] 1974). Spezielles Thema des Paulus ist hier: »Starke und Schwache in der Gemeinde«. Zwei ganz bestimmte Sachverhalte (die Frage des Essens und der Beachtung sogenannter »wichtiger Tage«, V. 3.5) aus dem römischen Gemeindeleben also werden von ihm aufgegriffen. Vermuten kann man, daß er Angst davor hat, daß korinthische Verhältnisse auch die Gemeinde in Rom bedrohen. Bestimmte (judenchristliche?) Gemeindeglieder treten für einen »grundsätzlichen Vegetarismus« ein, der sich mit einer »Abstinenz gegenüber dem Weingenuß« zu verbinden scheint. Die »Schwachen« sind »Rigoristen, welche die Gegenseite mindestens so angreifen wie diese umgekehrt sie« (Käsemann). Droht eine Spaltung wie in Korinth?
Paulus stellt diese Gemeindeprobleme in einen weiten Zusammenhang. Das Annehmen der Schwachen (V. 1) und das gegenseitige Annehmen der Starken und Schwachen (14,19; 15,7) in der Gemeinde begründet er in V. 4.7–9 christologisch, in V. 10 eschatologisch. V. 19 und später noch 15,2 deuten an, mit welcher Intention Paulus diese Problematik anspricht: Es geht ihm nicht um Drohung, sondern um Gemeindeaufbau. Allein das gegenseitige Annehmen öffnet Freiraum zur Kommunikation und läßt der Gemeinde Raum zu wachsen.
Die Abgrenzung der Perikope ist nicht unumstritten, aber möglich. V. 13 kann als Überschrift für den Abschnitt 13–23 gesehen werden. Andererseits zieht Paulus hier auch die Konsequenz aus den vorausgegangenen Aussagen über das Gericht.
Im Einzelnen sind V. 10+13 bestimmt durch die Überschrift »krinein« (hier: richten, urteilen, verurteilen). Die Verse bilden eine Klammer um die

Perikope. In juristischen Fachausdrücken wird menschliches »richten« dem Richten Gottes gegenübergestellt. Wie im Gerichtssaal gibt es einen Richtstuhl, vor dem sich jeder und jede einzelne (betont: »alle«) verantworten muß. Dieses Bild schärft den Blick für das Risiko, das im gegenseitigen Verurteilen des Andersdenkenden enthalten ist. Paulus blickt durch das Vorletzte hindurch auf den Letzten und Endgültigen. Damit klärt er die Fronten und rückt Maßstäbe zurecht.
V. 10 ist Rückgriff auf V. 3+4, knüpft aber auch an V. 9 an und beleuchtet damit einen Aspekt der Herrschaft Christi. Seine Herrschaft beinhaltet auch das Gericht. Wie diese sich über Tote und Lebende erstreckt, so eben auch über die Christen der Gemeinde in Rom. Belegt wird das mit einem Schriftzitat. V. 11 ist kombiniert aus Jes 49,18 und 45,23 und wendet, was ursprünglich »aller Welt Enden« galt, auf die einzelnen an. Proskynese und Akklamation gehören zum Ritual der Inthronisation des erhöhten Christus. Er wird als letztgültiger Herrscher in den Mittelpunkt gestellt. Gott allein behält Recht, ihm wird die Ehre gegeben. V. 12 spitzt V. 10 auf den einzelnen zu (»jeder von uns«) und fährt in der Gerichtsterminologie fort. Jeder einzelne wird persönlich vor Gott Rechenschaft geben. Das gilt selbstverständlich auch für beide Gruppierungen in Rom. Mit »darum« in V. 13 wird deutlich, welche Auswirkung das zukünftige Gericht auf die Gegenwart der Gemeinde hat. Paulus fordert beide Gruppen auf, vom Richten Abstand zu nehmen (er selbst bezieht sich ein: »uns«). Keiner soll dem anderen Ärgernis oder Anstoß geben. Diese Aussage bezieht sich auf beide Gruppen, betont aber wohl auch die Zurückhaltung, die die Starken üben sollen.
Wer den anderen richtet, würde damit das endgültige Gericht Gottes vorwegnehmen. Wer um dieses Gericht weiß, welches das Ende der Welt und jedes einzelnen Schicksals bedeutet, wird sich dem anderen gegenüber anders verhalten. Er gibt ihm Raum und verschließt nicht die Türen gegenseitiger Kommunikation. Paulus arbeitet ein Leitbild für das Verhalten von Christen heraus und relativiert zugleich die Frage, wer stark ist oder schwach. Beide werden unter dem Aspekt des Gerichtes Gottes aneinander gewiesen. Das Gericht Gottes, von Paulus hier als zukünftig und letztgültiges gedacht, wirkt sich auf die Gegenwart aus. Alle unterstehen ihm, keiner darf es durch sein Verhalten in der Gegenwart vorwegnehmen, damit Gott allein die Ehre gegeben wird.
Vielleicht hilft es, in der Frage nach Gericht und Gnade, nach dem strafenden und dem liebenden Gott, von einer positiven Deutung des Gerichtsgedankens auszugehen, wie es z. B. G. Ebeling in seiner »Dogmatik des christlichen Glaubens« (Tübingen 1979, Bd. 3, Seite 468 ff.) versucht. Er stellt die Frage: »Was wäre eine Welt, in der es keinen Richter und kein Gericht gäbe, in der jeder ungestraft sein Unwesen treiben könnte und jeder schutzlos der Willkür und Grausamkeit ausgeliefert wäre? Man verfehlte ... das Wesen des Gerichts, wenn man es nur aus der Perspektive des-

sen betrachtete, der sich davor fürchtet und sich wünscht, daß es kein Gericht gäbe.« Der Glaube sehnt sich »nach dem Offenbarwerden dessen, was jetzt unter dem Gegenteil verborgen ist«. Der einzelne kann vor Gott nicht die Rolle des Anklägers übernehmen, sondern wird erkennen, daß er selbst im Scheinwerferlicht steht. Nach neutestamentlicher Vorstellung ist das Gericht dem auferstandenen Christus in die Hand gegeben, also dem, der sich selbst am Kreuz dem Gericht unterzogen hat. So betont der Gerichtsgedanke auch, daß das Evangelium von Jesus Christus nicht beliebig ist. Und das Urteil wird ein totales Urteil sein, kein partielles. Im Gericht geht es um das Tun, um das, »was im Leben Wirklichkeit geworden ist ... Das Gericht nach den Werken führt alle Rechtfertigung aus den Werken ad absurdum. Daß Jesus Christus das Weltgericht ausübt, besagt schließlich, daß der Glaube an ihn keine hoffnungslose, aussichtslose Sache ist.« Gerade durch den Gerichtsgedanken bleibt das sola gratia gewahrt. Er verhindert das Abgleiten in die billige Gnade.

Natürlich sind solche Gedanken nur schwer auszuhalten, aber Evangelium und Gericht sind nicht voneinander zu trennen. Deshalb wird es für Gottesdienst und Predigt darauf ankommen, beide Gedanken auch in ihrer Spannung zu ihrem Recht kommen zu lassen. Das wird befördert durch das Evangelium des Sonntags (Lukas 6,36–42), in dem beides, Barmherzigkeit und Richten, angesprochen wird. Um Mißverständnissen dem Text gegenüber zu begegnen, halte ich es für wichtig, in der Predigt den Kontext aus der Gemeinde in Rom zur Sprache zu bringen. Vor dem Hintergrund des endgültigen Gerichtes geht es um das Zusammenleben vor Ort: Wie gehen wir in Streitfragen miteinander um? Allerdings scheint es mir in den meisten Gemeinden friedlicher zu sein, als in der Gemeinde in Rom, der Paulus schreibt. Auch deshalb halte ich eine Predigt für möglich, die ausführlich den Gerichtsgedanken aufnimmt. Für Gemeinde und Predigerin oder Prediger wäre es vermutlich gut und hilfreich, nach dem Gottesdienst ein Gespräch bei einer Tasse Kaffee oder Tee anzubieten.

Der Gedanke an das Gericht Gottes wird heute zumeist (vgl. Annäherungen) als Bedrohung empfunden. Auch von mir. Ich erinnere mich gut an eine Gerichtsverhandlung vor dem Landgericht, bei der ich als Zuhörer anwesend war. Angeklagt war eine mir bekannte Person. Die Vorlesung der Anklage dauerte allein eine halbe Stunde, die (faire) Verhandlung insgesamt fünf Stunden an einem Tag, das Urteil am Ende: Über vier Jahre Haft. Deprimiert und erschlagen ging ich hinterher hinaus.

Ein Kollege, mit dem ich in einer Arbeitsgruppe über den Text sprach, war ganz auf das gnädige Urteil Gottes fixiert (»Natürlich Freispruch! Gott ist doch kein Amtsrichter!«).

Ich selbst mogele mich ebenfalls gern um diesen Punkt herum. Mit diesem Predigttext ist das aber schlecht möglich. Erinnern möchte ich daran, was D. Bonhoeffer über die »billige« und »teure Gnade« schreibt. Ich möchte es mir und meinen Zuhörerinnen und Zuhörern nicht zu einfach machen.

Vorschläge zur Liturgie

Als *Eingangsvotum* schlage ich den Wochenspruch vor: Einer trage des andern Last, so werdet ihr das Gesetz Christi erfüllen (Galater 6,2). Es richtet den Augenmerk auf das Tun und deutet durch das »Gesetz Christi« die Spannung an, unter der wir zwischen Gericht und Gnade stehen.

Lieder

EG 445 (Gott des Himmels und der Erden) spart schon als Eingangslied das Thema »Gericht« nicht aus.

EG 94 (Das Kreuz ist aufgerichtet) veranschaulicht, wie sehr Jesus das Gericht auf sich genommen hat.

Folgende Lieder verdeutlichen die Spannung zwischen Gericht und Gnade: EG 97 (Holz auf Jesu Schulter, Strophe 4), EG 277 (Herr, deine Güte reicht soweit der Himmel ist), EG 289 (Nun lob, mein Seel, den Herren), EG 331 (Großer Gott, wir loben dich), EG 370 (Warum sollt ich mich denn grämen), EG 402 (Meinen Jesus laß ich nicht), und natürlich EG 431 (Nun freut euch, lieben Christen g'mein), eine kleine Rechtfertigungslehre. Hier muß natürlich eine Auswahl getroffen werden. Zugleich zeigen mir die Lieder an, welche Dimension, wieviel vielleicht auch an Tiefe und Ernst uns Heutigen schon verlorengegangen ist. Das allseits bekannte Lied »Herr, deine Liebe ist wie Gras und Ufer« spricht von Gott als Richter, bleibt aber auch dabei stehen.

EG 347 (Ach bleib mir deiner Gnade) und EG 353 (Jesus nimmt die Sünder an) bilden zu den vorgenannten Liedern einen guten Kontrast.

Eingangsgebet

Gott, mit ganz unterschiedlichen Gedanken, aus unterschiedlichen Häusern kommen wir zu dir. Wir wollen hören und feiern unter deinem Wort und Geist. Schenke uns, daß wir zu einer Gemeinschaft werden, durch Jesus Christus und deine gute, heilige Geisteskraft.

Gemeinde: Amen.

Sündenbekenntnis

Gott der Güte und der Barmherzigkeit,

vor dir erkennen wir, daß wir schuldig werden in unserem Tun und Lassen. Wir bitten dich, vergib, was zwischen uns und anderen Menschen steht, vergib, wo wir anderen unrecht getan oder sie ausgegrenzt haben, wo wir einen Menschen übersehen haben, der uns braucht. Ebenso bitten wir dich, vergib, was zwischen uns steht und dir, wo wir dein Wort überhört und nicht getan haben.

(Stille)

Wir bitten Dich: Öffne uns immer wieder neue Wege zueinander und zu dir.

Gemeinsam bitten wir dich: Herr, erbarme dich (EG 178.11)

Fürbittengebet
Liturgin/Liturg: Gott, wir bitten dich für alle, die Verantwortung tragen in Politik, Wirtschaft und Kirche, daß sie es lernen, die Maßstäbe für ihr Leben und Arbeiten an dem zu orientieren, was du von uns und für uns willst. Wir bitten dich für uns alle, daß du uns immer wieder Wege unter deinem Wort zeigst, auf denen wir unsere Schuld erkennen und neu anfangen können.
Das bitten wir dich, wenn wir beten:
Gemeinde: Kyrie eleison
Liturgin/Liturg: Wir bitten dich für alle, die miteinander im Streit liegen, daß sie die anderen nicht verurteilen oder als Menschen verachten und noch aufeinander hören können. Wir bitten dich für uns, wenn wir streiten: Laß uns nicht vergessen, daß wir selbst und die anderen Menschen sind, die gemeinsam vor dir leben.
Das bitten wir dich, wenn wir beten:
Gemeinde: Kyrie eleison
Liturgin/Liturg: Wir bitten dich für deine Kirche in der ganzen Welt, daß sie zur Einheit finde unter deinem Wort.
Wir bitten dich für die Kirche bei uns und für unsere Gemeinde, daß wir immer wieder aufeinander hören können und einander den Raum lassen, den wir zum Leben und Atmen unter deinem Wort nötig haben.
Das bitten wir dich, wenn wir beten:
Gemeinde: Kyrie eleison
Liturgin/Liturg: In der Stille bringen wir vor dich, Gott, was jedem und jeder von uns besonders am Herzen liegt.
(Stille)
Gemeinsam beten wir, wie Jesus Christus es uns gelehrt hat.
Gemeinde: Vater unser im Himmel ...

Vorschlag zur Predigt

Möglicher Anfang
Liebe Gemeinde, gestern in der Tageszeitung wurde über das Jüngste Gericht berichtet. Sogar ein Bild war davon zu sehen. Ein Engel steht da ganz streng an der Seite, im Hintergrund sieht man unter einem Kreuz ein Gericht sitzen. Dazu links ein Ankläger und rechts ein Verteidiger. Sogar psalmsingende Büßermönche sind dabei. Und harte Urteile werden gesprochen.
Was sich aber so ernst und streng anhört, war ein lupenreiner Scherz, aufgeführt und vorgeführt bei der Abiturfeier des Burgdorfer Gymnasiums. Vor Gericht gestellt wurden Lehrerinnen und Lehrer. Und das ganze endete mit Gelächter, teils aus Schadenfreude, teils mit Selbsterkenntnis.
Darf man so spielerisch mit einem solch ernsten Thema umgehen? Sicher wird es auch manchen geärgert haben, was da aufgeführt wurde, aber es

hat auch zu allen Zeiten solch eine spielerisch, veralbernde Auseinandersetzung mit dem Jüngsten Gericht gegeben.
(Alternative: Schilderung einer Gerichtsverhandlung, vgl. vorn)

Zum weiteren Verlauf
»Vor allen Dingen aber gab es die jahrhundertelange Angst«. Hinweise können gegeben werden auf das Mittelalter mit finsteren Predigten und Bildern, Figuren in alten Kathedralen, die die Hölle sichtbar machen sollen: Teufel, Drachen, Fratzen - die in Stein gemeißelte Angst. »Diese Angst sitzt manchen noch in den Knochen. Mir zum Teil auch.«
»Was ich eben geschildert habe, liebe Gemeinde, sind die beiden Pole, zwischen denen ich mich bewege, wenn ich lese, was Paulus an die Christinnen und Christen in Rom geschrieben hat. ›Wir werden alle vor dem Richterstuhl Gottes gestellt werden.‹«
Das Bild vom Jüngsten Gericht in der Sixtinischen Kapelle kann zur Anschauung erzählt oder - wo möglich - gezeigt werden.
»Aber das sind doch längst vergangene Zeiten und Vorstellungen - oder?«
Die Abi-Feier zeigt, wie weit wir heute von der Angst vor dem Jüngsten Gericht entfernt sind.
»Außerdem: Steht bei uns nicht die Liebe Gottes im Vordergrund, seine Gnade und Güte, ein freundlicher Gott, der uns mit offenen Armen empfängt wie den verlorenen Sohn, als der wieder nach Hause findet?«
Solche Überlegungen führen mich dazu, genauer hinzuschauen. Was sind die Beweggründe des Paulus? Angst machen, ermahnen, aufrütteln angesichts des nahen Endes? Was ist damals geschehen, daß er solche Munition auffährt und die Gemeinde vor den Richterstuhl Gottes stellt?
An diese Stelle könnte in verteilten Rollen der Konflikt in Rom geschildert werden mit seinen Auswirkungen auf das Gemeindeleben.
»Eine ziemliche Belastung. Beide streiten und verurteilen sich schließlich gegenseitig: ›Ihr seid keine richtigen Christen! Ihr unterdrückt die Schwachen!‹ ›Nein, euer Glaube ist falsch! Ihr zwängt die Freiheit in das Gefängnis des Gesetzes.‹
Paulus nimmt diesen Streit in seinem Brief auf. Und in diesem Zusammenhang spricht er vom ›Richterstuhl Gottes‹. Er gebraucht Bilder und Begriffe aus dem Gerichtsalltag, um den Ernst der Sache einzuschärfen: die Einheit der Gemeinde. ›Es gibt einen Richter, der das endgültige Urteil spricht. Vor diesem Richter müssen sich beide Gruppen verantworten und Rechenschaft ablegen.‹
Interessant, was er folgert. Weil beide sich verantworten müssen, lohnt sich eine gegenseitige Verurteilung nicht. Wo Gott das letzte Urteil hat, müssen Menschen sich nicht gegenseitig Anstoß und Ärgernis geben. Sie werden frei zu neuem Handeln, zum gemeinsamen Zusammenleben.

Für mich heißt das: Es geht nicht um Strafe oder Angst, sondern darum, daß ich anerkenne: Es gibt eine Instanz, der ich verantwortlich bin für das, was ich tue oder lasse. Und das ist etwas, das wir gemeinsam haben. Und das hat Konsequenzen für meinen Umgang mit Andersdenkenden. Ich bin nicht selbst letzte Instanz, - wer bin ich denn - sondern Gott wird das letzte Urteil behalten. Damit ist aber überhaupt nichts über Strafen oder dergleichen gesagt, die ich zu fürchten hätte. Aber die Maßstäbe werden zurechtgerückt. Ich bin nicht Richter. Ich habe nicht zu richten, sondern kann mit anderen gemeinsam im Vertrauen auf Gott leben. Auch wenn diese anderer Meinung sind oder andere Anschauungen vertreten. Wie das Beispiel aus Rom zeigt, liebe Gemeinde, ist das manchmal gar nicht so einfach.«
Und wenn es Streit gibt? Manchmal ist es nötig, zu streiten wie in Rom. Aber der und die andere sind trotzdem zu achten. Bei uns in der Gemeinde ist solcher Streit ganz selten. Manchmal frage ich mich, ob uns die Kirche wirklich wichtig genug ist. Sind wir anderen gegenüber nicht bereit, für unsere Sache einzutreten? Ich will nicht sagen: In unseren Gemeinden müssen wir um jeden Preis Streit vom Zaun brechen. Ich möchte aber Mut dazu machen, die eigene Meinung auch dann zu vertreten, wenn sie von anderen abweicht. Wir können das verkraften. Natürlich ist Kritik manchmal schwer zu ertragen, aber sie kann auch weiterhelfen. Nur muß sie konstruktiv sein, aufbauen. Zu streiten lohnt sich schon: Die Stellen für Mitarbeiterinnen und Mitarbeiter in Kirchenkreisen und Gemeinden müssen gekürzt werden - nach welchen Kriterien? Die Verteilung von Arbeit und Lohn in unserem Land ist in vollem Gange - sprechen die Kirchen auch vor Ort deutlich genug für die Benachteiligten? Zwischen hoher Arbeitslosigkeit und ebenso hohen Aktiengewinnen kann Kirche nicht nur »Ärgernis oder Anstoß« vermeiden.

Möglicher Schluß

Ich sehe es so: Was Paulus schreibt, eröffnet uns Gesprächsmöglichkeiten. Es befreit uns davon, Andersdenkende zu verurteilen. Wir können hören, auf sie zugehen, uns gelassen auseinandersetzen und sie trotzdem - oder auch gerade in der Auseinandersetzung - achten.
Wir können und müssen nicht das Gericht Gottes vorwegnehmen. Was aber ist nun damit? Bleibt es ein harmloser Scherz oder muß ich nicht doch Angst haben davor, wenn ich zur Verantwortung gezogen werden?
Für mich ist der Gedanke daran nicht harmlos geworden, liebe Gemeinde. Gott als letzte Instanz will ja auch etwas von mir. Ich stehe in seiner Verantwortung, und das schärft mein Gewissen. Aber Angst - ich glaube nicht.
Ich hatte folgenden Traum: Ich stehe da, ganz verängstigt, vor dem Richtstuhl Gottes. Ganz allein. Und für einen Moment erkenne ich und werde

erkannt. Alles liegt offen da. Mein Herz macht einen Aussetzer. Ein Moment zwischen Erkennen, Erschrecken und Begreifen. Ein winziger Moment nur. Und dann sehe ich: Der Richter hat das Antlitz Jesu Christi. Der hat die Arme weit geöffnet und freut sich, das ich da bin. Er sagt: »Komm, komm einfach her.« Und damit ist alles gesagt. Und dann schließt er mich in seine Arme wie der Vater den verlorenen Sohn. Und vermutlich wird dann auch - wie in Burgdorf - viel gelacht. Und ich stehe da und lache befreit über mich selbst.

Kontexte

Billige Gnade heißt Rechtfertigung der Sünde und nicht des Sünders. Weil Gnade doch alles allein tut, darum kann alles beim alten bleiben. ... Billige Gnade ist die Gnade, die wir mit uns selbst haben. ... Teure Gnade ist das Evangelium, das immer wieder gesucht, die Gabe, um die immer wieder gebeten, die Tür, an die angeklopft werden muß. ... Teuer ist die Gnade, weil sie den Menschen unter das Joch der Nachfolge Christi zwingt, Gnade ist es, daß Jesus sagt: »Mein Joch ist sanft und meine Last ist leicht.« (Dietrich Bonhoeffer, © Chr. Kaiser/Gütersloher Verlagshaus, Gütersloh)

Wenn es nicht stimmt, ist es zumindest gut erfunden: Auf die Frage, ob es eine Hölle gäbe, antwortete Karl Barth: »Ja, aber sie ist leer.«

Hanns Dieter Hüsch (in: Wir sehen uns wieder, Kindler, München 1995, Seite 104 ff. - Im Original ohne Satzzeichen) erzählt vom »Richtstuhl« und seiner zweiten Begegnung mit dem lieben Gott (die erste war in Dinslaken): Nach einem langen Anmarsch in den Himmel wird Hüsch endlich vorgelassen. »Der liebe Gott. Er hatte sich hinter der linken Seite der geöffneten Flügeltür versteckt gehalten und mich regelrecht ins Leere laufen lassen. Filou. Er sah wirklich aus wie eine Mischung aus Jack Lemmon und Danny Kaye. Und ich sagte: Sie sehen heute ganz anders aus als damals in Dinslaken auf dem Fahrrad.« Dann aber wird es sehr ernst: Der liebe Gott liest Hüsch die Leviten. »Es gibt ein paar Sachen, die du - gelinde gesagt - verbrochen hast, aber die du merkwürdigerweise keinem erzählst. Es sind drei Sachen, die wir fürs erste auf den Tisch legen sollten, bevor wir über Dichter und Komiker sprechen.« Dann wird erzählt von einem polnischen Dienstmädchen, das die Freunde 1939 durch den Garten gehetzt haben, von gequälten Fröschen und davon, daß er seiner gelähmten Mutter den Stuhl weggezogen hat. »Setz dich auf den Stuhl da und warte bis ich mit dir weiterrede ... Und er ließ mich jetzt schmoren. Und ich wollte auf der Stelle nach Hause. Auf der Stelle.«

5. Sonntag nach Trinitatis

Annäherungen an den Predigttext 1. Brief an die Gemeinde in Korinth 1,18–25

Günter Thomé

Zum Text haben sich mehrere Berufsschulklassen einer Kaufmännischen Schule im Religionsunterricht Gedanken gemacht: Kommunikationskauffrauen/Sozialversicherungs-/Privatversicherungskaufleute zwischen 18 und 25 Jahren.
Gleich bei den ersten Gesprächen trat Unverständnis auf betreffend Duktus des Textes und Wortwahl der deutschen Luther-Übersetzung: Was z. B. ist ›Torheit‹? Deshalb entstand eine aktualisierende Paraphrase, die zwar den paulinischen Gedankengang auf den Kontrast in Vers 18 reduziert, in der Form aber eine plakative Gesprächsgrundlage für alle weiteren Klassengespräche geboten hat. Vielleicht ist diese Paraphrase auch noch ein guter Anstoß zu einer zeitgemäßen (eigenen) Übersetzung des Bibeltextes für die Predigt.

UNSER CHRISTLICHES SYMBOL KREUZ IST
FÜR DIE KLUGEN UND TÜCHTIGEN,
FÜR DIE PHILOSOPHEN UND WIRTSCHAFTSWEISEN,
FÜR DIE WELTWIRTSCHAFT UND FÜR'S WERBEFERNSEHEN,
FÜR DIE RELIGIÖSEN MEISTER UND ANDEREN
  WELTRELIGIONEN,
FÜR DIE KIRCHENKRITIKER UND KONFESSIONSLOSEN …
UNSINN –
FÜR UNS CHRISTEN ABER IST ES
EINE GOTTESKRAFT.

Negative Assoziationen zum »Kreuz«

»Das Kreuz steht für Herrschen und Anpassung.« – »Das Kreuz stellt für mich nur das sinnlose Morden an Christen im Römischen Reich dar und das Morden im Namen des Kreuzes in den Kreuzzügen. Für mich persönlich ist es ein Beweis dafür, daß das Kreuz mehr als nur einmal mißbraucht wurde und noch mißbraucht wird.«

»Das Kreuz wird heute für viele Dinge zweckentfremdet (wie in der WEST-Werbung mit dem Rocker im Gefängnis, der ein Kreuz in seinen angeketteten Händen hält: Test it!?). Viele wissen gar nicht die Bedeutung des Kreuzes und tragen es als Schmuck, weil es ›in‹ ist.« – »Für mich bedeutet das Kreuz eher den Tod und das Vergängliche als die Auferstehung und das Leben. – Wäre Jesus an einem Rad aufgehängt worden, wäre dann das Rad Symbol des Christentums?«
»Das Kreuz hat für mich nahezu keine Bedeutung. Genauso wenig wie ich meinen Glauben an der Kirche festmache, verbinde ich ihn mit dem Kreuz. Die Menschen benötigen ein Symbol für ihren Glauben, um ihn real zu machen und mit ihrem Alltag zu verweben. Für viele hätte er keinen Bezug zur Wirklichkeit, gäbe es nicht einen Gegenstand, der ihn greifbar macht. Ich finde es schon schlimm genug, einen Menschen ans Kreuz zu nageln und dort sterben zu lassen. Die Darstellung von Jesus am Kreuz ist makaber, geschmacklos und pervers. Für mich persönlich bedeutet ein Pentagramm mehr als ein Kreuz, weil es zu einer Religion gehört, die mittlerweile realer ist als der christliche Glaube.«

Positive Assoziationen zum »Kreuz«

»Es erinnert daran, wie Jesus gestorben ist und daß Gott dadurch in unserer Nähe ist.« – »Das Kreuz verbindet – die Menschen, die noch an Gott glauben. Es zeigt, daß auch andere Menschen/Freunde für einen da sind.« – »Das Kreuz bedeutet für viele Christen Erlösung: aus Armut, aus Krankheit ...« – »In meiner Gemeinde hängt ein durchbrochenes Kreuz über dem Altar, was neben dem Tod auch Hoffnung und Zukunft symbolisieren soll.« – »Aber auch nur dann, wenn das Symbol mit Leben und Inhalten gefüllt wird, beispielsweise mit Dingen aus der Bibel. Es ist aber auch eine ständige Erinnerung an christliche Verhaltensweisen wie z. B. Nächstenliebe oder ähnliches.«
»Für mich ist das Kreuz ein Mahnsymbol, um die Menschheit an ihre schlechten Handlungen zu erinnern.« – »Ein Wahrzeichen für die Kirche!« – »Ein Erkennungszeichen, wie bei den frühen Christen der Fisch.«
In manchen Gesprächsgängen kamen die Schülerinnen auch auf das sogenannte »Karlsruher Kruzifix-Urteil« (vom Sommer 1995) zu sprechen und konnten die Empörung darüber in Bayern und in kirchlichen Kreisen nicht teilen.
Eine Schülerin bezog sich auf die Hamburger Bischöfin Maria Jepsen, die bei der Kruzifix-Diskussion in den Medien das »bunte Frauenkreuz« aus El Salvador vorstellte: »Das Kreuz ist in unseren Köpfen eingeprägt. Es hat eine weitgehende Tradition. Um dieses Kreuz aus unseren Gedanken zu löschen, müßte schon etwas gutes Neues entwickelt werden. – Ich glaube nicht, daß es durch ein anderes Bild ersetzbar ist, weil das Kreuz von der Kirche, von den Menschen angenommen wurde. Die Kirche würde

dadurch doch ein neues (Selbst-)Bild bekommen; sie müßte sich völlig umstellen.«

»Torheit«/»Unsinn«

»Wenn Menschen meinen, daß das Kreuz in ihrem Leben keine Rolle spielt, ist es ihre persönliche Meinung, ihr persönlicher Glaube. Es gibt eben Menschen, die mit dem Kreuz einfach nichts anfangen können.«
Einige können sich durchaus damit identifizieren: »Ich kann damit nichts anfangen! Ein Kreuz als Symbol für Gotteskraft? – Schwachsinn, Humbug, den die Kirche den Gläubigen weismachen will.«
»In einem Punkt hat dieser Text allerdings recht: Für mich persönlich ist das Kreuz Unsinn, aber für die Christen ist es wichtig.« – »In Bayern scheint es die Menschen jedoch stark zu beschäftigen! (Kruzifix-Urteil)«.
Es gab aber auch Widerspruch zu diesem Textteil: »Das ist aus meiner Sicht Unsinn, da sich die Menschen, die da aufgeführt werden, der Kraft des Kreuzes nicht bewußt sind.« – »Es gibt auch Kluge, Tüchtige, Wissenschaftler ..., die an das Kreuz und an die Kirche glauben.« – »Selbst wenn es für einige Leute Unsinn ist, so denke ich, haben sie zumindest darüber nachgedacht und sind zu dem Ergebnis gekommen. Vielleicht finden sie in der heutigen Zeit noch einmal eine Gelegenheit, neu darüber nachzudenken und ihre Meinung zu ändern, bevor es ihnen mal schlecht geht.«
»Am Text wird auch veranschaulicht, daß der Versuch zum Scheitern verurteilt ist, den Sinn des Kreuzes, das die Emotionen anspricht, auf rationaler Ebene zu erfassen. Man kann eben die Wirkung des Kreuzes nicht mit dem Verstand erklären.« – »Egal was diese Leute alle sagen: Gott stört sich nicht daran und macht keine Unterschiede zwischen den Menschen.« – »Ich glaube nicht, daß das Kreuz für diese Personen Unsinn ist. Irgendwann wird ihnen das Kreuz (Jesus) auch Kraft geben (Alter, Krankheit). Viele Kirchenkritiker finden nicht die Gotteskraft unsinnig, sondern die kirchlichen Meinungen zu veraltet! Ich glaube, wenn Kindern und Jugendlichen die Bedeutung des Kreuzes deutlicher gemacht werden würde, könnten sie auch mehr Anreiz zum Glauben bekommen.«

»Gotteskraft«

Bei diesem Stichwort hielten sich viele Schülerinnen zurück. Einige sagten deutlich über sich selbst: »Für mich ist das Kreuz nichts Besonderes. Ich kann nicht behaupten, daß ich daraus Kraft schöpfen könnte.« – »Mir gibt das Kreuz keine Kraft, es ist einfach nur ein Ding, was man von Geburt eingeprägt bekommt: Das ist Jesus, und der hilft dir. – Mir hat Jesus noch nie geholfen. Es gibt keine Gotteskraft; Kraft kommt von jedem selbst.«
Zwei andere Stimmen: »Dieser Ausspruch mit ›Gotteskraft‹ ist sicherlich für viele nicht akzeptabel. Doch sehe ich persönlich es von Vorteil, an eine Sache glauben zu können, wenn ich ein Symbol vorfinde, das ich betrach-

ten und fühlen oder anfassen kann. Es ist vielleicht auch etwas, zu dem ich sprechen kann und mit dem ich meinen Glauben zu Jesus Christus verstärke.«
»An allem hier Aufgeführten ist etwas Wahres dran. Es kommt auf den Standpunkt des Betrachters an. Jeder muß für sich selbst befinden, was das Kreuz für ihn als Christ oder in welcher Rolle des täglichen Lebens auch immer ausmacht. Die ersten und letzten Textpassagen sind somit meiner Meinung nach nicht konträr.«

Zum Gottesdienst

Bernd Giehl

Exegetisch-homiletische Skizze

Sätze wie Hammerschläge. Sätze, von einer Wucht und Entschiedenheit, die schon wehtut. Fast möchte man sich wegducken vor der Gewalt, mit der sie herniederfallen. Nur: Diesmal kann ich mich nicht kleinmachen.
Worum geht es? Zunächst einmal um einen Konflikt in Korinth. Wie man aus dem vorhergehenden Abschnitt (1. Korinther 1,10–17) erfahren kann, sind Spaltungen in der Gemeinde entstanden. Die einen berufen sich auf Paulus, die anderen auf Apollos, die dritten auf Petrus, die vierten nennen sich sogar nach Christus. Alle jedoch scheinen die Botschaft des Evangeliums in Weisheitsrede (σοφία) verwandelt zu haben.
Paulus sieht darin eine große Gefahr. Überheblichkeit wittert er, und weniges gibt es, was ihm mehr den Kamm schwellen läßt. Dazu muß man wissen: »Weisheit« bedeutet hier nicht »Klugheit« oder »Philosophie« wie sonst im Deutschen. Die Ausleger sind sich weitgehend einig, daß der gnostische Mythos von der Welt als Gefängnis der Seele und der Lichtgestalt des Erlösers, der herniederkommt, um die Seele aus ihrem Gefängnis zu befreien, hier eine Rolle spielt. Allerdings wird der Erlöser nicht von allen erkannt, sondern nur von denen, denen Gott die »Weisheit« gegeben hat. Diese Weisheit war »zuvor verborgen und wird von Gott im Himmel ›zu unserer (eschatologischen) Verherrlichung bereitgehalten.‹«. (Art. σοφία, Theologisches Wörterbuch zum Neuen Testament, Bd. VIII, Seite 520). Es ist zu vermuten, daß Paulus weniger gegen gnostisches Gedankengut ankämpft als gegen die Überheblichkeit der Korinther, die vorgeben, sie verstünden das Mysterium des Glaubens tiefer als die anderen. Gegen diese Überheblichkeit wendet sich der Apostel, indem er der »Weisheit« seiner Adressaten das »Wort vom Kreuz« entgegenstellt.

Es geht ihm darum, die Erlösung als dem Menschen unverfügbare Tat Gottes zu verstehen. Darum bilden »Weisheit« und »Kreuzesrede« im Ersten Korintherbrief einen ähnlichen scharfen Gegensatz wie »Gerechtigkeit aus den Werken« und »Gerechtigkeit aus dem Glauben« im Römerbrief.
Damit ist auch schon angedeutet, daß sich dieser Abschnitt nicht nur auf die Spaltungen in Korinth bezieht, sondern weit über diese Fragen hinausgeht. Hier sind zugleich die zentralen Gedanken der Theologie des Paulus festgehalten. Für das Verständnis des paulinischen Denkens ist 1. Korinther 1,18–25 ähnlich bedeutsam wie Römer 1,17–3,31.
Der zentrale Gedanke steht dabei gleich am Anfang: »Denn das Wort vom Kreuz ist den Verlorenen Torheit, uns aber, den Geretteten Kraft Gottes« (Übersetzung nach W. Schrage, »Der erste Brief an die Korinther, 1. Kor 1,1–6,11« EKK VII/1). Die »Torheit« des Kreuzes versuchen die »Verlorenen« zu umgehen, indem sie nicht anerkennen, daß Gott in einem Gekreuzigten zum Heil der Welt gehandelt hat, sondern den Gekreuzigten entweder nicht anerkennen oder die Bedeutung des Kreuzes herunterspielen. Wahrscheinlich ist dieser Gedanke auf dem Hintergrund der Erfahrungen des Paulus entstanden, der mit seiner Botschaft vom Heil des Kreuzes immer wieder auf Ablehnung bei Juden und Griechen gestoßen ist. Für einen Juden konnte das Kreuz eigentlich nur ein Skandal sein, denn »ein am Schandpfahl des Kreuzes Scheiternder mußte in jüdischen Augen jede Messiasprädikation diskreditieren« (Schrage a. a. O. Seite 186). Und für einen Heiden ist die Aussage, daß ausgerechnet ein Gekreuzigter Gottes Heil bringen soll, zutiefst anstößig, da seine Götter per definitionem stark und machtvoll sein müssen. Man denke nur an die bekannte Karikatur des Gekreuzigten mit dem Eselskopf, unter der steht: »Alexamenos betet seinen Gott an«. Auch der Abscheu vor der Kreuzigung als einer zutiefst erniedrigenden Strafe wird da eine Rolle spielen. Und dennoch: Diese Sätze gehen über biographische Erfahrungen hinaus. Schließlich sagt Paulus ja nicht: »viele Juden« oder »manche Griechen«, sondern er faßt sie alle zusammen zu einer einzigen Front: »Denn Juden fordern Zeichen, und Griechen verlangen nach Weisheit, wir aber verkündigen Christus als Gekreuzigten, den Juden ein Ärgernis, den Griechen eine Torheit ...« (V. 22 f.). Hier wird – ähnlich wie im Römerbrief, wo der Gegensatz Gesetz und Gnade heißt – ein Gegensatz zwischen menschlicher Erkenntnis und göttlichem Handeln aufgebaut, wie er schärfer nicht sein könnte: Der Weg der Gotteserkenntnis durch menschliche Weisheit ist von Gott verbaut worden; nur einen einzigen Weg hat er gelassen, und das ist die »Torheit« des Kreuzes.
Bleibt noch die Frage, wie Paulus die »Torheit« der Botschaft und die »Schwäche« Gottes versteht. Ob er also ironisch redet, wenn er diese negativ besetzten Begriffe für seine Botschaft vom Kreuz verwendet. Schrage zumindestens argumentiert, daß das Kreuz Jesu nicht nur »im Koordina-

tensystem dieser Welt« als töricht und er selbst als schwach zu gelten habe. »Daß Gott sich in die Schwachheit und Torheit des Kreuzes mit hineinziehen läßt und im Kreuz den Weg in die Tiefe mitgeht, stößt alle vor den Kopf, die sich Gott als den über alles Schwache und Törichte, Leidvolle und Tödliche Erhabene vorstellen ... Gott partizipiert an dieser Torheit und Schwäche, um im Kreuz - selbst schwach und töricht - die Toren und Schwachen zu retten.« (a. a. O. Seite 188). Daß aber selbst ein Paulus, der diesen Gedanken hier ja fast auf die Spitze treibt, ihn nur denken kann, weil er um die Auferstehung Jesu Christi weiß, kommt dann doch in Sätzen wie dem Vers 25 »Denn das Törichte Gottes ist weiser als die Menschen, und das Schwache Gottes ist stärker als die Menschen« zutage. Ganz kann nicht einmal er selbst die Umwertung so zentraler Begriffe wie »Gott«, »Weisheit« und »Kraft« durchhalten. Aber darum geht es ihm ja auch nicht - oder jedenfalls nicht in erster Linie, sondern darum, daß die Souveränität Gottes in seinem Handeln unter allen Umständen gewahrt bleibe.

Die Souveränität Gottes erweist sich in seiner Teilhabe an der Niedrigkeit Jesu. Ein Gedankengang, wie er paradoxer nicht mehr sein kann.

Wie aber nun diesen Text predigen? Einen Text, der dogmatisch so gewichtig ist; schließlich ist das Kreuz nach Luther *das* Kennzeichen christlicher Theologie. Ein ambivalenteres Symbol als das Kreuz kann es ja kaum geben, und die (Auslegungs-)Geschichte eines solchen Symboles predigt bekanntlich immer mit. Man wird zumindestens die Demutspredigt vergangener Jahrhunderte im Blick behalten müssen; jene Predigt, die den Armen Geduld empfahl, auf daß sie sich nicht gegen ihre Herrschaft auflehnten. Von daher ist wohl auch so manche Befremdung zu erklären, die ich in der von mir herangezogenen Literatur gespürt habe. Und auch der Gedanke des blutigen Opfers, das der Vater braucht, um seinen Zorn zu besänftigen, ist für mich so befremdlich, daß ich ihn nicht mehr predigen kann. Einen derart grausamen Gott bringe ich nicht mehr in Übereinstimmung mit dem liebenden Vater, den Jesus gepredigt hat. Mehr und mehr Theologinnen und Theologen scheint es ähnlich zu gehen.

Aber vielleicht muß man darüber an dieser Stelle ja auch gar nicht predigen. Schrages Hinweis auf den schwachen Gott finde ich sehr hilfreich. Und so habe ich noch einmal bei dem nachgelesen, der diesen Gedanken wohl zuerst, oder jedenfalls für unsere Zeit am überzeugendsten formuliert hat, bei Dietrich Bonhoeffer. In seinem Brief vom 16. 7. 44 aus dem Gefängnis an Eberhard Bethge formuliert er es so: »Gott gibt uns zu wissen, daß wir leben müssen als solche, die mit dem Leben ohne Gott fertig werden. Der Gott, der mit uns ist, ist der Gott, der uns verläßt ... Gott läßt sich aus der Welt hinausdrängen ans Kreuz, Gott ist ohnmächtig und schwach in der Welt, und gerade und nur so ist er bei uns und hilft uns.« (»Widerstand und Ergebung«, München 1964[12], Seite 241 f.)

Vorschläge zur Liturgie

Lieder
EG 171 »Bewahre uns Gott«, EG 365 »Von Gott will ich nicht lassen«, EG 372 »Was Gott tut, das ist wohlgetan«, EG 552 »Einer ist unser Leben«, EG 557 »Ein Licht geht uns auf«

Gebet zum Eingang
Gott, du forderst uns heraus, anders zu leben, als es üblich ist. Immer wieder fragt uns dein Wort, ob wir bereit sind, die ausgetretenen Pfade zu verlassen und neue Wege zu gehen. Manchmal können wir dich hören; ein andermal geht deine Stimme unter in den vielen widersprüchlichen Botschaften unseres Alltags. So bitten wir dich: Öffne unsere Ohren. Laß uns hören, was du uns zu sagen hast. Und dann gib uns auch die Kraft, nach unseren Einsichten zu handeln.

Schlußgebet
Gott, du kennst uns, unseren Wunsch nach Größe, nach Ruhm und Macht. Lieber als dienen möchten wir herrschen. In Jesus hast du dich uns anders gezeigt: nicht stark und mächtig, sondern schwach. Das ist nicht leicht zu begreifen, weil wir lieber mit etwas Starkem im Bunde wären. Und doch beten wir im Gebet Jesu: »Dein Wille geschehe«. So wollen wir auch heute beten: Laß uns die Ohnmacht des Gekreuzigten annehmen. Und lehre uns, so zu leben, wie Jesus gelebt hat: orientiert an deinem Willen, nicht auf unser gutes Recht pochend, sondern das Wohl der anderen suchend. Nicht Gewalt gegen Gewalt setzend, sondern verzeihend, da wo wir verletzt worden sind. Laß es uns glauben, was wir beten: »Dein ist das Reich und die Kraft und die Herrlichkeit, in Ewigkeit.«

Vorschlag zur Predigt

Möglicher Anfang
Ich nehme an, die Eltern unter Ihnen erinnern sich noch daran. An die Zeit, als Ihr erstes Kind geboren wurde. Als es noch ein winziges Bündel Mensch war, hilflos schreiend und strampelnd. Womöglich haben Sie damals auch geträumt. Geträumt von der grandiosen Zukunft dieses Kindes. Daß es einmal etwas Besseres werden sollte als Sie selbst. Daß es womöglich einmal berühmt würde. Noch war ja alles offen. Und wenn Sie drei Wünsche für das Kind frei gehabt hätten, dann hätten Sie ihm vielleicht Stärke gewünscht, damit es sich in der Welt durchsetzen kann. Und als zweites hätten Sie sich Klugheit für das Kind gewünscht; denn mit Klugheit kommt man bekanntlich weit in der Welt. Klugheit und Durchsetzungsfähigkeit, damit müßte das Kind es doch zu etwas bringen. Damit könnte es Unter-

nehmer werden oder Bundespräsident; auf jeden Fall würden ihm viele, wenn nicht alle Türen offenstehen. Ein Wunsch bliebe Ihnen noch. Was würden Sie dem Kind wünschen? Gesundheit vielleicht? Gesundheit ist natürlich wichtig. Oder Sie würden dem Kind einen guten Charakter wünschen, damit es seine Fähigkeiten zum Wohl seiner Mitmenschen ausnützte. Das alles vereint, in *einem* Menschen. Was für ein Glücksfall für das Kind selbst, aber auch für die Gesellschaft. Und jetzt lassen Sie uns die Geschichte noch einmal weiterspinnen. Angenommen, die Fee, die Ihnen die drei Wünsche freigegeben hat, würde Ihnen antworten, das was Sie sich für das Kind gewünscht haben, tue ihm nicht gut, sie sollten ihm eher Schwäche wünschen und Demut sowie einen beschränkten Verstand. Damit würde es dienen können; herrschen wollten sowieso schon alle. Was würden Sie ihr wohl entgegnen? Daß sie sich davonmachen solle? Daß sowieso heute niemand mehr an Feen glaube, schon gar nicht wenn sie einen solchen Unsinn verzapften?
Wie auch immer: Der Attraktivität von Feen oder auch nur dem Glauben an sie wäre eine solche Antwort nicht gerade förderlich.

Zum weiteren Verlauf
Der Wunsch, etwas Besonderes zu sein, sich von anderen zu unterscheiden, ist ein Wesensmerkmal der Menschen unserer Zeit – jedenfalls in der westlichen Hemisphäre. Wer stark ist und mächtig, wer Ideen hat, der gilt etwas in der Gesellschaft. Unser Selbstwertgefühl beziehen wir aus unserer Leistung.
Paulus hat diesem Gedanken immer sein »allein aus Gnaden« entgegengesetzt. Wir werden gerechtfertigt allein aus Glauben, »ohne des Gesetzes Werke«. Nicht die Leistung gilt vor Gott, sondern allein das Vertrauen darauf, daß wir vor Gott als Gerechtfertigte leben können. Das führt in der Konsequenz bis zu dem Gedanken, den er in 2. Korinther 12,10 in der Auseinandersetzung mit seinen Gegnern äußert: »wenn ich schwach bin, bin ich stark.«
In unserem Predigttext werden die Linien dieses Gedankens aber noch weitergezogen. Nicht nur die Menschen, die aus der Gnade Gottes leben (oder es zumindestens versuchen) sind in den Augen ihrer Umwelt schwach. Erst recht ist die Botschaft von diesem Gott, der sich ausgerechnet in einem Gekreuzigten offenbaren soll, töricht. Ja, anscheinend ist dieser Gott, der dem Bösen keinen Widerstand leistet, der in Jesus den unteren Weg geht und sich am Ende sogar ans Kreuz schlagen läßt, selbst schwach.
Und wenn es nun wirklich so wäre? Es fällt uns schwer, uns Gott als ohnmächtig und schwach vorzustellen. Der Gott, den wir uns wünschen, ist anders: einer, der mühelos mit dem Bösen fertig wird, der der Hydra die Köpfe abschlägt und sie schließlich unter seine Füße tritt. Auf die Frage, warum er das Böse immer noch zuläßt, warum er es nicht einfach am Schopfe packt und mit Stumpf und Stiel ausreißt, würde er, ähnlich wie der

Gott Hiobs, mit einer Demonstration seiner Macht antworten, auf die es von Freund und Feind keine Erwiderung mehr geben würde.

Möglicher Schluß

Ist damit also alles gesagt? Nein, ich denke nicht. Mich jedenfalls hat die Antwort Gottes auf Hiobs Frage nach dem »Warum« nie überzeugt. Letztlich war es nämlich keine Antwort, sondern ein klares in die Grenzen Weisen des Fragenden: Ich bin Gott, und Gott ist mächtig; alles weitere kannst du nicht verstehen. Also belästige mich gefälligst nicht weiter mit deinen Fragen.

Die Antwort, die hier gegeben wird, ist mir weit sympathischer. Nicht daß sie alles erklären würde. Nicht daß sie all unsere Fragen mit einem Schlag zum Schweigen bringen würde. Aber zumindestens sagt sie: Gott steht nicht abseits. Er ist nicht weit weg vom Leid der Welt. Er hat sich nicht einfach abgewandt von ihr, und sie ist ihm auch nicht aus den Händen geglitten. Im Kreuz Jesu hat Gott sich mit den Menschen solidarisch erklärt. Hier, sagt er, könnt ihr mich sehen. Woran immer ihr leidet, was immer es ist, was euch quält; ich habe es auf mich genommen und es getragen. Und damit habe ich euch einen anderen Weg gezeigt. Gewalt gegen Gewalt zu setzen, das führt zu nichts. Oder allenfalls zu neuer Gewalt. Es ist keine Entschuldigung, wenn ihr die eigenen Grausamkeiten rechtfertigt, wie Brecht es in seinem Gedicht »An die Nachgeborenen« tut: »Dabei wissen wir doch: / Auch der Haß gegen die Niedrigkeit / Verzerrt die Züge. / Auch der Zorn über das Unrecht / Macht die Stimme heiser. Ach wir / Die wir den Boden bereiten wollten für Freundlichkeit /Konnten selber nicht freundlich sein.« (Bertold Brecht »Gesammelte Werke, Band IX, Seite 722–25, Frankfurt 1967). Es gibt eine andere Möglichkeit: Das ist der Glaube an den Gott, der selbst Armut und Schwäche kennenlernte. Und dann die Nachfolge dieses Gottes. Ob das nun Dummheit ist oder im Gegenteil Lebensklugheit, das müßt ihr schon selbst herausfinden

Kontexte

Noch ein ganzes Stück weiter als Bonhoeffer geht Dorothee Sölle in ihrem Buch »Stellvertretung. Ein Kapitel Theologie nach dem ›Tode Gottes‹«, das die These vertritt, die Entwicklung von Naturwissenschaft und Technik, aber auch die furchtbare Erfahrung von Auschwitz, hätten das Bild vom persönlichen Gott erledigt; der Gedanke »Gott« aber sei damit noch nicht zu Ende. Sölles Fazit: Christus vertritt den (derzeit) abwesenden Gott bei uns. Hier ein Ausschnitt aus dem Buch:

»In dieser veränderten Welt (sc. einer Welt, in der fast alles planbar und machbar geworden ist, B.G.) braucht Gott Schauspieler, die seinen Part übernehmen. Solange der Vorhang nicht gefallen ist und das Stück noch gespielt wird, kann Gottes Rolle nicht unbesetzt bleiben. Der Protagonist Gottes heißt Christus, er übernimmt die Rolle Gottes in der Welt, er spielt diese Rolle, die unbesetzt bliebe ohne ihn. ...

Man muß sich von der Vorstellung frei machen, als sei die Entäußerung Christi, von der das erwähnte Lied aus dem Philipperbrief spricht, ein kurzes, vorübergehendes Stadium, das nach einigen dreißig Jahren behoben wurde, damit der Ausgangszustand - Gott ist im Himmel und wir sind auf Erden - schleunigst wiederhergestellt sei. Gott selbst ist in Christus aus der Unmittelbarkeit des Himmels fortgegangen, er hat die Sicherheit der Heimat verlassen, für immer. Er hat sich vermittelt, ist aus sich fortgegangen in die Unkenntlichkeit, in die Nichtunterschiedenheit. Daß er es ist, der so unkenntlich geworden ist, ist der Anspruch seines Schauspielers. Gott selbst, der Macht hatte, wurde gespielt unter der Bedingung der Ohnmacht. Gott selbst, der Heimat bedeutete, wurde gespielt unter der Bedingung der Heimatlosigkeit, der Fremde.«
(Aus: Dorothee Sölle »Stellvertretung. Ein Kapitel Theologie nach dem ›Tode Gottes‹«, Kreuz Verlag, Stuttgart 1982, Seite 160 f.)

Einen faszinierenden Kommentar zu 1. Korinther 1,18–25 findet man in Shakespeares »König Lear«, wo es der Narr ist, der dem König die bittere Wahrheit sagen muß, daß er - Lear - ein Narr ist, weil er sein Königreich an seine zwei älteren Töchter verschenkt hat, die ihm schmeichelten und die jüngste, die einzige, die ihn wirklich liebt, das jedoch nicht zeigen konnte, verstieß:
Narr (zu Kent): Höre Freund, du tätst am besten, meine Kappe zu nehmen.
Kent: Warum, mein Kind?
Narr: Warum? Weil du's mit einem hältst, der in Ungnade gefallen ist, Ja, wenn du nicht lächeln kannst, je nachdem der Wind kommt, so wirst du bald einen Schnupfen weghaben. Da, nimm meine Kappe. Sieh, dieser Mensch da hat zwei von seinen Töchtern verbannt und der dritten wider Willen seinen Segen gegeben; wenn du dem folgen willst, mußt du notwendig meine Kappe tragen. Nun, wie steht's, Gevatter? Ich wollt ich hätte zwei Kappen und zwei Töchter! -
Lear: Warum, mein Söhnchen?
Narr: Wenn ich ihnen all meine Habe geschenkt hätte; die Kappen behielt ich für mich; ich habe meine; bettle du dir eine zweite von deinen Töchtern.
Lear: Nimm dich in Acht, du! - Die Peitsche! -
Narr: Wahrheit ist ein Hund, der ins Loch muß und hinausgepeitscht wird, während Madame Schoßhündin am Feuer stehen und stinken darf.
Lear: Ein bittrer Narr!
...
Narr: Weißt du den Unterschied, mein Junge, zwischen einem bittren Narren und einem süßen Narren?
Lear: Nein, Bursch, lehr ihn mich.
Narr: Der dir's geraten, Lear,
Dein Land zu geben hin,
Den stell hierher zu mir
Oder stehe du für ihn.
Der süß und bittre Narr
Zeigt sich dir nun sofort,
Der ein im scheckgen Wams
Den andren siehst du dort.
Lear: Nennst du mich Narr, Junge?
Narr: Alle deine andren Titel hast du weggeschenkt; mit dem bist du geboren.
(William Shakespeare »König Lear«, Erster Aufzug, Vierte Szene)

6. Sonntag nach Trinitatis

Annäherungen an den Predigttext Brief an die Gemeinde in Rom 6,3–8 (9–10)

Ernst Arfken

Gespräch mit einer alleinstehenden, arbeitslosen jungen Frau.
E.A.: Frau K., welche Gedanken gingen Ihnen beim Hören dieses Textes durch den Kopf?
Frau: Der Text ist mir bekannt, und ich habe mich öfter mit seinem Thema beschäftigt. Ich empfinde diese Paulus-Worte einerseits als einleuchtend, andererseits als paradox. Daß die Sünde gestorben ist, das ist ein treffendes Bild dafür, begnadigt zu sein. Die Sünde ist nicht die beherrschende Macht, von der mein Leben bestimmt wird. Es ist schön, gerettet zu sein. Das habe ich aus dem Text herausgehört.
Als paradox empfinde ich, daß es heißt: Die Sünde ist tot. Aber sie ist ja doch noch da. Immerhin, die Gnade ist stärker als die Sünde.
E.A.: Mögen Sie das Wort Gnade ein wenig erläutern?
Gnade ist das, was ich eigentlich nicht verdient habe, z.B. daß ich trotz meines (biblisch gesprochen) sündhaften Charakters ewig leben soll. – Paulus spricht sehr viel vom Gesetz. Das Gesetz macht den Menschen kaputt, wenn er versucht, sein Leben allein danach auszurichten. Die Gnade macht das Leben leichter, und sie hilft, das Gesetz zu befolgen. Aber das alles klingt für mich noch sehr theoretisch. Ich habe so viele Predigten gehört, in denen Glaubensinhalte abstrakt erörtert wurden. Aber Hilfe für den Alltag kam dabei nicht rüber – oder nur selten. Ich erlebe zwar Christen als Menschen, die mit Gott im Einklang leben, und die mir im Gottesdienst begegnen. Aber man kann nicht die ganze Woche vom Gottesdienst zehren.
E.A.: Sie fragten nach Hilfe im Alltag. Wenn ich morgens aufwache und weiß, ich werde zwar an diesem Tage manche Fehler machen, aber größer als meine Fehler wird die Gnade sein. Ist dieses Wissen nicht auch eine Hilfe für den Alltag?
Frau: Gewiß. Die Gnade ist auch größer als mein Glaube. Aber wenn man einmal »ganz unten« ist, wie ich das erlebt habe, dann bleibt das Wissen im Kopf hängen und erreicht das Herz nicht mehr. Da ist etwas anderes nötig, nämlich Gemeinschaft. Wenn Paulus hier schreibt, daß Christus für die Menschen gestorben und auferstanden ist, dann gilt das nicht allein für

Einzelmenschen, dann verbindet das Menschen miteinander. Ich wünsche mir in unseren Gottesdiensten noch mehr Gemeinsamkeit, mehr Herauskommen aus der Anonymität, z. B. daß ich erfahre, wer da hinter mir auf der Kirchenbank sitzt. Ich vermute, daß viele Menschen deshalb aus der Kirche austreten, weil sie in ihr unbekannt und unbeachtet bleiben und keine Kontakte gewinnen. Allein des Geldes wegen geschieht es wohl selten. Wovon der Mensch etwas hat, dafür gibt er auch gern Geld aus.
E. A.: Martin Luther hat diesen Bibeltext in seinem Kleinen Katechismus zitiert, und zwar im Zusammenhang mit der Frage, was das Taufen mit Wasser bedeutet. Er sagt dort sehr drastisch: »Es bedeutet, daß der alte Adam in uns durch tägliche Reue und Buße soll ersäuft werden und sterben mit allen Sünden und bösen Lüsten und wiederum täglich herauskommen und auferstehen ein neuer Mensch, der in Gerechtigkeit und Reinheit vor Gott ewiglich lebe.« Auf die Frage, warum das täglich geschehen muß, hat jemand nicht weniger drastisch gesagt: »Das Biest kann schwimmen.«
Es freut mich, daß Sie so herzhaft darüber lachen. Nun habe ich noch eine Bitte: Paulus gebraucht hier (V. 7) wie so oft das Wort »gerechtfertigt«; ein Wort, daß in unserer Umgangssprache nur selten vorkommt - etwa in der Bedeutung: Mir kann niemand »an den Wagen fahren«. Für Paulus ist das ein ganz zentraler Begriff, und Martin Luther ist ihm darin gefolgt. Könnten Sie sagen, wie Sie dieses Wort umschreiben würden?
Frau: Ja, es ist etwas, was ich mir nicht verdienen kann. »Begnadigt« könnte man auch sagen - oder anders ausgedrückt: »Gerechtfertigt« bedeutet, daß Gott mich so nimmt, wie ich bin. Ich denke, das reicht aus.

Zum Gottesdienst

Wolfgang Herrmann

Exegetisch-homiletische Skizze

Auch diese Perikope ist, was ihr Name sagt, ein Ab-Schnitt, ein Schnipsel vom Ganzen der Schrift. Doch jeder dieser Abschnitte vergegenwärtigt auf seine spezifische Weise, wie ein Hologramm, das Ganze. Unser Text ist die Probe aufs Exempel. Gestorben - begraben - auferstanden, Tod des alten Menschen und Gott leben in Christus: Davon sprechen die Sätze des Paulus, und nichts weniger macht das Zentrum des christlichen Glaubensbekenntnisses und des christlichen Lebens aus. Was kommt nach dem Tod? Wie finden wir Gott und mit ihm das Leben? Wer ist Jesus für uns, und wie sprechen wir von seinem Sterben und dem, was danach kommt? Es geht um mehr und anderes als um interessante theologische Gedanken. Es geht um uns selbst.

Der Brief an die Römer ist alles andere als harmlos, und seine Lektüre hat immer wieder die größten Erschütterungen in der Christenheit ausgelöst. Martin Luthers Ringen mit seinen Worten am Anfang des 16. und Karl Barths sprach-, denk- und glaubensgewaltige Auslegung zu Beginn des 20. Jahrhunderts sind Marksteine dieser Lektüre.

Für eine schlichte Sonntagspredigt bedeutet die Wucht auch unseres Abschnittes eine große Herausforderung. Seine Wahrheit kann und darf sich niemand ersparen! Aber wie ist sie so zu sagen, daß sie auch gehört wird, daß sie Glauben weckt und stärkt? Schon im 2. Jahrhundert seufzte der apostolische Kollege des Paulus bei der Lektüre seiner Briefe, »einige Dinge seien schwer zu verstehen« (2. Petrus 3,15 f.). Wieviel mehr sind gegenwärtige Hörerinnen und Hörer in der Gefahr, diese Worte vorwiegend als »frommes Geräusch« zu hören, als irgendwie sehr »christlich« klingende Sätze und Begriffe. Aber die eigenen Lebensfragen darin wiedererkennen? Ein Wort zu hören, das die eigene Existenz ein für allemal auf den Punkt bringt?

Paulus und seine Leserinnen und Leser schreiben und lasen die Worte von Tod und Auferstehung anders als wir Heutigen. Ihre Taufe bedeutete in der Tat eine Lebenswende. Sie konnten zurückblicken auf einen »alten Menschen«, der Christus nicht kannte und der nun - wie Jesus - mit allen Schmerzen und Ängsten gekreuzigt und gestorben war. Sie wußten, wozu sie bei ihrer Taufe Nein gesagt hatten, und welche gnadenlose Todesmacht die Sünde ist. Sie lebten nun mit gesprengten Ketten, als Befreite in einem neuen Licht, das ihnen niemals zuvor so leuchtete, und folgten einem Ruf, der das Innerste ihrer Herzen getroffen hatte.

Anschaulich schildert die Apostelgeschichte (Kapitel 9), wie Paulus vor Damaskus von diesem Licht und Ruf zu Boden geworfen wird, wie er drei Tage lang (!) nichts sehen kann, weder ißt noch trinkt, also wie gestorben ist. Dann jedoch fällt es ihm »wie Schuppen von den Augen« (9,18), als Hananias, zu dessen Verfolgung Paulus ausgezogen war, über seinen Schatten springt, ihn, den bisherigen Feind, segnet und tauft. Der fromme, gnadenlose Verfolger ist gestorben; an seiner Stelle lebt der begnadigte Verkündiger des Christus - und gerät nun sogleich für seinen neuen Herren in Lebensgefahr (9,23). Er muß - im Korb über die Stadtmauer gelassen - fliehen. Der Täter wird zum Opfer; das neue Leben ist alles andere als harmlos. »Wer vom Kreuz herkommt und darunter bleibt, hat einen Herrn, der ihn notwendig von den in der Welt herrschenden Mächten und Gewalten trennt, steht also tatsächlich in Äonenwende« (Ernst Käsemann, An die Römer HNT 8 a, Tübingen 1973, Seite 160).

Machtwechsel, Herrschaftswechsel, Paradigmenwechsel: Das kennt die Gottesdienstgemeinde 1998 natürlich auch. Doch wie viele könnten ihre Taufe als Angelpunkt der Lebenswende beschreiben? Bedeutet nicht den allermeisten das Christsein ein langsames, ein gemächliches Hineinwachsen in alte Traditionen, das Erlernen eines längst geprägten Vokabulars, das Hören unendlich oft erzählter Geschichten, den Kontakt mit einer längst schon zum Dogma und Credo gewordenen Wahrheit? Wo sind die Überraschungen, wo Abenteuer und Provokation des Glaubens? Wo und wie begegnet der tötende und auferweckende Gott? Daß der »alte Mensch« sterben muß, um als »neuer« leben zu können, diese Wahrheit läßt sich mit der Säuglingstaufe kurz nach der Geburt nicht selbstverständlich verbinden, sondern muß Schritt für Schritt durch Lebens- und Glaubenserfahrung erst gewonnen werden.

Als Möglichkeit eines solchen Schrittes hat die Kirche den sechsten Sonntag nach Trinitatis dem Taufgedächtnis gewidmet. Taufdatum und Lebenserfahrung können in Kontakt geraten, können sich gegenseitig erhellen. Entscheidend ist dabei das fünffache »mit ihm«: mit Christus kreuzigt, gestorben, begraben, mit ihm verbunden und ihm gleichgeworden, mit ihm leben. Das Leben wird christusförmig; eine vor allem in der Mystik gelebte Wahrheit: »Und wer dies Kind mit Freuden / umfangen, küssen will, / muß vorher mit ihm leiden / groß Pein und Marter viel, / danach mit ihm auch sterben / und geistlich auferstehn / das ewig Leben erheben, / wie an ihm ist geschehn.« (EG 8,5+6)

Wie nah kann eine normale Gottesdienstgemeinde der Radikalität kommen, um die es hier geht? Karl Barth spricht von der »unmöglichen Möglichkeit« der Gnade, des Lebens ganz in Christus und ganz aus Gott. Sie wird durch das Kreuz und jenseits des Todes gewonnen: »Die Aufhebung der menschlichen Möglichkeiten im Tode Christi ist als solche die Aufhebung der Möglichkeit der Sünde ... Der Sinn, das Letzte, der Tod in diesem Tod ist Gott: Gott als die jenseits dieses Lebens liegende und darum nur im Gleichnis des Todes zu veranschaulichende neue (unmögliche) Möglichkeit des Menschen. Eben weil diese neue Möglichkeit des Menschen seine reale Gottesnähe, seine Sündlosigkeit, seine Gerechtigkeit ist, kann sie nur im Gleichnis des Todes, in der prinzipiellen Negation aller seiner alten Lebensmöglichkeiten veranschaulicht werden.« (K. Barth, Der Römerbrief, Dritter Abdruck der neuen Bearbeitung, München 1924, Seite 186)

Mit Christus sterben und auferstehen ist mehr als eine Korrektur. Es ist ein totaler Schritt: bedingungsloses sich selbst Loslassen und vollkommenes Vertrauen. »Wer der Sündenmacht gestorben ist, kann irdisch nur noch für Gott da sein, wenn er nicht seinen Herrn verleugnet.« (Käsemann a. a. O., Seite 161)

Vorschläge zur Liturgie

Psalmgebet
Psalm 139,1–16.23+24

Zum Kyrie
Psalm 51,12–14

Zum Gloria
Jesaja 43,19

Taufgedächtnis
Wenn im Gottesdienst getauft wird, leiten die folgenden Meditationen die Taufhandlung ein. Sonst dienen sie dem Taufgedächtnis.

Wir sind getauft. Und das heißt:
Unser keiner, unser keine lebt sich selber,
unser keiner, unser keine stirbt sich selber.
»Leben wir, so sterben wir dem Herrn.
Darum, wir leben oder sterben,
wir sind des Herrn.«

Die Osterkerze (oder, wenn diese fehlt, eine andere) wird entzündet.

Als erstes schuf Gott
aus den Finsternissen heraus
das Licht: Ur-Energie,
aus der sich das Leben entfaltet
in immer größerer Vielfalt.
Denn Gott wohnt im Licht,
und Licht ist Gottes Kleid.

Wenn ein Kind geboren wird,
geht die Schöpfung weiter:
Leben in seiner zartesten Gestalt.
Es wird heller in dieser Welt,
und wärmer.
Wir alle, jede und jeder,
sind Lichtblicke Gottes.

Und so spricht Jesus vom Licht:
»Ich bin das Licht der Welt,
wer mir nachfolgt,
wird nicht im Finsteren wandeln,
sondern wird das Licht des Lebens haben.«

Und den Seinen sagt er nichts Geringeres:
»Ihr seid das Licht der Welt,
laßt euer Licht leuchten
und versteckt es nicht.
Dann werden die Menschen sich freuen
und Gott loben.«

Dreimal wird Wasser aus der Taufkanne in die Taufschale gegossen.

1.
Am Anfang brauste Geisteskraft Gottes
über die Urflut.
Wasser ist Leben,
und das Leben ist ein Kind des Wassers,
der Ozeane und Flüsse,
der Seen und der Bäche,
der Wolken, Quellen und Brunnen.

2.
Das Wasser der Taufe erinnert uns
an den Jordan.
Dort stand Johannes,
die Stimme eines Predigers in der Wüste.
Und die Menschen kamen
zum lebendigen Wasser,
auch Jesus.
Und läßt sich untertauchen:
– dieser Moment in der Tiefe,
wenn der Atem stillsteht
an der Grenze des Todes.

Doch dann herauf, auferstanden
aus der Flut ins Licht,
frei geht der Atem,
und der Himmel öffnet sich:
»Dies ist mein lieber Sohn,
den sollt ihr hören.«
So sind auch wir
durch unsere Taufe
mit ihm gestorben,
mit ihm auferstanden,
herausgezogen aus den Wassern
des Todes und des Lebens.

3.
Wasser, das bedeutet Reinheit,
über alles tägliche Waschen hinaus.
Unsere Herzen, verseucht von Sünde,
gefangen durch soviel Böses
in der Welt und in uns selbst; –
die täglichen kleinen und großen Gemeinheiten,
Gottlosigkeit und Stolz:
all das abgewaschen und fortgeschwemmt.
Das kann nur Gott allein.

Wir aber sind frei
wie die neugeborenen Kinder
und leben.

Bekenntnis
Wir sehen und spüren das Wasser.
Doch Gott bleibt unsichtbar,
- Geheimnis der Welt und des Lebens.
Wir hören Wörter.
Gott aber bleibt unfaßbar
für alles Verstehen und Begreifen.
Wenn aber Gottes Geist uns erfaßt,
wird bloßes Wasser
zum Zeichen des Unsichtbaren,
und wir hören in den Wörtern das Wort,
das den Glauben weckt.
Diesen Glauben wollen wir nun miteinander bekennen:
(Apostolikum oder ein anderes Credo).

Vorschlag zur Predigt

Möglicher Anfang
Manchmal bricht in mir die Sehnsucht nach Gott auf: ganz in seinem Licht stehen, rein und vollkommen; ja, ich wage es zu sagen: heilig zu sein. Oder doch wenigstens einen solchen Glauben zu haben, der wirklich trägt, im Leben und im Sterben, einen Glauben, der stärker ist als alle Zweifel und Fragen. Wie komme ich von mir selbst zu Gott? Oder: Könnte Gott nicht vielleicht zu mir kommen? Aber wie sähe das aus? Eine Antwort ist die Taufe, die uns zu Gotteskindern gemacht hat. Das ist jedenfalls die Behauptung.
Unser Gottesdienst steht heute im Zeichen der Taufe (Tauferinnerung), und ich gehe den ganzen weiten Weg der christlichen Geschichte zurück bis in die Zeit der Apostel, damals, als alles anfing. Da der heutige Predigttext von Sätzen aus dem Römerbrief des Paulus gebildet wird, liegt es nahe, sich zu erinnern, wie es mit ihm und seiner Taufe war. Und was er dazu zu sagen wußte.

Zum weiteren Verlauf
Nun werden die Vorgänge nacherzählt, die zur Taufe des Paulus geführt haben (Apostelgeschichte 9, s. o.) ... Wenn wir diese Geschichte vor Augen haben, verstehen wir besser, was Paulus an die Römer schrieb. Er beschrieb sein eigenes Leben und seinen Glauben.
An dieser Stelle wird der Predigttext gelesen!

Gewichtige, wuchtige Worte ... Daß Paulus so schreiben konnte, können wir nachvollziehen, wenn wir seine Bekehrung vor Augen haben. Getroffen vom Strahl der Ewigkeit, angerührt vom Ruf des Auferstandenen stürzt einer zu Boden und steht als ein anderer wieder auf. Das ist alles andere als eine Alltagserfahrung. Wer könnte von sich so sprechen? Das sind immer nur wenige. Heißt das, daß nur wenige in diesem Sinne Christen sind? Weil doch die meisten von uns ganz anders von sich, von ihrem Leben und Glauben erzählen würden? Die Menschen werden auf unterschiedlichen Wegen durch ihr Leben geführt; nicht jeder muß durch die Wüste nach Damaskus wandern. Viele erfahren ihr Leben eher als Wachstum und Entfaltung. Da gibt es wohl auch Krisen und Umbrüche, aber die Radikalität hält sich doch in Grenzen.

Immerhin kennen wir durchaus die Erfahrung, daß jemand, wie es sprichwörtlich heißt, »vom Saulus zum Paulus geworden« ist. Daß Menschen einschneidende Lebenserfahrungen machen, die ihr Leben, ihre Meinungen und Ansichten, radikal verändern. Und viele von uns tragen tief im Herzen den Wunsch, ein anderer zu sein: nämlich den loszuwerden, den Paulus den »alten Menschen« nennt. Wer ist dieser »alte Mensch«? Das bin ich, wenn ich sehr genau erkannt habe, wozu ich auf der Welt bin und was von mir erwartet wird - es aber trotzdem keineswegs tue: »Wollen habe ich wohl, aber das Gute vollbringen kann ich nicht«, so hat's Paulus gesagt. Oft genug kommt genau das Gegenteil von dem heraus, was ich eigentlich will.

»Eigentlich« - das ist so ein Wort! Die Sehnsucht ein anderer zu sein und doch nicht aus seiner Haut heraus können. Immer wieder wie gelähmt, verstrickt, versklavt durch ein Verhängnis, das viel größer ist als unser Können und Vermögen. »Ich elender Mensch! Wer wird mich erlösen von diesem todverfallenen Leibe?«

Möglicher Schluß

Der Weg ins Leben führt durch den Tod. Abkürzungen sind nicht erlaubt. An ihrem Ende steht immer ein Kreuz. Das bedeutet, der Tod des »alten Menschen« ist schmerzlich; da soll sich niemand etwas vormachen! Wir kleben zäh und wie Verrückte an den Illusionen unserer Seele und an den Phantomen dieser Welt. Wir haben unendlich viel Angst, all das zu verlieren, einschließlich unseres eigenen Lebens, wovon wir doch wissen, daß alles, alles vergänglich ist. Daß wir nichts festhalten können. Und doch klammern wir uns fest. Und wünschen gleichzeitig, endlich diese Schwelle aus Angst und Illusion zu überschreiten und den alten Menschen zu ersäufen. Aber wer ersäuft ihn denn? Das sind nicht wir; das tut Gott!

Martin Luther hat, sprachgewaltig und deutlich, so von der Taufe gesprochen: »So du dich taufen läßt, so gibst du dich unter das gnädige Ersäufen und barmherzige Töten deines lieben Gottes und sprichst: Ersäufe und erwürge mich, lieber Herr; denn ich will nunfort gerne mit deinem Sohn der Sünde gestorben sein.« – Gnädiges Ersäufen, barmherziges Töten: Was für Worte, welche Kühnheit! Gott als den wünschen und akzeptieren, der mich »alten Adam« ersäuft, – bin ich bereit, in einem solchen Drama mitzuspielen? Aber ein Drama ist das Stück meines Lebens so oder so, und wenn der Vorhang gefallen ist, wohin falle ich dann?

Es ist eine Frage des Glaubens. Und dieser Glaube ist so kühn, das Unwahrscheinliche zu wollen: daß Gott wahr ist, jenseits der Illusionen und des Todes. Er ist – unter Furcht und Zittern – so verzweifelt, daß er Gott zuruft: Töte mich, damit ich lebe. Und er ist so erbärmlich arm, daß er keinerlei Beweise in den Händen hat, sondern nur eine Geschichte erzählen kann, die vom Kreuz und Tod des Jesus von Nazareth. Diese Geschichte endet mit der Behauptung, daß ihm, dem Christus, alle Macht gegeben ist, im Himmel und auf Erden. Und damit beginnt ein Liebesverhältnis.

Denn wer Christus nicht nur »Herr« nennt, sondern ihn auch als solchen für sich selbst akzeptiert, tritt in ein immerwährendes Gespräch mit einem Freund ein. Die Verwandlung des Lebens beginnt, sei es, daß die Ketten radikal und in einem Schritt aufgesprengt werden, sei es, daß sie Zug um Zug durchrosten und ein Vertrauen heranwächst, daß der Tod des »alten Menschen« tatsächlich der Weg ins Leben ist: In die Freiheit, die unzerstörbar ist, weil sie jenseits des Todes wohnt.

Kontext

»Du wirst heute zum Christen getauft. Alle die alten großen Worte der christlichen Verkündigung werden über dir ausgesprochen und der Taufbefehl Jesu Christi wird an dir vollzogen, ohne daß Du etwas davon begreifst. Aber auch wir selbst sind wieder ganz auf die Anfänge des Verstehens zurückgeworfen. Was Versöhnung und Erlösung, was Wiedergeburt und Heiliger Geist, was Feindesliebe, Kreuz und Auferstehung, was Leben in Christus und Nachfolge Christi heißt, das alles ist so schwer und so fern, daß wir es kaum mehr wagen, davon zu sprechen. In den überlieferten Worten und Handlungen ahnen wir etwas ganz Neues und Umwälzendes, ohne es noch fassen und aussprechen zu können. Das ist unsere eigene Schuld. Unsere Kirche, die in diesen Jahren nur um ihre Selbsterhaltung gekämpft hat, als wäre sie ein Selbstzweck, ist unfähig, Träger des versöhnenden und erlösenden Wortes für die Menschen und für die Welt zu sein. Darum müssen die früheren Worte kraftlos werden und verstummen, und unser Christsein wird heute nur in zweierlei bestehen: im Beten und im Tun des Gerechten unter den Menschen. Alles Denken, Reden und Organisieren in den Dingen des Christentums muß neugeboren werden aus diesem Beten und diesem Tun. Bis Du groß bist, wird sich die Gestalt der Kirche sehr verändert haben. Die Umschmelzung ist noch nicht zu Ende, und jeder Versuch, ihr vorzeitig zu neuer organisatorischer Machtentfaltung zu verhelfen, wird nur eine Verzögerung ihrer Umkehr und Läuterung sein. Es ist nicht unsere Sache, den Tag vorauszusagen – aber der Tag wird kommen, – an dem wieder Menschen

berufen werden, das Wort Gottes so auszusprechen, daß sich die Welt darunter verändert und erneuert. Es wird eine neue Sprache sein, vielleicht ganz unreligiös, aber befreiend und erlösend, wie die Sprache Jesu, daß sich die Menschen über sie entsetzen und doch von ihrer Gewalt überwunden werden, die Sprache einer neuen Gerechtigkeit und Wahrheit, die Sprache, die den Frieden Gottes mit den Menschen und das Nahen seines Reiches verkündigt.«
(Dietrich Bonhoeffer im Mai 1944 aus dem Gefängnis in Tegel zur Taufe seines Patenkindes, Widerstand und Ergebung, (KT 100), Chr. Kaiser/Gütersloher Verlagshaus, Gütersloh 16. Aufl. 1997, Seite 156 f.)

7. Sonntag nach Trinitatis

Annäherungen an den Predigttext Apostelinnen- und Apostelgeschichte 2,41 a.42–47

Helmut Zeilinger

Äußerungen im Bibelgesprächskreis der Auferstehungsgemeinde Freiburg.

- Ich wüßte gerne mehr über die Situation: wie's dazu kam; was das für Menschen waren; und was für eine Zeit.
- Und wer hat das berichtet? Und wann?
- Das ist doch ein Zeugnis über ein tiefgreifendes Erleben der Frühzeit. Hat das was mit der jesuanischen Bewegung zu tun? Und gibts noch andere Darstellungen über die frühen Lebensformen? Oder ist in solchen Berichten auch was abgebaut, also retouchiert worden, weil's so radikal ist und später vielleicht nicht mehr gern gehört wurde?
- Wie lange hielt sich wohl so eine Gemeinschaft? Oder waren das Spontanreaktionen – evangelisationsmäßig à la Billy Graham? Wie ging's denen einige Jahre später?
- Wenn da steht: »Sie verkauften alles«, dann war doch irgendwann kein Nachschub mehr da. Wird hier also nur die Initialzündung berichtet?
- Da geben doch die Paulusbriefe Aufschluß, in denen er zur Kollekte, also zur Unterstützung der christlichen Gemeinde in Jerusalem aufrief.
- Es fing (nach V. 38) mit »Buße tun« an. Das hab' ich ja nicht so gern! Aber es wurde den Leuten sicher noch mehr als das gesagt, z. B. in V. 40: »Laßt euch erretten aus der verdorbenen Generation«.
- Der Bericht ist sicher erst ein bis zwei Generationen später verfaßt worden. Was wußte man da noch Genaues aus der Anfangszeit?
- Aber auffällig war damals und ist es bis heute: dieses »einmütig im Tempel und einmütig in den Häusern«; das heißt, die waren ja immer zusammen! Das kann man sich gar nicht vorstellen. Das ist, als würde der Alltag ausgeblendet oder wegfallen. Denn da scheint gar kein Platz mehr für zwischenmenschliche Konflikte gewesen zu sein. Das klingt wie nach einer Sekte.
- Mir fällt was anderes auf: der Gegensatz von »Furcht« (V. 43) und »Freude« (V. 46). Was ist das für eine Art von »Furcht«?
- Wie ich auf diesen Text reagiere? Ich bin skeptisch solcher Euphorie gegenüber. Das hört sich wie ein reiner Wunschtraum an. Da kommt

doch irgendwann mal eine Ernüchterung. Wie paßt solche Euphorie mit dem Alltag zusammen?
- Wo erlebt man sonst so was? Wenn man vom Kirchentag kommt und solche Stimmung von dort in den normalen Gemeindealltag hinüberretten will!
- Das ist das Problem mit dem Erleben von Höhepunkten! Solche Stimmungen halten sich nicht im »beständigem Zusammensein« durch; sie sind nur kurzlebig möglich.
- Vielleicht war's damals aber wirklich so. Sie waren doch alle beflügelt von der Naherwartung. Da gab's nicht so einen Alltagstrott wie bei uns.
- Aber die hatten doch auch Kinder und müßten sich Gedanken gemacht haben über die Zukunft.
- Trotz aller Skepsis sehe ich in diesem Text eine große Ermutigung. Später kam die Kirchengeschichte »dazwischen«, die eine Katastrophe ist. Aber das hier geschah ja vor der konstantinischen Wende. Da ist der Aufbruch in Jesu Geist zu spüren. Die Konfrontation mit dem Alltag gibt da gerade nicht den Ausschlag. Der Alltag ist nicht extra im Blick. Das Entscheidende sind der Geist und »das Ganze«. Diese wenigen Verse sind - genauso wie die Bergpredigt - eine der Kostbarkeiten der Anfangszeit. Andere sind vielleicht verloren gegangen. Die großartige Vision vom Anfang wird beschrieben. Und es wird noch nicht mal gesagt: Das ist dann gescheitert!
- Wir können ja dagegenstellen, wie Paulus in seinen Briefen immer wieder ermahnte. Da taucht dann die reale Situation auf, während es hier um eine ideale Gestalt geht.
- Wir sollten Abstand nehmen vom Reden über die ideale Gestalt und lieber Nähe gewinnen zu dem, was da aufleuchtet. Was gibt's denn für Punkte, die von Jesus her doch Merkmale sind für eine christliche Gemeinschaft?
- Dazu gehört das »Teilen«. Die hatten offenbar kein Problem damit. Sie haben ja auch noch ihre Privatsphäre behalten und im Eigenen gewohnt (V. 46). Schlimm dagegen ist, was später z. B. in Klöstern geschah mit dem Druck zur Aufgabe von allem!
- Die haben Jesus wörtlich genommen. Der hatte doch immer wieder gesagt: Laß dies und das liegen und komm und folge mir ... Da ist in der Anfangszeit ein Sinn dahinter. Anders ist das Verhalten derer, die bei der Jahrtausendwende in der Erwartung des Weltendes lebten, alles aufgaben und dann auf Kosten der andern in den Tag hineinlebten. So was war ein »carpe diem« ohne Zukunft!
- Ja, wie immer: Die Frauen blieben bei all dem daheim und hatten zu kochen!
- Bei allem, was einleuchtet, habe ich doch Berührungsängste. War das wirklich ein Zustand, wie Jesus ihn wollte? Er war doch ein praktischer Mensch!

- Na ja, so praktisch war Jesus auch wieder nicht. Er wußte ja oft auch nicht weiter und »wo er sein Haupt hinlegen könnte«.
- Das erinnert an die Geschichte von der Maus »Frederik«, der Sonnenstrahlen sammelte, während die andern sich um die Nahrungsvorsorge mühten.
- Auffällig ist, daß hier Christen und Juden noch zusammenlebten wie in ungebrochener Einheit. Da gab's wohl keine Differenz?
- Ja, mit dem »verkehrten Geschlecht« (V. 40), das sich von Gott abgewandt hat, ist sicher nicht die jüdische Gemeinschaft gemeint.
- Wahrscheinlich geht's nicht um eine Differenz zwischen Juden und Christen, sondern um die zwischen bisherigem und künftigem Leben. Zudem wird ja das »Wohlgefallen beim ganzen Volk« betont (V. 47).
- Das war wohl nur vorläufig so; denn später ist ja wohl die ganze Jerusalemer Christengemeinde zusammengebrochen durch die Römer.
- Zuvor gab's aber sicher einen Konflikt mit den Juden. Soweit ich weiß, hatten sich die Christen im Jahre 70/71 nicht auf ihre Seite geschlagen. Und das haben die Juden dann übelgenommen.
- Immer wieder ist ja eine glimpfliche Behandlung der Römer in den Evangelien zu erkennen. Und auch hier gibt's eher den anderen Hinweis, daß die *Juden* Jesus gekreuzigt hätten (V. 36).
- A propos Judentum: Ist in der »Lehre der Apostel« eigentlich die Tora mitgemeint?
- Das ist anzunehmen. Denn handelt sich's hier nicht um eine jüdisch-christliche Gemeinde? Die Christen waren doch eine jüdische Strömung.
- Was machen nun *wir* mit diesem Text?
- Er hat mir immer schon so gut gefallen. Bei aller Skepsis möchte ich mich weiterhin dran begeistern: »Sie blieben beieinander und teilten alles und brachen das Brot ...«
- Wie könnte so eine Gemeinschaft aussehen in unsrer derart anders geprägten Zeit? Es gibt ja Gemeinschaften und Kommuniäten, die das auch heute versuchen. Aber die sind meist weit weg. Andererseits gibt's Leute wie z. B. Willi Haller mit seinem »Lebenshaus« und der Nudelfabrik in Trossingen. Der redet nicht nur von der »heilsamen Alternative«, – so heißt eines seiner Bücher, – sondern versucht die »jesuanische Ethik in Wirtschaft und Politik« auch zu leben. In seinem »Lebenshaus« oder in ähnlichen anderen Experimenten leben auch mehrere Familien und einzelne in einer großen Gemeinschaft zusammen. Aber auch da braucht jedes eine Wohneinheit. Es ist also wichtig, daß jedes seine Privatsphäre haben darf.
- Ich könnte mir vorstellen, daß der »Heiligabend« ganz in der Gemeinschaft der Gemeinde erlebt würde, damit die Alleinstehenden nicht vorher und nachher allein wären. Die individuell-familiäre Prägung von Weihnachten gibt's ja erst seit kurzer Zeit!

- Es müßte ja nicht sein, daß *alle* zusammenbleiben und dazu Druck ausgeübt wird, sondern daß eine Gemeinde so eine Möglichkeit anbietet. Das könnte doch ein Ausgangspunkt sein.
- Ein Teilnehmer erzählt von dem, was er über das nahe Leben, Wohnen und Arbeiten der »integrierten Gemeinde« in München gehört hat. Diese hat auch eine *überschaubare* Größe. Die Leute treffen sich immer freitags und erleben dabei alles, was zu einer Gemeinde gehört: gottesdienstliches Feiern, Unterricht, Erörterung von Lebenshaltung und Lebensfragen …
- Als wir neu waren in Freiburg, da war diese Gemeinde für uns auch so ein wichtiger Ort. Freunde fragten uns damals: Ihr zieht in eine fremde Stadt?! Und wir konnten entgegnen: Ja, wir haben da aber die *Gemeinde!* Und wann immer wir da dann zur Gemeinde kamen, fühlten wir uns nie allein.
- Ich habe das auch sehr erlebt nach vielen Krankheitswochen: wie glücklich ich da war, daß es diese Gemeinde gibt.
- Es gibt da ja auch die verschiedenen Freundeskreise, die sich treffen, wenn Entscheidungen anstehen, bzw. die einfach da sind, wenn die einzelnen sich brauchen.
- Wenn ich von »Wundern« und »Zeichen« lese (V. 43), denke ich an das, was von den Erfahrungen der Menschen in der Elisabethen-Kirche in Basel berichtet wird und zu lesen ist. Es ist zwar keine normale Stadtgemeinde. Es treffen sich von überallher die Armen, die Ausgegrenzten und Gruppen, die sonst im Abseits stehen.
- Und ich denke an ein Beispiel in Hamburg. Da wurde kürzlich ein zweiter hauptamtlicher »Aids-Pfarrer« eingeführt. Da gibt's eine feste Gemeinde, die Gottesdienste veranstaltet. Und diese Gemeinde *wächst!*
- Ähnliches hört man von der kirchlichen Obdachlosen-Arbeit in Zürich.
- Daß immer neue Leute damals dazukamen (V. 47), ist faszinierend. Da gab's also nicht nur ein Binnenklima.
- In Genf – so haben wir's kennengelernt – gibt's seit Jahren die Bewegung der »Offenen Kirche«. Die Ortsgemeinden haben sich zusammengetan und sorgen dafür, daß immer eine Kirche geöffnet ist – auch nachts. Und das auch, aber nicht nur für die, die ein Dach über'm Kopf suchen.
- Was müßten wir tun, damit Neue hinzufinden? Die Wahlbeteiligung bei der Kirchenwahl macht da ja nicht gerade Mut!
- Da ist's ja wichtig, daß nicht nur vom »Tempel« geredet wird, sondern auch von den »Häusern«. In Hauskreisen wächst ja manches, was noch nicht in die kirchliche Statistik Eingang gefunden hat.
- Jedenfalls: Dieser Text bringt zum Reden und regt an zum Träumen und zum Entwerfen.
- Was müßte passieren, daß es wieder zu einem »Wohlwollen beim ganzen Volk« (V. 47) käme, wo doch heute fast niemand mehr »wohlwollend« über »Kirche« spricht?

- Ich jedenfalls nehme den Gedanken der »Freitagskirche« (der »integrierten Kirche«) zum weiteren Nachdenken mit.

Zum Gottesdienst

Stefan Claaß

Exegetisch-homiletische Skizze

Die Apostelgeschichte erzählt so anschaulich und aufregend, daß es schwerfällt, sich aus dem Bann des Bühnendramas zu lösen und den Autor Lukas in seiner Loge aufzusuchen. Für welches Publikum schreibt er? Warum läßt er wen wann auftreten? Und auf unseren Abschnitt deutend: Welche Absicht verbindet Lukas mit den Summarien zwischen den Aufzügen?

Wir haben es hier »mit dem ersten von drei Summarien (2,42–47; 4,32–35; 5,11–16) zu tun, die gleichsam das Rückgrat der Darstellung der Jerusalemer Anfangszeit der Kirche in 2,1–5,42 bilden. Lukas will zeigen, daß sich wichtige Einzelzüge aus den verschiedenen erzählten Begebenheiten zwanglos zu einem übergreifenden Wesensbild der Jerusalemer Kirche zusammenfügen ...« (J. Roloff, Die Apostelgeschichte, NTD 5, Göttingen 1981, Seite 65).

Dabei verfolgt er einen außer- und einen innerkirchlichen Zweck, deutlich erkennbar am Aufbau der Perikope. Gilt in VV. 37–41 den Hinzukommenden das Augenmerk, so in VV. 42–47 der ganzen Gemeinde. Nach außen will Lukas für die Sache des Christenstums werben, er wendet sich »an Außenstehende, aber nicht völlig Kenntnislose, sondern an Sympathisanten und interessierte Nichtchristen« (Ph. Vielhauer, Geschichte der urchristlichen Literatur, Berlin/New York 1975, Seite 405). »Der kirchliche Zweck besteht darin, der Kirche seiner Zeit ein klares und stabiles Verhältnis ihrer selbst zu verleihen.« (Ebd. Seite 405)

»Lukas möchte zweifellos das Bild der »ecclesia primitiva«, das er übermittelt, als verpflichtend-stimulierend verstanden wissen: »Man geht kaum fehl in der Annahme, das Lukas *seiner* Zeit den Spiegel vorhalten möchte.« (R. Pesch, Die Apostelgeschichte, EKK V.1, Zürich/Neukirchen 1986, Seite 132). Kennzeichnend für die Zielrichtung des Summariums dürfte das zweifache »prostithemi« (hinzufügen) zu Beginn und am Ende sein (V. 41.47). Wenn Lukas Bezug nimmt auf antike Staats- und Sozialutopien (s. Pesch Seite 184–188), so macht er einerseits die Unterschiede deutlich (gemeinsamer Auferstehungsglaube statt des Freundschaftsgedankens), andererseits soll deutlich werden, daß die ecclesia in ihrer idealen Gestalt die Erwartungen der *ganzen* Menschheit erfüllt. Das schließt für Lukas Israel mit ein, die Gemeinde vernachlässigte keinesfalls den Tempelgottesdienst des jüdischen Volkes. »Es ist für Lukas sehr wichtig, daß der Tempel als Mittelpunkt Israels von der Gemeinde ... in Besitz genommen wurde« (Roloff, Seite 67). Zu dem lukanischen Idealbild gehört dazu, »daß es geradezu den Anschein haben muß, als würde bald ganz Israel zur Heilsgemeinde stoßen.« (Roloff, Seite 68).

Dem entspricht die Bedeutung des alttestamentlichen Schriftbeweises zur Auslegung tradierter und gedeuteter Jesusüberlieferung. Dies bildet gemeinsam die »Lehre der Apostel« (nicht nur die Tora, wie in den Annäherungen vermutet).

Die zentrale Aufgabe für Predigende besteht nun darin, die Hörenden aus der Neugier des historischen Nachfragens (s. Annäherungen) in das Üben originalen Gemeindelebens zu begleiten. Der Unterschied zwischen historischer Realität und lukanischer Idealisierung sollte nicht zum Beruhigen, sondern zum Ansporn dienen. Dabei dürfen wir in aller Ehrlichkeit und Offenheit fragen, wie weit wir in volkskirchlicher Situation uns auf Lukas berufen dürfen. Beruhen unsere Gemeinschaften wirklich auf geteiltem Auferstehungsglauben oder nicht doch mehr auf antikem Freundschaftsdenken? Ist die Idealgestalt von Gemeinde, die Lukas beschreibt, nur in freiwilligen kommunitären Zellen zu gewinnen? Was würde Lukas dazu sagen, wenn wir seine Wesenskennzeichen der Gemeinde abspecken zu einem Modell von »ecclesia light«? Ab dem 3. Jahrhundert finden sich Klagen bei den theologischen Schriftstellern über den Verfall des Urbilds. Salvian von Marseille etwa schreibt im 5. Jahrhundert: »Verschwunden und längst vorüber ist jene herrliche, alles überragende, beseligende Kraft der Frühzeit deines Volkes ... Denn als sich die Masse der Gläubigen vervielfachte, ward der Glaube selbst verringert, und mit dem Wachstum ihrer Kinder wird die Mutter krank« (bei Pesch, Seite 191).

Es wäre offensichtlich nicht im Sinne des Lukas, wenn die Predigt bei der Wahrnehmung des Verfalls stehenbliebe oder die Erkennungszeichen der Kirche in V. 42 verwässerte. Heute besteht Herausforderung und Gelegenheit, Zukunftsbilder von Gemeinde zu entwerfen.

Zwei Wege für Predigende sehe ich vor mir:

1. Bei der eigenen Gemeindeerfahrung anfangen. Was bringt uns zusammen? Was hält uns zusammen? Gibt es in der Gemeinde eine offensichtlich gemeinsame Basis (bitte nicht den Gottesdienst als zentral benennen, wenn jede/r sehen kann, daß es sich um eine bloße Behauptung handelt!)? Gibt es in der Gemeinde explizit formulierte Ziele gemeinsamen Lebens? Schwerpunkte (müssen nicht den Hobbies der Pfarrleute entsprechen)? Hat es in letzter Zeit ernste Konflikte gegeben – und läßt sich ersehen, was uns durch die Konflikte hindurch zusammengehalten hat? (Vgl. Annäherungen zu Alltag und Konflikten). Die These, um die sich solcher

Predigtansatz ranken könnte, lautet nach Lukas: Wir sind hier nicht zusammen, weil wir uns sympathisch sind!
Im Fortschreiten könnte Lukas als Zeuge aufgerufen und befragt werden, warum er seiner Gemeinde am Ausgang des ersten Jahrhunderts so von Jerusalem erzählt, wie er es tut. Dann müßte das Summarium aufgelöst und im Einzelnen betrachtet werden.
2. Ein anderer Predigtweg sucht Lukas in seiner Theaterloge auf, während sein Apostelstück auf der Bühne inszeniert wird. Was versteht Lukas unter dichterischer Freiheit? Wie sollen die Menschen nach der Vorstellung (d. h. nach Hören oder Lesen der Apostelgeschichte) das Theater verlassen und weiterleben? Wo sind die Brücken, die das Ideal in die eigene Wirklichkeit hineinreichen lassen. Von hier aus könnten eigene Erfahrungen ins Spiel kommen. Wie beten wir in der Gemeinde? Warum beten wir (nicht) vor und nach den Sitzungen des Finanzausschusses? Ist die Andacht vor dem Gemeindefest eine traditionelle Pflichtübung? Wer ist außer den Pfarrleuten beteiligt? Oder feiern wir beim Grillen so wie beim Abendmahl: keiner nimmt sich selbst und jede/r gibt dem andern?
Als Maxime hinter beiden Predigtwegen leuchtet uns die Mahnung des Lukas: Bitte spiritualisiert den Glauben nicht und moralisiert ihn nicht. Bitte predigt nicht über diesen Text, ohne nachher das Brot zu brechen. Betet über der Kollekte und gebt reichlich - und wenn ihr nur zwei Mark übrig habt, gebt lieber gar nichts.
Auf beiden Wegen bietet sich auch an, die anregenden Beispiele aus den Annäherungen aufzugreifen: nicht befangen in Werbeaktionismus, sondern gelassen im Vertrauen, daß Gott »rettet und hinzufügt«.

Vorschläge zur Liturgie

Introitus
Psalm 107,1-9

Lieder
EG 245: »Preis, Lob und Dank«; EG 253: »Ich glaube, daß die Heiligen«; EG 268: »Strahlen brechen viele«; EG 630 (Ausgabe für Hessen-Nassau): »Wo ein Mensch Vertrauen gibt«; »Es ist niemand zu groß«, T&M Manfred Siebald aus: Songs junger Christen, Bd. 2; »Als Volk der Verheißung unterwegs«, T&M Wolfgang Vorländer, Rechte beim Autor; »Wir wollen aufstehn«, T&M Clemens Bittlinger, Kirchentagsliederheft Leipig 1997, Nr. 57; Zum Abendmahl: EG 632 (Hessen-Nassau) »Wenn das Brot, das wir teilen«.

Lesungen
2. Mose 16,2-3.11-18; Mt 7,24-29; Lk 9,10-17

Eingangsgebet
Das Leben versteht sich nicht von selbst.
Darum holst du uns zusammen als deine Gemeinde, Gott.
Durch dein Wort wissen wir,
woher wir kommen und wohin wir gehen.
Laß es geschehen, Gott, jetzt und hier:
in den Worten: Dein Wort,
in der Musik: Dein Originalton,
in unseren Gesten: Deine Zuwendung,
in Essen und Trinken: Du in unserer Mitte.

Sündenbekenntnis
Unser Leben, Gott, droht in Einzelteile zu zerfallen. Manchmal sehen wir es vor uns wie viele vereinzelte Inseln: Schule, Familie, Freundschaft, Arbeit, Gemeinde ...
Viele Inseln – und wir können nicht über das Wasser gehen. Wem ist mit diesem Leben gedient, Gott?
Verbinde unser Leben,
verbinde uns miteinander als Gemeinde
zu einem Ganzen, das dir dient.

Gnadenzuspruch
So sagt Gott: »Ihr habt es mir schwer gemacht mit euren Sünden. Mit eurer Schuld habt ihr mir zu schaffen gemacht. Und trotzdem: Ich werde euch alles vergeben – aus freien Stücken. Ich werde alles Böse für immer vergessen.« (Jesaja, 43,24 f).

Fürbitten
Jesus Christus, Bruder und Meister
Erfüll die Kirche mit deiner Gegenwart
Alle: Präg ihr deine Gesichtszüge ein
Wir suchen Brüder, nicht Herren,
Schwestern, nicht Primadonnen
Alle: Gib uns Brüder und Schwestern
Wir suchen Brot, nicht Steine,
Wein, nicht Essig
Alle: Gib uns Brot und Wein
Wir suchen ein Wort, nicht Wörter,
Taten, nicht Theorien
Alle: Gib uns Worte und Taten
Wir suchen Hände, nicht Fäuste,
ein Herz, nicht Härte
Alle: Gib uns Hände und Herz

Wir suchen Salbe für die Wunden, nicht bohrende Pfeile,
Einfühlung, nicht Hiebe
Alle: Gib uns Salbe und Einfühlung.

(aus: Anton Rotzetter, Gott, der mich atmen läßt, Herderbücherei Bd. 8832, Verlag Herder, Freiburg 13. der Gesamtauflage 1997)

Vorschlag zur Predigt

Möglicher Anfang
Der Vorhang schließt sich. Die Lampen hellen den Zuschauerraum zögernd in ein gedämpftes Licht. Kurze Pause. Hinter dem Vorhang auf der Bühne wird die Tempelkulisse für den nächsten Akt aufgebaut. Einige husten, andere setzen sich zurecht, andere blättern noch einmal im Programm. Auf dem Titelblatt der Name des Stücks in schwungvollem Schriftzug: »Die Geschichte der Apostel« von einem gewissen Lukas.

Zum weiteren Verlauf
Neben mir in der Loge sitzt der Autor. Wir kommen ins Gespräch. Meine Anfrage: Hat Lukas nicht »die gute alte Zeit« etwas zu stark idealisiert? Gerade die letzten Bemerkungen des Sprechers sind mir noch im Ohr: Zitat V. 42.45.46.
Lukas wehrt ab und verweist auf weniger positive Passagen in anderen Kapiteln (Kap 5;15). Seine Überzeugung lautet: Die Menschen *in* der Kirche brauchen Ermutigung, die Fernstehenden draußen bedürfen der Verlockung. Er skizziert in vier Thesen die Grundlagen von Gemeinde: Lehre der Apostel - Gemeinschaft - Brotbrechen - Gebet.
Ich frage nach, was er mit Ermutigung und Verlockung meint. Und Lukas erzählt Beispiele - der/die Predigende möge aus der eigenen Umgebung berichten oder die Passagen aus den »Annäherungen« aufgreifen. Ich werde an dieser Stelle einige Grundregeln unserer Gemeinde in Erinnerung rufen, an denen wir die Arbeit messen. Eine heißt zum Beispiel »Sog statt Druck«: Sie besagt, daß bei allen Einladungen, bei Teamarbeit und Planungen Menschen gewonnen und nicht genötigt werden sollen - das gilt besonders für langjährige Mitarbeitende. Eine andere Regel lautet »der Alltag ist der Ernstfall in der Gemeinde«: Das heißt, daß wir uns dafür entschieden haben, keine Energie in kurzfristige spektakuläre Aktionen zu investieren. Darauf bezieht sich auch Regel Nr. 3: »Es geht weiter« - jedes Projekt muß sich nach seinem Ertrag befragen lassen; wer einen Anfang vorschlägt, muß auch Ideen zur Fortsetzung mitbringen. Wir haben diese Grundregeln immer wieder als gute Hilfe und Korrektur erlebt, sie haben zu Verläßlichkeit, Gemeinschaft und Gemeindeaufbau beigetragen. Das Verständnis für die Gemeindekennzeichen des Lukas ist auch wesentlich

dadurch gewachsen, daß wir sonntäglich das Abendmahl miteinander feiern und wochentags um 12 Uhr ein Mittagsgebet halten.

Möglicher Schluß

Als wir nach dem letzten Vorhang das Theater verlassen, gehen wir noch ein Stück miteinander. »Glauben Sie eigentlich«, so frage ich ihn, »glauben Sie eigentlich, verehrter Lukas, daß die Leute wirklich etwas von Ihrem Stück haben? Daß sie anders aus dem Theater kommen, als sie hineingegangen sind?«

»Ach, wissen Sie«, sagt er, »das Stück läuft ja schon sehr lange auf vielen Bühnen der Welt. Es ist umgeschrieben, verändert, kritisiert und gelobt worden. Die größte Freude macht mir, daß es in einer Paperback-Ausgabe für Laiendarsteller auf dem Markt ist. Es gibt eine Unmenge von kleinen Gemeinden, die daran proben. Das wäre das, was ich mir von den Zuschauerinnen und Zuschauern heute wünsche: daß sie zu Darstellerinnen und Darstellern werden ...

Kontext

»Guten Tag«, sagt der Maikäfer zum Engerling und stolpert über eine Wurzel, »ich bin dein Bruder.« Der Engerling betastete vorsichtig den Maikäfer und erwiderte: »Das kann nicht stimmen. Du bist ja ganz hart und steif!«

»Warte nur, nächstes Jahr wirst du dich genauso anfühlen, und dann kommst endlich aus dieser Finsternis ans Tageslicht.«

»Was ist das, bitte, Tageslicht?«

»Alles ist ganz hell und angenehm warm, und man findet viele saftige Blätter zum Fressen.«

»Fressen verstehe ich, aber was ist ›hell‹ und ›Blätter‹?«

»Die Blätter wachsen an den Bäumen. Du fliegst von einem zum anderen und suchst die zartesten aus.«

»Was ist fliegen?«

»Du klappst deine Flügel auf und schwirrst durch die Luft.«

»Jetzt verstehe ich gar nichts mehr«, entgegnete der Engerling, »ich glaube, dein Tageslicht hat dir den Verstand ausgetrocknet.« Er drehte sich um und nagte an einer Wurzel.

(Roman Mensing, Fabel vom Maikäfer und Engerling. In: Fundgrube 1987[3], Patmos Verlag Düsseldorf, S. 141)

»Wir, die wir an Herz und Seele eins sind, haben keine Bedenken, einander an unserem Vermögen teilhaben zu lassen. Alles ist bei uns allen gemeinsam – außer den Frauen.«

(Tertullian, Apol 39,10–11)

8. Sonntag nach Trinitatis

Annäherungen an den Predigttext
Brief an die Gemeinde in Ephesus 5,8b–14

Hermann Otto Geißler

Gesprächsteilnehmerinnen und Gesprächsteilnehmer: J., Fotolaborantin, Hausfrau; D., Journalist; K., Verlagsleiter; W., Abiturient; Protokoll: Pfarrer Hermann Otto Geißler.

D.: Das ist ein Bekehrungstext, mit dem ich mir schwer tue. Vorher war Finsternis, jetzt ist es hell, d.h.: Man sieht jetzt, was man vorher nicht sah. Vielleicht kann das bedeuten, daß Christen eine größere Bandbreite sehen können, anstatt immer nur in eine Richtung zu gehen.

W.: Man muß wohl doch Vers 3 heranziehen. Da wird gesagt, um was es geht bei der Finsternis (Unzucht, Unreinheit, Habsucht). Das soll man nicht im Dunkeln lassen, sondern ans Licht bringen.

D.: Das erinnert mich daran, daß das Licht auch etwas Unangenehmes sein kann. Ich habe in meiner neuen Wohnung noch keine Rolläden. Das helle Licht morgens stört mich. Wenig Licht ist doch gemütlich.

K.: Richtig. Heute wissen wir, daß das Licht auch Ursache sein kann für Krankheiten. Früher schützte man sich vor dem Licht: enge Straßen, kleine Fenster.

J.: Gewiß ist es nicht angenehm, wenn alles zutage kommt.

K.: Müssen wir nicht erst fragen, was denn überhaupt mit Licht gemeint ist?

W.: Hier heißt es: Wer ans Licht kommt, wird selbst Licht. Ich denke, Licht ist Mittel zur Erkenntnis.

J.: Meint Licht nicht den Heiligen Geist? Nicht jeder kann erkennen; das Erkennen ist auch eine Gabe von Gott.

W.: M.E. soll das schlicht heißen: Fragt, prüft, macht euch Gedanken, hinterfragt, deckt auf, beteiligt euch nicht am Falschen!

J.: Ich meine, hier geht es um eine bewußte Entscheidung, die jeder fällen muß.

D.: Vielleicht! Aber dann ist das hier nur was für Glühbirnen-Christen; die kriegen Oberwasser. Ich habe keine Bekehrung vorzuweisen. Ich setze mich auseinander mit der christlichen Botschaft und auch mit den Problemen unserer Zeit und will mich nicht ein- für allemal so festlegen.

J.: Was heißt hier Oberwasser? Paulus redet doch nicht von Gefühlen. Christen sind demütig und nicht besserwisserisch. Oder sie sollen wenigstens so sein.
K.: Mir scheint, hier ist etwas vergessen. Wenn da im Vers 9 von der Frucht des Lichts gesprochen wird und nur Güte, Gerechtigkeit und Wahrheit genannt sind, fehlt doch das andere, was auch zum Leben gehört: die Schwierigkeiten und die Enttäuschungen. Jesus hat ja keineswegs nur Güte und Gerechtigkeit ausgestrahlt, sondern auch allerhand hinnehmen müssen. Das Gute gelingt oft nicht so, wie man es will. Das fehlt hier.
J.: Da braucht man auch Geduld und Ausdauer. Das ist jedenfalls ein Wachstumsprozeß, der dauert. Es kommt darauf an, wie ich anderen Menschen begegne, welche Signale sie von mir erhalten: Verständnis, Akzeptiertsein oder eben anderes.
D.: Das gilt aber doch nur für den engen, persönlichen Kreis. Bei anderen Dingen können wir gar nichts ändern. Im 3. Reich wußten manche wohl, daß es falsch lief, aber sie hatten nicht die Kraft, etwas zu ändern.
W.: Trotzdem ist wichtig, daß man diesen Maßstab hat: Was dem Herrn gefällt. Das ist doch der Anstoß zum kritischen Hinterfragen.
K.: Da mache ich 3 Fragezeichen. Was Gott gefällt, das ist ja gerade nicht hinterfragbar.
D.: Aber wir leben doch nicht in einer Gesetzesreligion. (Es folgt eine Debatte um die Geltung der Bibel und besonders der Paulusbriefe für heute.)
W.: Hier wird klar aufgeteilt zwischen Licht=Gutes und Finsternis=Böses. Ich meine, man muß zwischen beiden Polen seinen Weg suchen.
D.: Das stimmt jedenfalls zu unserer Situation in der Kirche. Da wird ja zur Zeit sehr heftig über den richtigen Weg diskutiert.
W.: Mir kommt es aber so vor, als sei das alles bloß Podiumsdiskussion, die vom Podium nicht herunterkommt. (Das Gespräch diskutiert dann Wert und Unwert synodaler Debatten und Erklärungen.)
K.: Ich hänge noch immer an der Aufforderung: »Lebt als Kinder des Lichts.« Das schaffen wir nicht, immer im Licht zu leben.
D.: Das ist genauso wie mit der Forderung, Jesus nachzufolgen. Ich verstehe Jesus als Herausforderung für mich, aber nicht in dem Sinn, eine Gleichförmigkeit anzustreben. Das will ich nicht.
W.: Ich frage mich: Kann ich mich motivieren, so zu leben, wenn ich es sowieso nicht schaffe? Ich sehe da eher den Gegensatz im Sich-treibenlassen. Viele lassen sich ja heute treiben.
K.: Das hat ja Gründe: die totale soziale Absicherung und so.
D.: Aber auch Reiche lassen sich treiben. Heute verlieren alle Vereinigungen, die irgendwie mit Engagement zu tun haben, Mitglieder: Gewerkschaften, Parteien, Kirchen u. a.
K.: Vielleicht kann man darauf den Ruf beziehen: Wach auf ...!
J.: Ja, sich treiben lassen, das heißt tot sein.

K.: Ich sehe einen Unterschied zwischen »Wach auf, der du schläfst« und »steh auf von den Toten«.
D.: Das ist richtig. Aufwachen ist alltäglich, der Tod ist endgültig.
K.: Aber kann das die Leute in der Finsternis meinen? Die sind doch gar nicht tot.
D.: Auferstehen vom Tod heißt: richtig leben, Spaß am Leben haben, engagiert leben.
J.: Gewiß, wir sollen ja nicht traurig leben; wir genießen auch den Wein, sollen aber nicht unmäßig saufen, wie Paulus sagt.
D.: Na ja, manchmal darf es doch auch ein bißchen unmäßig sein.
K.: Aha, jetzt wird der Luther rausgeholt! Sind da nicht zwei Gruppen gemeint, die eine schlafend, die andere tot? Die zweite Gruppe sind vielleicht die, die noch gar nicht mit der christlichen Botschaft in Berührung gekommen sind.
D.: Jedenfalls ist das doch ein Wunder, wenn jemand vom Tod zum Leben kommt. Dahinter steht immer die Lebensgeschichte des Paulus, der das ja erlebt hat.
W.: Ob Paulus aber seine Forderungen wohl selbst eingehalten hat? Man soll ihn ja doch nicht gleich in die Nähe Jesu rücken. Hat Paulus denn das Dunkle aufgedeckt?
J.: Ich denke schon, um deutlich zu machen, daß sich die Christen am Bösen nicht beteiligen sollen. Deshalb muß das Falsche jedenfalls in der Gemeinde aufgedeckt werden.
D.: Ich sehe das anders. Was das von Paulus Geschriebene für uns bedeuten kann, ist: Wir sollen im Markt der Lebens- und Glaubensorientierung prüfen, welches der richtige Weg ist.

Zum Gottesdienst

Klaus Johanning

Theologisch-homiletische Skizze

» ›Kinder des Lichts‹, ›Werke der Finsternis‹ – kann man das heute unbefangen lesen, sich gar zu eigen machen? Es klingt doch eher nach Sektensprache: Die Erleuchteten und die Nichterleuchteten, die ›drinnen‹ und die ›draußen‹.« (Wilfried Barner, in: Textspuren, Band 2, Stuttgart 1991, Seite 156).
Manche Gruppierungen, denen Kirche nicht »eindeutig« genug oder zu »lau« ist, werden ihre helle Freude haben an der deutlichen Sprache und der klaren Scheidung zwischen Licht und Finsternis. Wer dagegen im

Leben nicht von vornherein kräftige Kontraste zwischen Gut und Böse sieht, wie das vor allem in Diskussionen um schwierige ethische Fragen häufig der Fall ist (aber nicht nur dort), wird fragen, ob solche »eindeutigen« Grenzziehungen wirklich möglich sind.
Nur ein schmaler Grat trennt die in den »Annäherungen« genannten »Glühbirnen-Christen« von den »Kindern des Lichts« aus dem Predigttext. Ein schmaler Grat, der letztlich auch darüber entscheidet, ob eine Predigt über Epheser 5,8 b–14 Evangelium verkündigt oder Moral. Man kann diesen Text wie einen grellen Scheinwerfer benutzen, um sich selbst oder andere ins rechte Licht zu rücken (oder in die Dunkelheit zu stoßen), man kann ihn aber auch als ein Angebot verstehen, Güte, Gerechtigkeit und Wahrheit im eigenen Leben »aufleuchten« zu lassen.
Die Bibel spricht gern und viel vom Licht. Sie erzählt, wie Gott es am Anfang von der Finsternis scheidet, sie verspricht es dem Volk, das im Dunkeln wandelt, und sie gibt ihm schließlich in Jesus von Nazareth einen Namen, wenn es bei Johannes heißt: »Ich bin das Licht der Welt ...«
Licht im biblischen Sinne bedeutet Leben, Erleuchtung, Befreiung.
»Ihr seid das Licht der Welt«, spricht Jesus im Evangelientext für den 8. Sonntag nach Trinitatis denen zu, die ihm nachfolgen (Matthäus 5,14). Wer die frohe Botschaft hört und Jesus annimmt, bekommt Anteil am »Licht der Welt«, wird zum »Kind des Lichts«. Der Predigttext knüpft an diese Zusage an.
Für seinen Verfasser ist die empfangene Gabe des Lichtes eine Verpflichtung, den Werken der Finsternis eine Absage zu erteilen. Der Kontext im 4. und 5. Kapitel schärft den Gläubigen ein, daß sich mit der Taufe und der Zugehörigkeit zur Gemeinde das Leben zu ändern habe.
Ausschweifungen aller Art gehören ins Dunkle und dürfen daher keinen Platz im christlichen Miteinander einnehmen. Der »erhobene Zeigefinger« ist an vielen Stellen nicht zu übersehen und sprengt spätestens in der »Haustafel« am Ende des 5. Kapitels die Grenzen des heute noch Nachvollziehbaren.
Doch jenseits aller angestaubten Moral ist das grundsätzliche Anliegen, die Frage nach den sichtbaren Zeugnissen christlichen Lebens, zeitlos aktuell. Die Gemeinde ist berufen, »ein Leib« zu sein (Epheser 4,4), sie bedarf dazu immer wieder der Erleuchtung, um nicht in der Finsternis aus Lieblosigkeit unterzugehen: »Wach auf, der du schläfst ... so wird dich Christus erleuchten.« Der Text will ein Weckruf sein, der selbstzufriedenem Rückzug ins »stille Kämmerlein« und selbstgerechtem Kirchenschlaf ein Ende bereitet. Er wendet sich dabei nicht moralisierend an einzelne »schwarze Schafe«, sondern hat die gesamte Gemeinde als organischen »Leib« im Blick, also auch leitende Mitarbeiterinnen und Mitarbeiter. Das sollte nicht vergessen werden. Nur wer beim Predigen nicht außer acht läßt, daß auch Predigerinnen und Prediger manchmal im Dunkeln tappen, ist dagegen gefeit, seine

eigene kleine Glühbirne leuchten zu lassen und sie mit dem »Licht der Welt« zu verwechseln.

Ein Problem ist dabei sicherlich, daß die Voraussetzungen, von denen der Verfasser des Epheserbriefes ausging, sich nicht ohne Weiteres in unsere Zeit übertragen lassen. Der Brief richtet sich an eine Großstadtgemeinde in einem feindlich gesonnenen Umfeld. Die Gegensätze: hier Licht, da Finsternis, treten in dieser Situation sehr plastisch hervor. Die Gemeinde in Ephesus mußte in ihrer Geschichte mehr als einmal mit der Angst leben, von der Mehrheit der nichtchristlichen Bevölkerung verfolgt und mißhandelt zu werden.

Unsere Situation ist weniger von den krassen Gegensätzen zwischen Licht und Finsternis geprägt, als von der Grauzone: Es ist nicht mehr auf einen Blick deutlich, wo das Licht strahlt und die Finsternis beginnt, das zeigen auch die »Annäherungen«. Wir erleben Gleichgültigkeit gegenüber der Gemeinde und ihren Aktivitäten - aber könnten wir reinen Gewissens behaupten, der Grund dafür sei, daß die böse, dunkle Welt unser Licht nicht annehmen wolle?

Ich sehe, wenn ich mich in der Kirche umblicke, sehr viel Dämmerlicht - etwas Licht, etwas Dunkelheit - und fühle mich auch hier von den »Annäherungen« bestätigt, die das »gemütlich« finden.

Könnte darin eine grundsätzliche Schwierigkeit liegen, diesen Text zu verstehen? Wir haben es uns als Kirche im Dämmerlicht gemütlich gemacht. Wir sind für das Gute und gegen das Böse, aber besonders erleuchtet wirken wir dabei wohl nicht.

»Die Frucht des Lichts ist lauter Güte, Gerechtigkeit und Wahrheit«, heißt es im Text. Erstaunlicherweise wird »Güte« an erster Stelle genannt, als wollte der Verfasser eventuelle »Glühbirnen-Christen« daran erinnern, daß Gerechtigkeit und Wahrheit ohne sie kalt bleiben. Während ich diese Zeilen schreibe, kämpft unsere Gemeinde einen schwierigen Kampf gegen den Rotstift. Wir machen - wie viele andere auch - die Erfahrung, daß wichtige kirchliche Arbeitsbereiche bald vielleicht nicht mehr finanzierbar sein werden. Wir erleben bei allem guten Willen auch Ohnmacht: Niemand möchte Kündigungen aussprechen oder Beratungsstellen schließen, aber alle spüren, daß auch Kirche sich nicht aus bestimmten Sachzwängen befreien kann, die in der Welt gelten.

Kann das Licht, von dem der Text spricht, auch ohne entsprechende Geldmittel leuchten? Hat es geleuchtet, als noch genügend Mittel vorhanden waren?

Wenn der Verfasser des Epheserbriefes finanzielle Probleme hatte, so erwähnt er sie nicht. Für ihn wird christliches Leben sichtbar in der Art des alltäglichen Umgangs, im Verhalten zwischen Frauen und Männern, Alten und Jungen, Besitzenden und Besitzlosen. In den Gemeinden, die er vor Augen hatte, gab es allerdings auch keine hauptamtlichen Kindergärtnerinnen, Sozialarbeiter, Jugendreferentinnen usw.

Wir kommen als mündige Christenmenschen nicht umhin, die Frage nach den »Früchten des Lichtes« neu zu stellen: Wie sehen diese in unserer heutigen Situation aus?
Für die einen klingt das unverbindlich, für andere selbstverständlich – aber wer sich umschaut in der Gemeinde und deren Umfeld, findet sicherlich so manchen Anhaltspunkt. Wie gehen wir als Christenmenschen miteinander um, wie verhalten wir uns gegenüber Außenstehenden? Sind Jugendliche und Erwachsene, Männer und Frauen, Haupt- und Ehrenamtliche bei uns als Glieder des einen Leibes gleichberechtigt? Sind wir fähig zur Selbstkritik oder schimpfen wir nur über die böse, dunkle Welt?
Sind uns die Menschen ›draußen‹, in der ›dunklen‹ Welt manchmal vielleicht gar ein Stück voraus auf dem Weg zum Licht? Wer beobachtet, wie sich abseits der großen Organisationen und Kirchen kleine, effektive Gruppen bilden, die schnell und unbürokratisch für das Gemeinwohl arbeiten, wird nachdenklich werden im Blick auf die eigene Gemeinde ...

Zur Liturgie

Der 8. Sonntag nach Trinitatis liegt in der Ferien- und Reisezeit. Den Gottesdienst werden also vor allem die Daheimgebliebenen aus der Kerngemeinde besuchen. Wir haben es dann überwiegend mit Menschen zu tun, die Licht und Schatten des kirchlichen Lebens aus zum Teil langjähriger Erfahrung kennen.

Lieder
Er weckt mich alle Morgen (EG 452), Sonne der Gerechtigkeit (EG 262/3), Strahlen brechen viele aus einem Licht (EG 268), Laß uns den Weg der Gerechtigkeit gehn (EG, Rheinisch-Westfälische Ausgabe, Seite 675), Morgenlicht leuchtet (EG 455).
Für Gemeinden, die gern singen, folgender Vorschlag: Statt des üblichen Kyrie-Wechselgesanges und des Gnadenspruches den Kanon »Mache dich auf und werde licht« singen lassen (EG, Rheinisch-Westfälische Ausgabe, Seite 537).

Psalm
Neben dem agendarisch vorgegebenen Sonntagspsalm (Nr. 48) bietet sich eine Übertragung von Hanns Dieter Hüsch und Uwe Seidel zu Psalm 112 an:
Dein Licht leuchtet zu schwach,
und die dein Wort vertreten,
bilden die Schlußlichter –
sie beleuchten den Weg nicht.

Herr, laß mich Licht sein im Dunkeln
und deine Weisungen finden für unsere Zeit.
Rufe mich aus der Masse der Rücklichter,
die nur die Vergangenheit
oder sich selbst beleuchten.
Wenn uns ein Licht aufgehen soll,
dann nur, wenn du uns entzündest.
Wenn wir deine Gerechtigkeit wieder verteilen
an die Armen und Elenden,
erhellen wir die Welt und haben eine Zukunft.
Du hast mich gerufen,
damit mein Leben an dir hänge.
Deine Worte weitertragen, das wird mein Beruf,
deinen Willen weitersagen,
dafür schlägt mein Herz,
deine Gebote tun,
dazu erbitte ich deinen Segen.

(Uwe Seidel, in: Hanns Dieter Hüsch/Uwe Seidel, Ich stehe unter Gottes Schutz, © tvd-Verlag, Düsseldorf 1996, Seite 111.)

Sündenbekenntnis

Gott, Quelle des Lichtes,
schon seit vielen Jahren gehören wir zu deiner Kirche, dürfen wir in deinem Licht leben. Hat uns das verändert?
Leuchtet dein Licht in uns?
Oft fällt es uns schwer, zwischen Dunkelheit und Licht, Böse und Gut zu trennen.
Oft mißlingt es uns, dein Licht in die Welt hinauszutragen.
Hilf uns, unsere Trägheit zu überwinden und die leuchtende Klarheit in deinem Wort zu suchen.

Gnadenspruch

Mache dich auf, werde licht; denn dein Licht kommt, und die Herrlichkeit des Herrn geht auf über dir! (Jes 60,1)

Kollektengebet

Gott, du läßt ein Licht aufgehen über denen, die im Finstern sind;
hast durch deinen Ruf »Es werde Licht!« die Welt erschaffen;
hast deine Weisung gegeben als Licht für die Völker
und endlich auch uns zu Kindern des Lichtes gemacht.
Gott, so oft verdunkeln wir dein Licht:
Teilnahmslosigkeit anstatt Barmherzigkeit,
Rechthaberei anstatt Güte,
Suchen des eigenen Vorteils anstatt Gerechtigkeit.

So leben wir auf Kosten anderer Menschen und zukünftiger Generationen ...
Befreie uns!
Gott, mach uns neu zu Kindern deines Lichtes!
(Nach: Neue Eingangs- und Fürbittengebete, Gütersloh 1994, Seite 104).

Lesung
Matthäus 5,13-16

Fürbittengebet
Gott, du weißt, wie wir so hilflos vielen Dingen gegenüberstehen.
Du weißt, wie schwach unsere Kräfte sind, mit denen wir gern manches ändern möchten. Wir wollen alles in den Griff bekommen - und verzagen, wenn wir es nicht schaffen. Gib uns den Mut, das Unvollkommene zu wagen - und auf deine Macht zu vertrauen ...
- Auch das kleine Werk und ein schwacher Glaube kann dich rühmen ...
Gott, du schaffst das Vollkommene auch durch unsere Unvollkommenheiten, durch unser Versagen und durch unsere Schuld hindurch.
Du hast auf dich genommen, was uns belastet, damit wir frei werden, aus deiner Kraft dich zu verwirklichen in unserer Welt ...
Wir vertrauen darauf, daß du uns Wege zeigst, die weiter führen.
- Wir vertrauen darauf, daß du mit uns gehst.
Bewahre uns davor, dich aus den Augen zu verlieren.
- Geh mit uns in die Verantwortung, die wir dir und den Menschen schuldig sind.
Gott, wir danken dir für deine Gegenwart.
(Nach: Gerhard Hopfer, ... und gibst meiner Seele große Kraft, Gebete für Gottesdienste, Andachten und Meditationen, Edition Sonnenweg im Aussaat-Verlag, Neukirchen-Vluyn, 2. Aufl. 1988, Seite 170)

Vorschlag zur Predigt

Möglicher Anfang:
Liebe Gemeinde! Herr X ist von Beruf leitender Angestellter in der Personalabteilung eines mittelständischen Betriebes. Große Teile seiner Freizeit verbringt er mit ehrenamtlicher Tätigkeit: Seit Jahren ist er Presbyter (Kirchenvorstand) in der Kirchengemeinde, in der er wohnt. Seine ehrenamtliche Arbeit und sein Beruf waren ihm immer sehr wichtig. Doch in letzter Zeit macht ihm beides keinen rechten Spaß mehr.
Vor zwei Jahren hat es in seinem Betrieb die ersten Entlassungen gegeben. Er mußte sich als Mitglied der Personalabteilung maßgeblich darum kümmern. Es ist ihm schwergefallen, Sachzwänge höher zu bewerten als einzelne Existenzen.

Nun erlebt er, wie auch in seiner Kirchengemeinde der Rotstift immer weitere Kreise zieht. Auf seiner letzten Sitzung hat das Presbyterium (der Kirchenvorstand) darüber entscheiden müssen, welche gemeindlichen Arbeitsbereiche aufrechterhalten werden können und welche nicht. »Sollte es denn in der Kirche nicht anders zugehen als in meinem Betrieb?«, fragte sich Herr X. Vielleicht könnte er zu unserem heutigen Predigttext aus dem Epheserbrief einige gute Gedanken beisteuern: *Textlesung.*
»Lebt als Kinder des Lichts« - wenn das nur so einfach wäre! Wir stehen als Gemeinde nicht außerhalb der bösen Welt, sondern unterliegen zum Teil auch ihren Verpflichtungen.
Ich kann die Bitterkeit des Presbyters X (Kirchenvorstandes) gut nachvollziehen, aber eine Lösung weiß ich auch nicht.
Was hätte der Verfasser unseres Predigttextes ihm wohl geraten? Vermutlich hätte auch er mit den Schultern gezuckt, denn die Welt der Arbeitsverträge und Kirchensteuer war ihm unbekannt. Seine Gemeinde in Ephesus mußte nicht über wirtschaftliche Rezession und Steuerreformen nachdenken - dafür gab es damals andere Probleme ...
Ist es möglich, den Sachzwängen dieser Welt zu unterliegen und trotzdem Güte, Gerechtigkeit und Wahrheit aufleuchten zu sehen? Ich glaube: »Ja.« Wir bleiben »Kinder des Lichts«, auch wenn es uns nicht gelingt, die Welt besser zu machen als sie ist. Und wir sind »Kinder des Lichts«, solange wir fähig bleiben, Härte, Unrecht und Unwahrhaftigkeit zu spüren ...

Mögliche Fortsetzung

Das Licht, von dem unser Predigttext erzählt, ist nicht im Besitz einiger »Auserwählter«, sondern bringt seine Helligkeit dorthin, wo es dunkel ist, wo Menschen sich danach sehnen.
Deshalb gehört es, wie Jesus in der Lesung aus dem Matthäusevangelium sagt, auch nicht unter den Scheffel. Licht nützt niemandem, wenn es verborgen bleibt ...
»Lebt als Kinder des Lichts!«, heißt es in unserem Predigttext. Für mich werden in dieser Aufforderung zwei Dinge deutlich:
1. Wir sind als Mitglieder der Gemeinde Jesu Christi Kinder des Lichtes. Wir haben mit der Taufe ein Licht empfangen, das uns durchs Leben begleiten und unseren Weg erhellen möchte ...
2. Das Licht kann nur dann für uns leuchten, wenn wir es nicht unter den Scheffel stellen, es nicht abdunkeln. Wir sind bevollmächtigt, zu prüfen und das Gute zu bewahren, aber wir haben damit manchmal unsere Schwierigkeiten. Nicht immer sind die Unterschiede zwischen Gut und Böse so deutlich sichtbar, wie der Predigttext behauptet ...

Möglicher Schluß

Wir sind keine Übermenschen, nur weil wir zur christlichen Gemeinde gehören. Wir werden das Böse, Dunkle nicht abschaffen können. Dennoch ist es uns gegeben, mehr zu tun als gemäß den Gesetzen dieser Welt zu funktionieren. Jesus Christus traut uns zu, daß wir sein Licht hinaustragen zu denen, die im Dunkeln leben. Und er ermutigt uns, uns nicht kleiner und hilfloser zu machen als wir sind.

Kontexte

Eine Gemeinschaft von Schurken

Es war einmal eine Gemeinschaft von Schurken, d. h. es waren keine Schurken, sondern gewöhnliche Menschen, der Durchschnitt. Sie hielten immer zusammen. Wenn z.B. einer von ihnen etwas schurkenmäßiges ausgeübt hatte, d. h. wieder nichts schurkenmäßiges, sondern so wie es gewöhnlich, wie es üblich ist, und er dann vor der Gemeinschaft beichtete, untersuchten sie es, beurteilten es, legten Bußen auf, verziehen und dergleichen. Es war nicht schlecht gemeint, die Interessen der einzelnen und der Gemeinschaft wurden streng gewahrt und dem Beichtenden wurde das Komplement gereicht, dessen Grundfarbe er gezeigt hatte. So hielten sie immer zusammen, auch nach ihrem Tode gaben sie die Gemeinschaft nicht auf, sondern stiegen im Reigen zum Himmel. Im ganzen war es ein Anblick reinster Kinderunschuld wie sie flogen. Da aber vor dem Himmel alles in seine Elemente zerschlagen wird, stürzten sie ab, wahre Felsblöcke.
(Franz Kafka, Die Erzählungen, Frankfurt 1996, Seite 353)

Zum Schauen gehört ein Lichtpunkt, zum Sehen ein blinder Glaube.
(Elasar Benyoetz, Eingeholt, München/Wien 1979, Seite 12)

Das Gute, dieser Satz steht fest, ist stets das Böse, was man läßt.
(Wilhelm Busch, Die fromme Helene.)

9. Sonntag nach Trinitatis

Annäherungen an den Predigttext
Brief an die Gemeinde in Philippi 3,7-11 (12-14)

Reinhard Kalker

Die Perikope habe ich zwei Gruppen meiner Gemeinde zur Betrachtung vorgelegt: den Frauen des Frauenkreises (zehn Frauen im Alter von 60 bis 85 Jahren) und den MitarbeiterInnen von Kindergottesdienst und Jungschargruppen (acht Jugendliche und junge Erwachsene im Alter von 13 bis 23 Jahren).
In beiden Gruppen lasen wir den Text vom Beginn des Kapitels 3, Verse 1-14, ohne eine theologische Einleitung.

Fragen für das Gespräch im Frauenkreis
1. Was sind meine ersten Eindrücke?
2. Gibt es in meinem Leben so etwas wie eine Wende? Welche früheren Erkenntnisse oder Überzeugungen verwerfe ich heute?
Zu 1:
- »Paulus lobt sich selbst so sehr.«
- »Ziel des Lebens ist, sich selber weiter zu entwickeln und wie Jesus zu leben und zu handeln.«
- »Warum spricht Paulus von seinen früheren Bemühungen so abfällig?«
- »Wer sind die ›Hunde‹« (V. 2)?
- »Nützen unsere Werke etwas?«
- »Welchem Ziel jagt Paulus denn nach?«, fragt eine Teilnehmerin, eine andere sieht die Antwort in V. 14.
- »Was ist der Siegespreis? Daß wir Kinder Gottes sein dürfen?«
- »Wozu beruft uns Gott?«
- »Gott ruft, das heißt er zieht.«
- Eine Teilnehmerin assoziiert das Lied »Gott rufet noch« (EG 392), das wir dann auch zum Abschluß miteinander singen.

Zu 2:
- »Ich bin im Laufe meines Lebens klüger und gescheiter geworden«, sagt eine 85jährige Teilnehmerin.
- »Nicht ich habe mich bekehrt, sondern Gott hat mich umgekrempelt. Bekehrung ist keine eigene Leistung.«
- »Ich möchte ein besserer Mensch sein, aber Vorsätze mißlingen.«

Fragen für das Gespräch mit den MitarbeiterInnen aus Kindergottesdienst und Jungschar:

1. – Was finde ich gut? (+)
   – Was widerstrebt mir? (–)
   – Was verstehe ich nicht und würde gern mehr darüber erfahren? (?)
2. Was ist mein Lebensziel?

Zu Frage 1:

(V. 7) ? Was meint Paulus mit »Gewinn« und »Schaden«?

(V. 7) + Eine Teilnehmerin assoziiert Jesu Gleichnis vom Schatz im Acker.

(V. 9) + Glaube ist Freiheit; ich darf aus dem Gesetz ausbrechen, wie Jesus, der am Sabbat geheilt hat.

(V. 13) + »Vergessen« heißt: Ich darf Vergebung annehmen, darf einen Schlußstrich ziehen und neu anfangen.

(V. 13) – Paulus hat auch nach seiner Wende »die Weisheit nicht gepachtet, sondern hat auch noch Fehler«.

(V. 13) – Eine Teilnehmerin zitiert Prediger 8,17: »Und je mehr der Mensch sich müht zu suchen, desto weniger findet er. Und auch wenn der Weise meint: ›ich weiß es‹, so kann er's doch nicht finden.«

(V. 13) – »Vergesse, was hinter mir ist« – kann man seine Vergangenheit abschütteln?

(V. 13) – »Vergessen« heißt doch, »ich will aus meinen Fehlern nicht lernen«.

(V. 13) – »Vergessen« heißt, das eigene Leben als richtig zu erklären.

(V. 14) + Ein Ziel ist wichtig; es können auch kleine Ziele sein.

Zu Frage 2:

- »Etwas, das ich kurz vor dem Tod erreicht habe«.
- »Ein Lebensziel ist für mich weit weg«.
- »Ich stecke mir lieber kleinere Ziele«.
- »Vielleicht habe ich ein Ziel, das mir noch gar nicht so bewußt ist.«
- »Ein großes Ziel ist problematisch, weil man die vielen kleinen Ziele darüber vernachlässigt«.

Zum Gottesdienst

Helmut Zeilinger

Exegetisch-homiletische Skizze

1. Ich entscheide mich für die Hinzunahme der Verse 4–6. Ihre Vorkenntnis erleichtert das spontane Mitvollziehen der Textlesung. Andernfalls bliebe der Hinweis auf einen »Gewinn« rätselhaft. Bei der Textwiedergabe würde ich in Vers 4 das Wort »Fleisch« durch »Äußerlichkeiten« ersetzen.

2. Wie ich mich dem Text näherte:

- Anhand dieses Textes über jemand *anderes* zu reden - also über Paulus, scheint mir kein Problem zu sein. Aber fordert sein Ich-Bekenntnis nicht dazu heraus, daß auch ich selbst mich offenbare? Will ich das? In der provozierenden Weise seines »outings«? Ist da nicht - ausgerechnet von Paulus - eine Gesetzlichkeit angelegt, als müßte sich nun auch jede andere christliche Existenz so definieren?
- Es gibt doch manches, das ich *recht* gemacht habe, was mir gelungen ist, was vorzeigenswert wäre. Bei aller Selbstkritik: Ich bringe doch auch gute Voraussetzungen mit. Wie dann - abgeklärt - von dem, was mich einmal geprägt hat, sagen: das liege hinter mir? Das zähle nicht mehr?
- Gleichwohl ist mir die Spannung zwischen »bisher« und »eigentlich« oder »und wie weiter« bewußt. Was könnte *ich* hinter mir lassen, daß es mich nicht mehr einholt, gefangenhält, bestimmt; daß ich frei werde für neue Erfahrungen?
- Ich merke, wie das »Neue«, das andere auch Angst machen kann. »Die historisch-kritische und die feministische Theologie«, sagte ein Student der Religionspädagogik, »könnten *meiner* Theologie 'was anhaben!«
- Von wieviel »Besitzstandswahrung« sind wir geprägt? Wovon schwärmen Menschen? Doch weniger von dem, was sie neu vor sich sehen. Eher von vergangenen Erfahrungen. Auf der »Haben-Seite« erscheint dann zum Beispiel, wie sie den Partner kennengelernt haben (und weniger davon, was sie derzeit miteinander vorhaben); wie sie in der Schule oder im Betrieb andere ausgetrixt haben (und weniger davon, was sie einsetzen, damit ihre Kinder durch fehlende Ausbildungsplätze und durch den »Markt« nicht ins Aus gesetzt werden); wie sie die Gefangenschaft bewältigt haben (und nichts von dem, welche Schritte sie sich gegen Gewalt und Krieg vornehmen); wie sie Deutschland aufgebaut haben - als gäbe es nicht die Herausforderung der Gegenwart und wie wir das weitere Miteinanderleben - und das Überleben überhaupt bauen und gestalten wollen. Kann es sein: Je älter wir werden, desto eher erscheint »Leben« nur in der Vergangenheit? »Früher, bei uns ...!«
- Was muß passieren, um zu erkennen: die Hauptsache, das Beste liegt vor mir? Die Frage in den »Annäherungen« nach der »Wende« und den etwaigen Verwerfungen früherer Positionen und Prioritäten ist hilfreich.
- Mir ist das gelegentlich lange Nachdenken in einer Gesprächsrunde zu einer schwierigen Frage vor Augen (»Wie ließe sich ...«) und die erlösende Wirkung, wenn eins von seinem Einfall sagt: »Ich hab's!«.
- »Christus gewinnen ...« löst im Zusammenhang pietistischer Prägung immer noch etwas aus in Richtung »Innerlichkeit« oder mystischen Wegtauchens aus den gegenwärtigen Herausforderungen. Ganz anders mein Empfinden, wenn ich dieses »Christus gewinnen«, »ihm nachjagen«, »von ihm ergriffen sein« so lese: »Mir die Art Jesu (mit Menschen umzugehen ...) anzueignen versuchen«.

3. Der 9. Sonntag nach Trinitatis liegt auch 1998 in den meisten Bundesländern in der Zeit der Sommerferien. Ich finde es angebracht, an diesem »Kontext« nicht vorbeizureden, sondern ihn deutlich »hereinzuholen«. Für manche ist diese Zeit durch besonderes Erleben und Wahrnehmen vom »davor« und »sonst« unterschieden. Davon läßt sich erzählen. So könnte der Paulustext vielleicht auch »undogmatisch« vergegenwärtigt und veranschaulicht werden. Ich versuchte solches vor 6 Jahren im Erzählen des gerade Erlebten. Dieser jahreszeitliche »Kontext« half mir, die biografischen Notizen des Paulus unverkrampfter über den »Graben« herüberzuholen.

Vorschläge zur Liturgie

Eingangsworte
Psalm 73,25 f.

Ermutigungswort
Johannes 15,16 (bis: »und eure Frucht bleibt«)

Lesung
Matthäus 13,44–46 (Tagesperikope aus der 5. Reihe) mit dem abschließenden »Halleluja-Spruch« aus Matthäus 6,21 und Kolosser 2,2 f.: Jesus sagt an anderer Stelle: »Wo euer Schatz ist, da ist auch euer Herz«. Und in einem neutestamentlichen Brief steht der Wunsch, »daß unsre Herzen gestärkt und zusammengefügt werden in der Liebe und zu allem Reichtum an Gewißheit und Verständnis, zu erkennen das Geheimnis Gottes: Jesus Christus. In ihm liegen verborgen alle Schätze der Weisheit und der Erkenntnis«. Halleluja!

Glaubensbekenntnis
Zur Abwechslung könnte das Nizänum (EG 882) gemeinsam gesprochen werden – etwa mit der Einführung: Unser Glauben, unser Lieben und unser Hoffen auf die Schätze Gottes bedenken wir heute auf dem Hintergrund des nizänischen Glaubensbekenntnisses.
Möglich wäre auch ein gemeinsames Sprechen einer der Thesen des Barmer Bekenntnisses (EG 888).

Sündenbekenntnis
(im Zusammenhang mit Psalm 73,25 f. als vorausgegangenem Eingangswort)
Wir beten – zuerst in der Stille ... Gott, fragen wir wirklich so nach dir? Daß wir dir, du Liebe zum Leben *aller*, unsern ganzen Blick geben, das ganze Herz, den ganzen Verstand, die ganze Energie und alles Vermögen? Wo wir

doch für alles Mögliche und Unmögliche Blick und Verstand und Herz und Zeit haben - und höchstens »dazwischen« auch für Lebensanregungen von dir! Wir fragen zuerst nach uns, danach erst nach dir und anderen. So bleiben wir leicht an *uns* hängen. Und - wir wissen's ja - da ist nicht immer viel Weiterführendes. So bitten wir, daß wir mehr als bisher ein Teil von dir werden. Und du immer mehr Teil von uns wirst: Teil unsres Herzens, unsrer Sinne, unsrer Hände und Füße. Dann wird, was bisher falsch war, uns nicht hindern, Neues *vor* uns zu haben. Kyrie eleison.

Kollektengebet
Wir bitten dich, Gott: Öffne unsern Verstand für deinen Maßstab, unser Herz für deine Impulse, unsern Blick für deine Schätze. Amen.

Fürbittengebet
(wenn etwa die Mitteilung vom Sterben eines Gemeindemitglieds vorausgeht)
Gott der Güte, wir sind traurig über das Sterben von ... Und dankbar zugleich für sein (ihr) Leben. Wir danken für gemeinsame Wege und Berührungen da und dort. Für alles, was er (sie) ausstrahlte und was er (sie) mit seinen (ihren) Begabungen in anderen Menschen geweckt hat. Möge der Tod so dem Leben dienen, daß wir rechtzeitig entdecken, was vor uns liegt, was wir füreinander bedeuten und - auf deinem Weg - realisieren können.
Wir hoffen, daß die Kraft Jesu gegen alles, was beendet scheint, uns erreicht, uns aufschließt, uns und viele auferstehen läßt schon in dieser Zeit; daß wir die himmlische Berufung ergreifen und Jesus gleichgestaltet werden, damit *unser* Gesicht und das Gesicht dieser Erde neu werde!
Wir beten heute besonders für Menschen und wollen für sie leben, die in deinem Namen Neues versuchen, was uns alle weiterbringen könnte: daß sie ermutigt werden und andere ermutigen können; daß sie nicht steckenbleiben in Ängsten und Ablehnungen. Wir beten und leben für Menschen, die zu schwach sind, um selbst Halt zu finden: daß wir ihnen Halt geben. Wir hoffen auf sie, die gepackt sind von deiner Idee und von deinem Leben, daß dieser Funke auch bei andern zündet und sich viele auf den Weg machen auf dein Ziel zu. Deshalb beten wir, wie Jesus gebetet hat ... (Vater unser im Himmel ...)

Lieder
Eingangslied: »Du meine Seele, singe« EG 302,1+2+8 (etwa mit der Vorbemerkung: Die Gedanken dieses Gottesdienstes kreisen darum, daß es Menschen gibt, die für einen Schatz - und was sie dafür halten - alles andere hergeben. Vom »schönsten Schatz« singen wir im ersten Lied ...) / »Die güldne Sonne« EG 449,1+8

Loblied: »Nun lob, mein Seel, den Herrn« EG 289,5 / »Lobt Gott den Herrn, ihr Heiden all« EG 293,1 / »Bei dir, Jesu, will ich bleiben« EG 406,1 / Kanon »Gott, weil er groß ist« EG 411.
Lied vor der Predigt: »Such, wer da will, ein ander Ziel« EG 346,1+3+4 / »Herzlich lieb hab ich dich« EG 397,1+2.
Lied nach der Predigt: »Ich will dich lieben, meine Stärke« EG 400,3-6.
Schlußlied: »Laß mich dein sein und bleiben« EG 157 / »Ich steh in meines Herren Hand« EG 374,1 (etwa mit der Vorbemerkung: »Nicht, daß ich's schon ergriffen habe ... Ich jage ihm aber nach, ob ich's wohl ergreifen *könnte, weil* ich von Christus Jesus ergriffen *bin*«: Das bestätigen wir mit dem letzten Liedvers: »Wer sich an *ihn* und wen *er* hält, wird wohlbehalten bleiben«).

Vorschlag zur Predigt

»Vergessen, was dahinter ist«? Liebe Gottesdienstgemeinde, wer Schweres erlebt hat, wird sagen: Ich trag' doch noch alle die Spuren an mir. Wie könnt' ich's *hinter* mir lassen – selbst, wenn ich's wollte?
Und wir, die wir gestern von 14 schönen, intensiven Tagen der Gemeindefreizeit am Lago Maggiore zurückkehrten, *wollen* das auch gar nicht: »vergessen, was dahinten liegt«. Das soll doch ein Stück weit *mit* uns gehen: diese Gemeinschaft dort; die Schönheiten, denen wir nahekamen; die Eindrücke von all dem Außerordentlichen, das wir miteinander teilten.
»Vergessen, was dahinter liegt und sich nach dem strecken, was da vorne ist«. So ist's vielleicht der Wunsch von manchen *vor* den Ferien: raus aus dem Dreh; Abstand gewinnen vom Üblichen; einmal anders umgehen mit der Zeit, mit eigenen Wünschen, mit der Natur, mit andern Menschen! Ob das dann allerdings wirklich geht: vergessen, was war und was uns sonst bestimmt? Oder ob uns nicht auch im Urlaub das einholt und begleitet, von dem wir hofften, wir könnten's hinter uns bringen und zurücklassen; es würde nicht mehr ständig nach uns greifen – was es auch sei von unsern Hemmungen oder Ängsten, Beziehungsschwierigkeiten, Enttäuschungen, Fehlern, Streß-Erfahrungen und was uns sonst nachgehen mag?
Paulus sagt selbstbewußt: »*Ich* vergesse, was war ...« Dazu gehört nicht nur, was man ihm später deutlich anlastete, daß er in seinem religiös-fanatischen Eifer Menschen verfolgt hatte und umbringen ließ. Er zählte auch einiges auf, was ihn ins Rampenlicht stellen könnte: nach gängigem Verständnis also einer, der eigentlich »vollkommen« ist, »perfekt«, wie's im lateinischen Wortlaut heißt. All das, mit dem ich glänzen könnte, sagt er, lasse ich zurück, zählt nicht mehr. Er spielt damit auf seine Lebenswende an. Da hatte er einen Strich gezogen unter das Bisherige und etwas Neues begonnen. »Wer im Zusammenhang, im Einklang mit jenem Jesus lebt«, sagte er an anderer Stelle (2. Kor 5,17), »der ist ein anderer; der ist wie neu

geboren. Der Alte ist passé, alles ist anders geworden!« Alles hat nochmals 'ne Chance.

Was er nun hier im Philipperbrief dazu ausführt, grenzt – so empfinden's vielleicht manche – ans Schwärmerische, fast ans Peinliche: »Mir schwebt jetzt was ganz anderes vor als früher. Ich hab' ein Kleinod, einen Schatz vor Augen: dafür gebe ich alles Bisherige dran. Verglichen damit ist alles seither nichts als Dreck!« Das hört sich geschwollen an und pathetisch. Aber Ähnliches wird ja noch heute bei Menschen *unserer* Tage anschaulich: Leute, die auch einen Strich gezogen haben unter bisherige Lebensabschnitte und Neues begonnen haben.

Im schweizerischen Verzscatal sind wir in den letzten Tagen erneut den Spuren von Kathrin Ruegg begegnet. Vor Jahren hatte sie sich von ihrer vermögenden Position in einem Einrichtungshaus in Basel losgesagt und hat in einem verlassenen, verwachsenen Winkel der Tessiner Berge zu einer neuen Lebensart gefunden. Bevor sie diesen Schritt unternahm, hatte sie Bilanz gezogen und auf einen Zettel notiert, auf welche Dinge und Gewohnheiten ihres bisherigen Lebensstils sie verzichten könnte, um so einen anderen Lebensweg zu beginnen. Was ihr bis dahin selbstverständlich war (und sie kam auf eine ganze Menge), hatte schließlich doch weniger Gewicht – gemessen an dem Neuen, auf das sie zulebte.

Unweit davon – auf dem Monte Veritá in Ascona – wird derer erinnert, die um die Jahrhundertwende aus unterschiedlichen Teilen Europas da zusammenkamen. Alle von dem *einen* beseelt: die bisherigen Maßstäbe für das Leben zählen für uns nicht mehr. Wir entwickeln neue. Wir vergessen, was dahinten noch so glänzt (oder auch äußerst finster ist), und strecken uns nach Neuem, das vor uns ist und von dem wir glauben, daß es uns und andere voranbringt. – Einige Kilometer weiter – im Schweizer Grenzdorf und alten Schmugglernest Indemini – sind Menschen anzutreffen mit ähnlichen Überlegungen, Erfahrungen und Impulsen. Sie waren unterschiedliche Wege gegangen, aber sie haben sich gemeinsam von zum Teil lukrativen Lebensstilen gelöst und finden nun das, was sie *jetzt* leben, besser, richtiger, lebenswerter, befreiter und befreiender.

Ich bin froh, daß Paulus nicht nur großspurig »klotzt«, wie's zunächst den Eindruck macht; sondern daß er sogar sehr vorsichtig formuliert: Bei all dem bin ich keineswegs »perfekt«. Da ist also nichts, was abgeschlossen *gut* wäre. Ich stecke noch immer mitten drin in diesem Prozeß und will mich nur nicht mehr mit dem Bisherigen begnügen. Ich strecke mich nach mehr und anderem. Natürlich habe ich's noch nicht erreicht, was mir so vorschwebt. Aber ich bin auf dem *Weg*. Ich hab's also noch nicht ergriffen, aber *ich bin* ergriffen. Ich hab's noch nicht ganz gepackt (allein schaff' ich das sowieso nicht), aber es hat mich gepackt, ich komm' nicht mehr davon los: diese Art des Jesus. Ich sehe sie immer wieder vor mir. Sie leuchtet mir so ein, daß ich ihr in allem »Priorität« geben möchte (so ähnlich klingt auch der lateinische Wortlaut). Dies Ziel – so höre ich daraus – lohnt zu leben

und verändert Leben zum Guten. Es lohnt, immer wieder neu da anzuknüpfen, wenn wir's aus den Augen und aus den Händen verlieren sollten. *So* kann ich sein Reden nachvollziehen. Es klingt mir nicht mehr plump und besserwisserisch. So trifft's ja auch *eigene* Träume. Ist's Ihnen nicht auch schon so gegangen – gerade in Ferienzeiten zum Beispiel –, daß Sie dachten: Da liegt's! Das wär's doch! Fragezeichen an Bisheriges; Einfälle, die in eine andere Lebensrichtung zielen. Und vielleicht auch der Entschluß: Ich probier' jetzt einfach. Warum denn all die Zwänge, denen ich mich so schnell anpasse oder ausliefere? Warum nur in Ferienfreizeiten so ein ganz anderer Blick auf die Natur und zärtliche Berührung mit ihr? Warum so eiliges aneinander Vorbeigehen? In einem Gedicht fand ich eine Bestätigung dieses Traums: »Manchmal möchte ich mich ausschütten wie eine Tasche. All das nutzlose Zeug, das sich ansammelte im Laufe der Zeit, das mich schwer macht, aussortieren – und *leicht* einem neuen Tag entgegengehen« (Quelle derzeit nicht auffindbar).
So träume ich dann, eines Tages – zum Beispiel wie jetzt nach 14 Tagen ohne Zeitung und Fernsehnachrichten – zurückzukehren und zu hören: der Krieg *da*, der zuvor alle Schlagzeilen gefüllt hatte, ist zu Ende; ebenso der Hunger *dort* gestillt, oder die Schuldenlast, die so viele niederdrückte und beugte, ist per Beschluß aufgehoben …
Bleibt solches nur ein Traum, wenn ich weiß, daß *viele* so träumen? Und sich ihrerseits um solche Lebensart Jesu mühen und so neue Lebenswege einleiten? Neu darin, daß sie aufhören, andere Menschen zu verfolgen (womit Paulus angefangen hatte!), weil sie nicht mehr nur eigene Interessen verfolgen. »Ihn erkennen und seine Kraft gegen den Tod … Ihm gleichgestaltet werden«: etwa indem ich die Welt mit anderen Augen zu sehen beginne. Die Welt? Mich selbst und meine Rolle in dieser Welt. Und meine bisherigen oder neu möglichen Partner. Wäre das nicht schon ein Weg zur Auferstehung von Totem? Wenn etwa Partner vereinbaren (von solchem Vorschlag habe ich gehört, und er leuchtet mir ein): Wenigstens einmal in der Woche zu regelmäßiger Zeit zusammenzukommen zu einem immer neuen Versuch, ohne Kritik, ohne nörgelndes, besserwisserisches Rückfragen dem andern zu sagen: So habe ich dich erlebt, und das an dir und von dir hat mir gutgetan …
Was sich unter solch kleinen Schritten entwickeln kann: Sollte das nicht Auswirkungen haben auf vieles mehr im Leben drumrum? Sollte eigene Neuorientierung nicht doch zum Umdenken auch von größeren Einheiten führen: von Gemeinden und Kirchen zum Beispiel? Und das wäre doch vielleicht schon etwas!
Franz von Assisi hat so dem Lebensweg, wie er ihn begonnen hatte, den Abschied gegeben. Und hat begonnen, dem Leben anders zu begegnen: zärtlich und solidarisch. Und hat viele mit auf solchen Weg gezogen, wo er in der Sonne, im Mond, in der Erde, in der Luft, im Tier, im Baum den »Bruder«, die »Schwester« erkannte. Karl Heinz Böhm hat seine Karriere abgebrochen und darin Erfüllung gefunden, gegen den Hunger von Millionen zu leben

und dabei Bündnispartner zu finden. Ebenso Dietmar Schönherr in Nicaragua, um nur zwei Prominente von heute zu nennen, die sagen: »Ich vergesse, was dahinten ist, und strecke mich nach etwas«, das zum Kleinod aller werden könnte. Manchmal sehe ich etwas vor mir – und das muß gar nicht so groß sein, wie die Lebenswende der Genannten – und ich empfinde: Das ist so wichtig und hat solche Perspektiven, daß es alles andere relativiert und verblassen läßt. So viel, was gerade an diesem Jesus einleuchtet und bei uns gleiche Gestalt annehmen kann! Damit würde ich gerne gegen Festgefahrenes und Gewohntes weiter aufbrechen und andere dazugewinnen.
Paulus schließt seine Gedanken zwei Verse nach dem heute vorgelesenen Abschnitt: Was wir schon erreicht haben: laßt uns das doch auch *leben!* (Vers 16). Haben Sie auch solche Hoffnung gegen manches, was wie abgeschlossen und fertig und tot aussieht? Hoffnung, daß noch mehr, Größeres, Gerechteres *vor* uns liegt, als *hinter* uns? »Schätze«? Wer davon ergriffen ist, der begreift's. Und streckt sich weiter als bisher: weil da so viel vor uns ist!

Kontexte

Wenn der Mensch aus dem Leben, das nur die wenigen so schnell vergehenden Jahre dauert, das Kostbarste herausholen will, was es geben kann, dann muß er wissen, es geht nur so, daß er auf das Mindere verzichtet, damit er das Größere haben kann. (Romano Guardini)

Ich sehe das Bild des Kindes vor mir: Es will mit vollen Händen anderes *auch* haben. Es sieht unglücklich und angestrengt drein und begreift nicht, daß es erst »eine Hand frei« haben müßte! Also loslassen, um zu gewinnen. »Werden wie die Kinder« heißt dann sicher nicht nur »Wünsche haben«!

Nur durch immer neues Abschiednehmen und Neuanfangen werden wir jung und lebendig bleiben (sagte Heinrich Albertz sinngemäß auf einem Kirchentag).

Die Sehnsucht hält mich am Leben (Titel der Ausführungen von Hans-Eckehard Bahr über Franz von Assisi in einer S2 Kultur-Radiosendung am 6. 1. 97).

Längs der Flüchtlingsrouten [...] in dieser unmittelbaren Nachkriegszeit herrschte Anarchie auf den Straßen. Ein Menschenleben war damals nicht viel wert. Während dieses strapaziösen Fußmarsches hatte ich, die Siebzehnjährige, immer den Gedanken im Hinterkopf: Schlimmer kann's nicht mehr werden. Es kann nur – früher oder später – wieder aufwärts gehen. Meine Mutter dachte genauso. Das heißt: Obwohl es uns damals so dreckig ging, waren wir nicht ohne Hoffnung.
Ihr aber, ihr jungen Menschen am Ende des Jahrhunderts, habt es ungleich schwerer als wir in jener Zeit, obwohl ihr in einer Überflußgesellschaft lebt. Denn ihr müßt mit der Erkenntnis leben: Besser wird's nicht mehr. Von jetzt an geht's nur noch bergab. Wie sollt ihr bei dieser Perspektive zu Hoffnung kommen? Eine Existenz ohne Hoffnung – geht das überhaupt? (Gudrun Pausewang, in: Was ich dir noch sagen wollte. Quell Verlag, Stuttgart 1993, Seite 9)

10. Sonntag nach Trinitatis

Annäherungen an den Predigttext
Brief an die Gemeinde in Rom 11,25–32

Reiner Jansen

Aus dem Gespräch mit unserer Predigtvorbereitungsgruppe, die sich monatlich trifft.
Vorbemerkung: Die Zuordnung des Textes zum Israel-Sonntag war den Teilnehmern nicht bewußt. In der Schweiz gibt es m. W. keine vergleichbare Tradition.

Erste Reaktionen:
»Mich ärgert der Ausdruck ›Verstockung‹. Wie kann man das über ein ganzes Volk sagen? Wäre es nicht angemessener so etwas nur über sich selbst zu sagen (Ich war verstockt)?«
»Paulus tritt hier so auf, wie wenn er wüßte, wo Gott hockt.«

Entdeckungen am Text und Fragen:
Im Gespräch entdecken wir, daß das Geheimnis darin liegt, daß Gott sich aller erbarmt und daß auch ganz Israel miteingeschlossen ist. Würde Paulus vielleicht heute sagen: Gott wird auch auf den Umwegen und Irrwegen eine neue Lösung finden?
Wer sind die, die sich selbst für klug halten (V. 25): diejenigen, die von einer definitiven Enterbung oder Verwerfung Israels sprechen? Wenn Gott der Urheber der Verstockung (Verhärtung) ist, warum wird dann gerade sein Volk – das Volk Israel – verstockt? Benutzt Gott Menschen und Völker wie Marionetten? Oder wie verhalten sich menschliches und göttliches Handeln zueinander?
Was meint Paulus konkret mit dem »Ungehorsam«?
Wichtige Entdeckungen: Das Volk Israel behält seine Berufung: den Willen Gottes in der Welt zu verwirklichen, auch dann, wenn nicht das ganze Volk diesem Auftrag Folge leistet.
Für die Nichtjuden hat die Verstockung eines Teils von Israel immerhin eine positive Wirkung: sie kommen nun hinzu, weil Gott sich ihrer erbarmt. Das erinnert uns an das Gleichnis vom großen Gastmahl (Lukas 14,15 ff., allerdings ohne den Schluß in V. 24!).

Paulus schreibt aus einer Ungeduld. Er selber hat dazu beigetragen, daß viele Heiden den Weg zum Glauben an Christus gefunden haben. Er erwartet das baldige Hereinbrechen des Reiches Gottes. Daß viele aus seinem Volk nicht zum Glauben an Christus finden, irritiert ihn zutiefst (vgl. Röm 9,1–5). Wir leben zweitausend Jahre später. Was bedeuten die Aussagen des Paulus für uns, wenn wir nicht mit dem baldigen Ende der Geschichte rechnen?
Eine Predigt über diesen Text müßte mitbedenken, daß in fast zweitausend Jahren Kirchengeschichte auch die Aussagen des Paulus dazu benutzt wurden, die Juden auszugrenzen und zu verfolgen. Auch wenn wir den Apostel dafür nicht haftbar machen können, dürfen wir seine Aussagen gleichsam »unschuldig« in unsere Zeit übertragen? Konkret: Können wir heute noch sagen, daß Verstockung über einem Teil Israels liegt und daß die Juden »im Blick auf das Evangelium Feinde um euretwillen« sind?
Deutlich ist uns geworden, daß die Juden nicht durch unsere Bemühungen ins Reich Gottes geholt werden, daß also alle Missionierungsversuche überflüssig sind.
Eine andere Frage beschäftigt uns noch: Paulus kommt von der Ungeduld zur Geduld, weil er auf Gottes Erbarmen setzt. Wodurch bekommen wir Geduld und den langen Atem, der nötig ist?

Zum Gottesdienst

Klaus v. Mering

Exegetisch-homiletische Skizze

Für mich als Prediger macht sich an diesem Sonntag die Erfahrung fest: In meiner über 30jährigen Predigtarbeit hat sich an kaum einem anderen theologischen Topos so Grundlegendes verändert wie an der Frage nach der Stellung der Kirche zu den Juden. In meinen ersten Predigten zum Israelsonntag in den sechziger Jahren habe ich noch ganz unreflektiert Luthers Wort vom »fahrenden Platzregen« zitiert, d. h. in der Zerstörung Jerusalems das sichtbare Zeichen dafür gesehen, daß die Kirche an die Stelle des erwählten Israel getreten sei. Der Tenor der dringlichen Ermahnung an die versammelte Gemeinde, daß es im Verhältnis zu Gott keine Sicherheit gebe, bezog seine Argumentationskraft im Wesentlichen aus dieser Möglichkeit des verwerfenden Handeln Gottes. Gerhard v. Rad hatte uns zwar in seiner Theologie des Alten Testaments gelehrt, daß es falsch sein, Altes und Neues Testament in die lutherische Polarität von Gesetz und Evangelium einzutragen, und so hieß Pharisäer im Neuen Testament für uns nicht mehr automatisch selbstgerechter Heuchler. Aber die Aussagen des Paulus über den Fortbestand des Bundes mit Israel in Römer 9–11 blieben doch merkwürdig blaß und die Anerkennung, daß Jesus Jude gewesen sei, in der praktischen Textauslegung ein Lippenbekenntnis. Die Spannung zwischen historisch-kritischer Exegese und existentialen Interpretationsversuchen überlagerte sowohl die theologische Frage nach der Rolle Israels in Gottes Heilsgeschichte wie die gesellschaftliche nach den Juden und ihrer Geschichte im ›christlichen Abendland‹ und besonders in Deutschland.

Für jüngere Kolleginnen und Kollegen wird das kaum noch nachvollziehbar sein. Aber sie kommen um die Auseinandersetzung mit diesen Fragen schon deshalb nicht herum, weil ein Großteil ihrer Hörerinnen und Hörer von dieser Tradition geprägt ist und u. U. noch gar nicht gelernt hat, das Christuszeugnis des Neuen Testaments als Aussagen von Juden über einen Juden zu lesen. Daraus ergibt sich aber ein doppeltes Problem: Zum einen ist das Thema durch den Holocaust so belastet, daß eine weitgehend unbewußte Abwehr jede Lernbereitschaft zu blockieren droht. Zum andern genügt es nicht, Israel an einem besonderen Sonntag im Jahr zum Gesprächsgegenstand zu machen, weil es dadurch der Gemeinde lediglich als mehr oder minder interessante Pflichtlektüre erscheint, der tiefe innere Zusammenhang aber gerade zu den Kernsätzen evangelischen Glaubens, wie er etwa in Römer 3 entfaltet wird, nicht in den Blick kommt: »Nun ist außerhalb der Tora Gottes Gerechtigkeit sichtbar geworden, wie es bezeugt ist von der Tora und den Propheten ... Wir rechnen nämlich darauf, daß ein Mensch durch Treue gerecht gemacht wird, abgesehen von den in der Tora gebotenen Taten ... So gewiß Gott einzig ist und das Volk der Beschneidung gerecht machen wird aufgrund von Treue und die Völker der Unbeschnittenheit durch die Treue. Setzen wir also die Tora außer Geltung durch die Betonung der Treue? Auf keinen Fall! Vielmehr: Wir richten die Tora auf.« (Übersetzung für den Kirchentag in Leipzig 1997).

Die Tora ist zunächst und vor allem eine gemeinschaftstiftende Urkunde für die Erwählung aller aus Gnaden. Gott, zu dessen Grundzügen die Parteilichkeit für die Kleinen und Schwachen gehört, erwählt das Volk Israel, »das kleinste unter allen Völkern« (5. Mose 7,7), um seine Gerechtigkeit unter allen Völkern durchzusetzen. Für die Juden ist die Tora dadurch zugleich Wegweisung zur Überwindung von Störungen in ihrer Beziehung zu Gott, Störungen, die sich nicht zuletzt aus der Mißachtung dieser parteilichen Liebe Gottes zum Schwachen innerhalb des eigenen Volkes, aber auch gegenüber den ›Fremdlingen‹ ergeben (2. Mose 22,20; 4. Mose 15,15 u. ö.). Diese zweite, rituelle Funktion der Tora, sagt Paulus, gilt für »die Völker« nicht. Sie können auf Grund seines Sühneopfers zu Christus kommen, ohne vorher Juden zu werden. Er selbst, Paulus, bleibt selbstverständlich Jude.

Jede(r) Prediger(in) wird sich entscheiden müssen, wie sie/er mit diesem Problem umgehen will. Vielleicht ergibt sich von diesem Sonntag her die (erklärte!) Absicht, in den Predigttexten der folgenden Wochen bewußter nach dem jüdischen Glauben und Denken in den jeweiligen biblischen Abschnitten zu suchen. Vielleicht läßt sich in absehbarer Zeit eine Gesprächsreihe über einzelne Fragen aus diesem Komplex planen. Oder gibt es einen für Laien lesbaren Text, den man den PredigthörerInnen zur Vertiefung mitgeben kann? Hilfreiche Informationen kann man bei den landeskirchlichen Dienststellen bekommen, die den christlich-jüdischen Dialog zu ihrem Schwerpunkt gemacht haben (z. B. der Beauftragte für Christentum und Judentum im Amt für Gemeindedienst der Evang.-luth. Landeskirche Hannovers, Archivstr. 3, 30169 Hannover). Verbieten sollten wir uns, auf ›allgemein menschliche‹ Themen auszuweichen und uns etwa über »Verstockung« als psychologisches Phänomen auszulassen oder, am ›Beispiel Paulus‹, über Zwistigkeiten im Verwandten- und Freundeskreis (für beides gibt es Beispiele!). Wenn irgendwo, dann ist uns an diesem Sonntag der Weg zu einer ›unpolitischen‹ Predigt abgeschnitten, die so tut, als gäbe es den Menschen unabhängig von seiner konkreten Gestalt als Frau oder Mann, Jude oder Deutscher, Europäer oder Afrikaner!

Vorschläge zur Liturgie

Psalmgebet
Gottes Liebe ist Gnade; darum kann er nicht verstoßen. Sein Bund mit Israel bleibt gültig, uns zugut.
Wenn ich spielerisch den warmen Sand durch die Finger rinnen lasse und mir bewußt wird:
Selbst das ist noch kein brauchbares Bild für den Abstand zwischen Mensch und Gott –
Gott, dann erschreckt mich der Gedanke, daß du uns zu Partnerinnen und Partnern erwählt hast.
Wenn schon ein Sandkorn nicht Partner sein kann für meine Hand,
wieviel weniger sind wir es wert, Partnerschaft zu haben in deinem Bund!
Und doch hat es dir gefallen,
Israel zu deinem geliebten Gegenüber zu erheben.
In der Geschichte dieses einen
wolltest du dich und deine Liebe allen offenbaren.
Laß unsere Ohren jetzt nicht taub werden vom Schelten deines Zorns,
und laß unser Vertrauen nicht verschmachten in der Dürre deiner Verborgenheit.
Bring dich in Erinnerung mit deiner Verheißung
und laß deine Treue in die dunklen Winkel unserer Hoffnungslosigkeit strahlen!

Das kleinste der Völker machtest du zum Partner deines Bundes.
Für alle Zukunft soll gelten: Deiner Barmherzigkeit ist niemand zu gering.
Gottes Liebe ist Gnade, unumstößlich. Der Bund mit Israel bleibt gültig, uns zugut.

Nach Psalm 74 (Klaus v. Mering, Deine Güte reicht, so weit der Himmel ist – Mit Psalmen beten, Quell Verlag, Stuttgart 1990², Seite 110 f.)

oder:

Psalm-Meditation

Liturg/Liturgin: Gott, auf dich traue ich; denn du bist mein Fels und meine Burg. Die Tiefe, die mich schwindeln macht, ist nur das Tal, das du unter deinen besonderen Schutz genommen hast.

G.: Aus der Tiefe rufe ich zu dir. Gott, höre meine Fragen. Öffne Türen für dein Wort in mir, was nötig ist, zu sagen! (Melodie: EG Anhang Nieders. 597)

Liturg/Liturgin: Du hast den Zion erwählt, damit dein Volk dort einen Zufluchtsort vor Augen hätte. Aber du hast ihn nicht zum Fetisch verkommen lassen, als sie »hier ist des HERREN Tempel« riefen und glaubten, dich in der Hand zu haben.

Du hast zugelassen, daß dein geliebtes Volk durch finstere Täler wandern mußte, aber dein Stecken und Stab ist immer bei ihnen gewesen.

G.: Aus der Tiefe rufe ich zu dir ... (wie oben)

Liturg/Liturgin: Mit deinem Wort hast du dein Volk geleitet von der Befreiung in Ägypten durch die endlose Wüste bis ins Land der Verheißung. Und als dein Wort bist du schießlich zu ihnen gekommen in deinem Sohn Jesus Christus, damit aus den Buchstaben wieder Geist würde, Geist der Befreiung, wie am Anfang.

G.: Aus der Tiefe rufe ich zu dir ...

Liturg/Liturgin: In ihm, Jesus Christus, hast du die Weite deiner Güte neu erfahrbar gemacht. Aber wir, die Christinnen und Christen, nach seinem Namen genannt, haben diese Weite schon bald in enger Ängstlichkeit auf Regeln und Formeln zugeschnitten.

Aus der Burg deiner Geborgenheit machten wir Mauern für Feindbilder. Und aus dem Stern, den du über Jakob aufgehen ließest, haben wir den Judenstern gemacht und dir damit ins Gesicht geschlagen.

G.: Aus der Tiefe rufe ich zu dir ...

Liturg/Liturgin: Aber du, Gott der Güte, hast dich nicht davon abbringen lassen, uns zu erlösen aus den Bunkern unserer Selbstgerechtigkeit. Du rufst uns heraus ans Licht deiner Treue, die du deinem Volk hältst kraft deiner unendlichen Liebe.

Gott, auf dich traue ich; denn du bist mein Fels und meine Burg. Die Tiefe, die mich schwindeln macht, ist nur das Tal, das du unter deinen besonderen Schutz genommen hast.

Nach Psalm 74,1–3.8–11.21 f.

Gebet
Gott, Vater und Mutter vom Himmel her für die ganze Erde, du hast uns heute zusammengerufen, damit du uns neu aufrichtest und ausrichtest an deinem Wort. Laß uns erkennen, was zu unserm Frieden dient, und laß uns diesen Frieden nicht einschließen wie etwas, das nur uns gehört. Alle Welt wartet auf Frieden, nicht zuletzt dein Volk Israel und seine arabischen Nachbarn. Gib uns Worte, die öffnen, statt zu blockieren. Gib uns Hände, die verbinden, statt zu verletzen. Und gib uns einen Glauben, der einlädt, statt zu sortieren. Wir bitten dich durch unsern Bruder Jesus Christus, der mit dir in der Einheit des Heiligen Geistes versöhnt und befreit von Ewigkeit zu Ewigkeit. Amen.
oder:
Gott, nur wenn wir deine Liebe ermessen könnten, die uns ins Leben und in deine Nähe rief, könnten wir den Schmerz erahnen, den unser Ungehorsam dir bereitet. Hilf uns umkehren zu deiner Zusage und neues Zutrauen gewinnen zu deiner Treue, in der du zu uns hältst durch Jesus Christus, der mit dir und dem Heiligen Geiste lebt und regiert in Ewigkeit.
(Nach Klaus v. Mering, Deine Güte reicht, so weit der Himmel ist - Mit Psalmen beten, Quell Verlag, Stuttgart 1990², Seite 111)

Als *Lesung* schlage ich mit der Lutherischen Liturgischen Konferenz u. a. vor, das bisherige Evangelium aus Lukas 17 durch Markus 12,28-34 zu ersetzen. »Dieser Text - bislang ist er Evangelium für den 18. Sonntag nach Trinitatis - paßt in der Tat sehr schön zum Israelsonntag, macht er doch deutlich, wie sehr Jesus in seiner jüdischen Tradition beheimatet ist« (Wolfgang Raupach-Rudnick in ›Gott allein‹, Arbeitshilfe 7 zum Israel-Sonntag 1997, zu beziehen über die o. g. Beratungsstelle in Hannover).

Liedvorschläge
Eingangslied: »Man lobt dich in der Stille, du hocherhabner Zionsgott.« EG 323 oder »Jauchzt, alle Lande, Gott zu Ehren ...« EG 279, bes. 1-4+8 oder »Singt, singt dem Herren neue Lieder ...« EG 286,1-3.
Graduale: »Nun danket Gott, erhebt und preiset ...« EG 290.
Nach der Predigt: »Der du in Todesnächten ...« Eg 257 oder »Damit aus Fremden Freunde werde ...« EG Anh. Nieders. 619 oder »Ihr seid das Volk, das der Herr sich auersehn ... Halleluja« Nr. 740 in ›Umkehr zum Leben‹, Kirchentagsliederheft '83, Hänssler Verlag Neuhausen-Stuttgart - dazu als zusätzliche Strophe 4:
»Jesus, der Jude, hat euch dazu befreit,
er schenkte euch diese Hoffnung.
Nun singen Christen den Lobruf Israels:
Halleluja, halleluja!«
Weitere Lieder: »Gott liebt diese Welt ...« EG 409, »Nun preiset alle Gottes Barmherzigkeit« EG 502; »Bewahre uns, Gott, behüte uns, Gott ...« EG 171.

Fürbitten

Liturg/Liturgin: Gott in Ewigkeit, Grund der Geschichte Israels, Vater Jesu Christi, Bruder und Schwester aller, die auf dich angewiesen sind! Du hast gesagt: Bittet, so wird euch gegeben! Suchet, so werdet ihr finden! Klopfet an, so wird euch aufgetan! Wir nehmen dich jetzt beim Wort und bitten, suchen, klopfen: Kyrie eleison!

Gemeinde: Kyrie eleison (Mel.: J. Berthier, Taizé)

Lektor/Lektorin: Du hast gesagt: Ich will euch aus dem Elend führen in das Land, darin Milch und Honig fließen (2. Mose 3,17). Wir denken an die Menschen im Elend. Und an die, die in Milch und Honig baden können, aber keine Zukunftsperspektive haben. Öffne die verschlossenen Türen, führe uns ins Freie! Wir werden so rasch müde und ziehen andere in den Sog unserer Hoffnungslosigkeit hinein. Wir rufen: Kyrie eleison!

Gemeinde: Kyrie eleison! (s. o.)

Lektor/Lektorin: Du hast gesagt: Fürchtet euch nicht und laßt euch nicht grauen; denn ich werde selber mit dir ziehen und werde dich nicht verlassen (5. Mose 31,6). Es gibt so viele ermutigende Zeichen. Wir spüren neue Kraft. Wehre der Angst, die uns kleinmachen will. Lehre uns, unsere selbstgebauten Schneckenhäuser zu verlassen, damit andere nicht verlassen bleiben. Wir bitten: Kyrie eleison!

Gemeinde: Kyrie eleison!

Lektor/Lektorin: Du hast gesagt: Ihr sollt nicht sorgen und sagen: Was werden wir essen? Was werden wir trinken? Womit werden wir uns kleiden? Nach dem allen trachten die Heiden und Heidinnen (Matthäus 6,31). Immer wieder diese Sucht nach Garantien! Diese kindische Sorge, die Freude am Leben könnte verloren gehen, wenn man einmal nichts in den Mund zu stekken hat. Hilf uns zu dem langen Atem der Verantwortung, der den Hungernden Brot schafft und den Elenden Kleidung. Wir beten: Kyrie eleison!

Gemeinde: Kyrie eleison!

Lektor/Lektorin: Du hast gesagt: Zur Freiheit habe ich euch befreit. So steht nun fest und laßt euch nicht wieder das Joch der Knechtschaft auflegen (Galater 5,1). In der Freiheit fehlen die Geländer. Manchmal wird uns schwindelig. Dann packt uns die Sehnsucht nach den festen Gittern unserer Gefängnisse. Aber wie sollen die frei werden, die jetzt noch darin schmachten, wenn wir freiwillig dahin zurückkehren? Wir tasten nach deiner Hand, Gott: Kyrie eleison!

Gemeinde: Kyrie eleison!

Lektor/Lektorin: Du hast gesagt: Wer mir gehorcht, wird sicher wohnen und ohne Sorge sein und kein Unglück fürchten (Sprüche 1,33). Boden, der nicht wankt, ein Dach, das nicht einstürzt, Menschen, auf die Verlaß ist – wer braucht das nicht? Du hast es uns versprochen, wenn wir deinen Weg mitgehen. Laß uns hören, wohin du uns heute rufst, und gehorchen, womit du uns heute beauftragst. Wir warten auf dich: Kyrie eleison!

Gemeinde: Kyrie eleison!

Lektor/Lektorin: Du hast gesagt: Durch Stillesein und Hoffen würdet ihr stark sein (Jesaja 30,15). Die richtigen Mittel wählen. Nicht mit Waffen Frieden schaffen wollen. Nicht mit Geld Zuneigung erkaufen. Nicht mit Gewalt Gerechtigkeit aufrichten. Wir lassen uns so schnell täuschen und enttäuschen. Hilf uns lernen, was voranbringt, ohne andere zurückzusetzen. Wir hoffen: Kyrie eleison!
Gemeinde: Kyrie eleison!
Lektor/Lektorin: Du hast gesagt: Seht zu, daß eure Freiheit für die Schwachen nicht zum Anstoß wird (1. Korinther 8,9). Wer die Melodie der Freiheit im Ohr hat, tanzt aus der Reihe. Man wird über uns reden und den Kopf schütteln. Laß uns nicht blind sein für die Angst, die sich darin ausspricht. Hilf uns, denen die Hand über den Graben zu reichen, denen noch der Mut zum Sprung fehlt. Wir rufen: Kyrie eleison!
Gemeinde: Kyrie eleison.
Lektor/Lektorin: Du hast gesagt: Auch die Schöpfung wird frei werden von der Knechtschaft der Vergänglichkeit zu der herrlichen Freiheit der Kinder Gottes (Römer 8,21). Wir hören das Stöhnen der kranken Bäume, das Wimmern der verpesteten Luft, den trockenen Husten des vergifteten Meeres. Wir haben Angst – um uns und unsere Freiheiten: die Freiheit, schnelle Autos zu fahren; die Freiheit, es gut zu haben; die Freiheit, uns im Urlaub verwöhnen zu lassen. Hilf uns, endlich ernst damit zu machen, daß Freiheit keine Zukunft hat, wenn sie mit der Unfreiheit anderer erkauft wird. Wir bitten: Kyrie eleison!
Gemeinde: Kyrie eleison.
Liturg/Liturgin: Gott der Güte, wir hören, was du sagst. Wir richten uns auf aus Resignation und Gleichgültigkeit. Wir entdecken, daß wir nicht allein sind. Wir spüren, wie etwas wächst. Wir brechen auf in der Zuversicht, daß alles, alles gut wird, weil du am Ende des Weges stehst mit ausgebreiteten Armen: Vater unser im Himmel ...
Gemeinde: ... geheiligt werde dein Name ...

Vorschlag zur Predigt

Möglicher Anfang
Ich kann das Wort ›Jude‹ nicht mit gleicher Unbefangenheit in den Mund nehmen, wie ich ›Katholik‹ sage oder ›Baptist‹, erst recht nicht wie ›Franzose‹ oder ›Amerikaner‹. Ich spüre, noch ehe mein Verstand beginnt, mir darüber Rechenschaft abzulegen: Ich habe nicht die Wahl, über mein Verhältnis zu den Juden nachzudenken oder nicht; ich muß es tun, wenn ich mich selber ernst nehme: meine Geschichte, mein Lebensgefühl, meinen Glauben.
Dieses festzustellen, bedeutet freilich nicht, daß das Problem damit erledigt wäre – ich denke, man kann es sich sogar mit dem Eingeständnis der Schuld gegenüber den Juden zu leicht machen. Zu leicht machen, indem man das,

was den Juden von uns Deutschen angetan wurde, als schlimme Entgleisung hinstellt, unvorstellbar groß und grauenhaft zwar in ihren katastrophalen Ausmaßen, aber doch, wie jede Entgleisung, mit einem genau fixierbaren Anfang - die einen sagen 1938, andere 1933, wieder andere noch früher - und entsprechend mit einem klaren Endpunkt, so daß sich, in absehbarer Zeit zumindest, alle Deutschen hinter der »Gnade der späten Geburt« in Sicherheit bringen könnten.

Nein, der Holocaust ist nicht das Ergebnis einer Entgleisung, unser ›Zug‹ mußte nicht (durch wessen Schuld auch immer) aus den Schienen springen, um dieses Unglück über die Juden zu bringen, es geschah bei voller, ›unfallfreier‹ Fahrt. Die Juden saßen, um im Bild zu bleiben, mit uns im gleichen Abteil, die Fahrt wurde nicht unterbrochen, es ging alles seinen Gang; und dabei geschah das Grauenhafte.

Nur so scheint mir im übrigen auch erklärbar, daß die Stimmen derer nicht verstummen, die behaupten, es sei in Wirklichkeit gar nichts passiert. Bei einer Entgleisung könnte das ja niemand sagen, da wäre zumindest auch ihr privater Fahrplan durcheinandergeraten, auch wenn sie ansonsten taub waren für die Schreie derer, die da im Zug mißhandelt und gemordet wurden. Aber es gab tatsächlich keine Entgleisung, was geschehen ist, ist bei voller, ›unfallfreier‹ Fahrt geschehen, während die einen aus dem Fenster schauten, die andern in ihre Reiselektüre vertieft waren und dritte auf dem Gang eine Zigarette rauchten.

Die Idylle trog, natürlich, viele wußten es, viel mehr, als sie das später zugeben wollten. Sie nahmen dieses oder das wahr, vielleicht kopfschüttelnd, vielleicht sogar ehrlich besorgt. Aber sie haben das dann doch wieder beiseite gewischt. Es betraf ja nur ›die andern‹ und man selbst hatte Sorgen genug. Und selbst die, die perfekt waren in der Kunst, nur sich selber zu sehen und für alles Mißliebige Sündenböcke zu suchen - selbst die sind ja damit nicht entschuldigt, weiß Gott, nicht! Hier hat auch das Bild von dem Zug seine unübersehbare Grenze. Aber noch einmal: Mit dem Eingeständnis einer allgemeinen Schuld und vielleicht daraus abgeleiteten Wiedergutmachungsleistungen können wir das Verhältnis zu den Juden nicht zu den Akten legen. So wie für Paulus das Problem noch nicht damit erledigt ist, daß er die Juden »meine Stammverwandten nach dem Fleisch« nennt (Römer 9,3), über deren Blindheit für Christus er traurig ist. Wir müssen uns vielmehr von ihm mitnehmen lassen auf die mühsame Suche danach, was uns hinter aller Befangenheit und vielleicht empfundener Fremdheit miteinander verbindet, verbindet in der Form von gemeinsamen Gütern, die uns anvertraut sind, aber vielleicht auch in der Form einer gemeinsamen Gefahr, dem andern diese Güter nicht zu gönnen - und solche Mißgunst kann ja, vor allem, wenn ihre Ursachen zeitlich weit zurückliegen, ganz unbewußt werden, aber deshalb nicht weniger heftig sein. Ja, sie kann wie ein Krebsgeschwür wuchern, kann ganz andere Bereiche unserer Seele besetzen und unser Fühlen und Handeln steuern - unser Verstand wird es gar nicht gewahr.

Zum weiteren Verlauf

Im Mittelpunkt der Predigt steht mein Bemühen, deutlich zu machen: Die Juden sind nicht nur ein Sonntagsthema im Kirchenjahr, das man entsprechend wichtig nehmen oder vernachlässigen kann, sondern mit Israel steht unser gesamter Glaube auf dem Spiel: Daß wir das Evangelium kennen und was wir davon wissen, verdanken wir den Juden Jesus und Markus und Paulus und wie die vertrauten Namen alle lauten, die wir immer gern als ›erste Christen‹ einstufen. Und Israel hat seine Rolle als erwähltes Volk nicht ausgespielt, als die Botschaft von der Barmherzigkeit Gottes seine Grenzen überschritt. Es ist nach wie vor Gottes Partner in seiner Heilsgeschichte an der Welt, auch und gerade dadurch, daß es in seiner Mehrheit in Jesus nicht den erwarteten Messias sieht. Denn so wird noch einmal deutlich: Rettung aus der Sünde und ihren Folgen gibt es für alle Menschen nur kraft der Barmherzigkeit Gottes. Die ›Heiden‹ sind zum Evangelium gekommen, weil die jüdischen Christuszeugen aus der Synagoge gedrängt wurden. Und die Juden werden zum Evangelium finden, weil Gottes Treue sie zu der Einsicht leiten wird, daß Jesus die Tora nicht abgeschafft, sondern neu aufgerichtet hat. »Denn Gott hat sie alle eingeschlossen in den Ungehorsam, damit er sich aller erbarme« (V. 32).

Im Einzelnen möchte ich das an drei grundlegenden Einsichten entfalten, die ich der jüdischen Lesart der Bibel, auch des Neuen Testaments, verdanke:

1. Gottes Handeln ist konkretes geschichtliches Handeln. Unsere Neigung, gerade in Sachen des Glaubens aus der Wirklichkeit, dem Alltag, dem praktischen Lebensvollzug auszubrechen und Gott und seine Anbetung in irgendeinem Jenseits dieser Welt anzusiedeln, kann sich nur dann auf Bibelzitate berufen, wenn man die Bibel gegen ihr ursprüngliches, d. h. jüdisches Verständnis liest.

2. Gottes Handeln muß immer auch in politischen Kategorien verstanden und umgesetzt werden. Wer Glaube und Politik auseinanderreißt, dem verbluten beide unter den Händen. Solange des Alte Testament und seine Adaption im Neuen Bestandteil unseres Bibellesens bleibt, haben wir Christen die Aufgabe, Politik als Nächstenliebe mit anderen Mitteln zu begreifen.

3. Gottes Handeln zielt auf Gerechtigkeit, gerade indem es barmherzig ist. Barmherzigkeit, die sich in Herablassung äußert, zerstört das Selbstbewußtsein derer, denen es gilt. So wie wir einem Kranken, den wir besuchen, nichts Gutes tun, wenn wir ihn mit unserer gesunden Vitalität erdrücken oder mit unserem Mitleid überschwemmen; gefragt ist am Krankenbett vielmehr eine behutsame Verstärkung der tastenden Suche des Patienten nach neuer Lebensenergie – so zielt auch Gottes Barmherzigkeit nicht auf Unterwerfung, sondern auf partnerschaftliches und verantwortliches Handeln. Eben so erweist sich Gott als gerecht. Antisemitismus bzw. Antijudaismus gedeiht am besten in einer Atmosphäre mangelnder Ichstärke, hat darin vielleicht sogar seine eigentlichen Wurzeln. Christen, die sich nicht als Zaungäste der

Erwählung Israels sehen, sondern sich in die gleiche Liebe und gleiche Weltverantwortung eingeschlossen wissen, sind am sichersten gegen antijüdisches Gedankengut gefeit.

Möglicher Schluß

Wenn Israel der Bruder ist, zu dem der Vater genauso hinausgehen muß, um ihn hereinzuholen zu seinem Fest, wie er zu uns herauskommen mußte, weil wir allein nicht zurückgefunden hätten oder uns im letzten Augenblick der Mut verlassen hätte - so beschreibt es ja Jesus in seinem Gleichnis von den beiden verlorenen Söhnen (Lukas 15) - wenn also Israel in Jesus unser Bruder ist, dann ist ja damit Kritik nicht ausgeschlossen. Weder die rabbinische Theologie noch die aktuelle israelische Politik muß dann unseren unkritischen Beifall finden; nur eins darf sie uns nicht sein: gleichgültig. Es ist bekanntlich Kain, der auf die Frage Gottes: »Wo ist dein Bruder?« scheinheilig antwortet: »Soll ich meines Bruders Hüter sein?«

Kontexte

In einem Familiengottesdienst würde ich auf Materialien aus dem Kindergottesdienstplan zurückgreifen, die das Thema ›Israel‹ bzw. ›Juden‹ zum Gegenstand haben: Aus dem Jahr 1996 wäre hier die Einheit »Vom Passa zum Abendmahl Jesu« zu nennen. Dazu bietet das Heft ›Der Kindergottesdienst 1-96‹ (Gütersloher Verlagshaus) auf den Seiten 55 bis 79 ansprechende Bausteine, vor allem die Erzählung von dem kleinen David, einem Jungen aus christlichem Elternhaus, und Laura, der Tochter einer jüdischen Nachbarfamilie. David erlebt bei Laura mit, wie das Passafest vorbereitet wird, wie er an dessen Vollzug nicht teilnehmen kann und wie er dessen Bedeutung nachträglich erklärt bekommt.
Ähnliches läßt sich von der Einheit »Die Königin Ester« sagen, die als Ergänzungseinheit im Plan für 1997 vorgesehen ist. Dazu bietet das Heft ›Der Kindergottesdienst 1-97‹ auf den Seiten 81-108 einen vierteiligen Darbietungsvorschlag.
Wer Gelegenheit hat, den Gottesdienst mit älteren Jugendlichen oder Erwachsenen vorzubereiten, könnte den Text von Paul Roth, »Ein Gutachter des Herodes: Ich habe nur aus der Heiligen Schrift zitiert« (in: In den Sand geschrieben - 80 Kurzgeschichten für Religionsunterricht und Jugendarbeit Seite 228-231) als Lesestück oder Hörspiel verarbeiten. Der Vorteil dieses Textes ist, daß hier die üblichen ›Fronten‹ vertauscht sind: In einem fiktiven Verhör wird ein jüdischer Schriftgelehrter über die Gründe befragt, warum er dem König Herodes durch seinen Hinweis auf Bethlehem als Geburtsstadt des Messias die Möglichkeit zu dessen Kindermord lieferte.

11. Sonntag nach Trinitatis

Annäherungen an den Predigttext
Brief an die Gemeinde in Ephesus 2,4–10

Mechthild Werner

Die Macherinnen und Macher einer regionalen Kirchenzeitung versuchen sich an diesem Text. Mit religiösen und kirchlichen, teils auch biblischen Themen sind sie ständig beschäftigt – mit »Schreibe« ohnehin. Zur täglichen Redaktionsarbeit gehört auch, teils unverständliche Leserbriefe allgemeinverständlich zu übersetzen – das fällt mehr oder weniger schwer. Die Verse aus dem Epheserbrief gehören für die Zeitungsleute offensichtlich zu den schwierigen Fällen. Der Text lag den einzelnen in der Lutherübersetzung vor. Es gab kein Gespräch untereinander. Persönliche, spontane Gedanken sollten festgehalten werden. Hilfsfragen waren unter anderen: Was spricht mich an, stößt mich ab, läßt mich kalt? Was verstehe ich und was nicht? Antworten und Assoziationen sowie die Angaben zur Person sind im Wortlaut belassen und nur leicht gekürzt.
Die so entstandenen Annäherungen geraten eher zu Entfernungen. Trotz »seiner großen Liebe, mit der er uns geliebt hat«, stößt dieser Text auf wenig Gegenliebe. Die Predigt oder das Predigtgespräch wird sich den Hörerinnen und Hörern annähern müssen – die eingefrorene Liebeserklärung auftauen und die erstarrte Formel mit Leben füllen.

»Zum Weglaufen«. Meilenweite Entfernung.

Verschroben. Ziel der Aussage unverständlich.
Techniker, 50 Jahre

Ich kann mit dieser Art von Text überhaupt nichts anfangen. Wahrscheinlich ist das auch der Grund, weshalb ich fast nie einen Gottesdienst besuche. Mir vermitteln diese Texte nichts. Es kommt nichts rüber, was mich in irgendeiner Form berührt oder beschäftigt.
Sekretärin, 26 Jahre

Ein Student der Elektrotechnik, begabt und mit Talent ausgestattet, auch komplizierte technische Vorgänge verständlich zu machen und umzusetzen, scheitert an dem Fach »Theoretische Mechanik«. Er scheitert daran, weil es in diesem Fach nur um die Theorie um der Theorie willen geht und die Mechanik eigentlich keine Rolle spielt - weil sich die »Theoretische Mechanik« nicht mit dem wirklichen Leben, mit der Realität, mit dem, was man tun, sehen, fühlen, erklären, glauben und umsetzen kann, verbinden läßt. Aus den gleichen Gründen scheitere ich an diesem Text aus dem Fach »Theoretische Theologie«. Er ist mir unverständlich, spricht mich nicht an und regt auch nicht zum Nachdenken an.

Gott zeigt uns eine große Liebe, Barmherzigkeit und Gnade, indem er seinen Sohn opfert, damit uns die Sünden vergeben werden, predigte der Pfarrer zu Ostern, sprachs und stieg von der Kanzel. Eine Gebrauchsanweisung für das Leben im 20. Jahrhundert lieferte er nicht mit.

Redakteurin, 44 Jahre, ohne »theologische Bildung« und »passives« Glied der Kirche.

»Zum Auseinandersetzen«. Kritische Entfernung.

Es ist schwer, bei einem derart lehrhaften Text spontan zu sein. Erste spontane Reaktion: Woher weiß er das? Wer ist er, daß er uns gegenüber mit solchem Wahrheitsanspruch auftritt? Hinterfragen von Legitimation: erste Übung seit den »68ern«. Dann: Was ist eigentlich gesagt?

Wir werden: eingesetzt in den Himmel - lebendig gemacht - selig

Wer tut das? Gott

Wodurch? Christus

Warum? Barmherzigkeit - Liebe - Gnade - Güte

Womit haben wir das verdient? Durch Glauben, nicht durch Werke

Spannungsfelder:

1. Ist Glaube nicht auch ein Werk?
   Muß man besonders gut glauben können?
2. Sind wir »jetzt schon« selig geworden, oder ist die Erlösung erst in »kommenden Zeiten« zu erwarten?
3. Sind wir nur *ein* gutes Werk Gottes unter vielen, oder sind wir ein besonderes unter seinen Werken, weil in Christus Jesus geschaffen?

Da hilft wahrscheinlich nur: Theologie studieren, Hebräisch lernen, Übersetzungskritik. Die Lehrhaftigkeit und der Wahrheitsanspruch wirken nicht eben emotionalisierend. So kann ich wenig Überschwengliches empfinden ob der Liebe, Güte, Barmherzigkeit. Es genügt nicht, diese zu nennen. Da sind die Taten und Gleichnisse viel wirksamer. Und geht es in diesem nicht doch wieder um Werke?

Geschäftsführer, Pädagoge, 42 Jahre

»Zum Dranbleiben«. Entfernte Annäherung.

In seiner großen Liebe, mit der er uns geliebt hat. Wieso geliebt *hat?* Und er hat uns mit auferweckt ... in Jesus Christus. Über diesen Vers

müßte ich viel länger nachdenken und mich mit jemand darüber unterhalten. So nicht verständlich.
Denn aus Gnade seid ihr selig geworden durch Glauben. Das müßte man sich öfter klar machen.
Geschaffen in Christus Jesus zu guten Werken. Gute Werke? Warum erzeugt der Mensch dann so viel Böses?
Sekretärin, 51 Jahre.

Spontane Assoziationen:
Der Text ist beim ersten Lesen kaum verständlich, durch Vorlesen dürfte der Sinn vollends verlorengehen. Trotz Gnade sehr dumpfer Grundton.
Hängen bleibt der zweifach erwähnte Satz: Aus Gnade seid ihr selig.
Und, daß man sich seiner Werke nicht rühmen soll.
Beängstigend ist die letzte Strophe: *sein* Werk, geschaffen für *seine* Werke.
Wo bleibt die »Freiheit eines Christenmenschen«?
Wo ist unsere menschliche Verantwortung?
Redakteur, 35 Jahre

»Zum Festhalten«. Gläubige Annäherung.

Erst mal eine andere Übersetzung gelesen. Eine gute biblische Einführung ist wichtig. Die Verse sind wie ein Geschenk, das Lage für Lage ausgewikkelt werden möchte. Meine Gedanken:
Wie könnte ich solche Liebe ablehnen? Warum kommt Gott mir so entgegen? Es ist mir unverständlich, daß Gott immer noch Geduld mit den Menschen hat. Wenn Gott mich so annimmt, dann darf ich auch zu mir selbst und meinen Mitmenschen »ja« sagen, darf sein, wie ich bin, darf mir aber auch helfen lassen, um »nun Gutes tun zu können«.
Sekretärin, 51 Jahre, »praktizierende« Christin

Zum Gottesdienst

Kurt Dohm

Exegetisch-homiletische Skizze

»Annäherungen geraten eher zu Entfernungen« – und das bei einem Text, der doch den einst »Fernen« (2,13) Nähe und dem Fremden Hausgenossenschaft (2,19) zuspricht. Ein Satz allein über vier Verse im Luthertext, dazu verschachtelt und verwickelt, weniger wie ein »Geschenk« (Annäherungen) als wie ein unentwirrbares Knäuel von Begriffen und Beziehungen.

Nur unter Zuhilfenahme fremder und eigener Übersetzungen lassen sich Ordnung und Übersicht in diesem Anakoluth gewinnen. Sinnvoll erscheint es auf jeden Fall, die Verse 1–3 hinzuzunehmen, um dem Gedankengang Klarheit und Deutlichkeit zu geben. Die Beschneidung der Perikope um diese Verse mag zwar wegen der Anstößigkeit der Begriffe (»Kinder des Ungehorsam«, »Begierden des Fleisches«, »Kinder des Zorns«) verständlich erscheinen, entschärft aber nicht nur die Aussagen der nachfolgenden Verse, sondern läßt auch das »Aber« in Vers 4 unmotiviert in der Luft hängen.
Wichtigste Frage vorab ist: Wer redet eigentlich zu wem? Wer sind »wir« (2,3.5 ff.), wer »ihr« (2,1 und 8), wer »die anderen« (2,3)? Da die Angaben der Adressaten des Briefes in der Überschrift und in 1,1 nicht ursprünglich sind und der Brief keine konkreten Hinweise auf eine bestimmte Gemeinde gibt, bleiben die Angeredeten unbestimmt. Dazu wird auch die Echtheit der Verfasserschaft des Paulus von den meisten Exegeten mit guten Gründen bestritten. Der Verfasser benutzt zwar paulinische Wendungen, aber doch mit deutlich verschobenen Perspektiven.
Das »Ihr« ergibt sich aus 2,11: »... von Geburt einst Heiden und Unbeschnittene genannt ...« Der Verfasser wendet sich also an Heidenchristen. Entsprechend ist er judenchristlicher Herkunft zuzurechnen, wobei der Wechsel in das »wir« dann alle Christen einschließt. »Die anderen« sind unbekehrte Heiden. Die Absicht des Verfassers ist dabei, den Unterschied zwischen Judenchristen und Heidenchristen aufzuheben. Anscheinend hat es unter seinen Lesern da Probleme gegeben.
Sowohl Juden als auch Heiden sehen sich vor die anthropologische Ausgangslage gestellt: Alle sind »Kinder des Ungehorsams«. Die Heiden sowieso, denn sie stehen außerhalb »des Bundes der Verheißung« (2,12). Ihre Lebensführung beweist das. Sie leben in Sünde und unterliegen den »Begierden des Fleisches«, womit nicht einfach nur ein Leben in der Gottesferne, sondern auch ein bestimmtes ethisches Verhalten gemeint ist. Das macht sie zu Toten. Sehr schön wird das im Gleichnis vom Verlorenen Sohn, Lukas 14,24, illustriert. Aber auch Kolosser 2,13 und 3,8 sowie 1. Petrus 4,3 und Titus 3,3 beschreiben in ihren Lasterkatalogen diese Art des Nichtlebens. Aber nun gehören auch Juden, die doch Gottes Hausgenossen sind, zu den wahrhaft Toten. Denn ihre Lebensführung ist nicht anders als die der Heiden. Der Verfasser bekennt: »Auch wir haben einst unser Leben geführt in den Begierden des Fleisches ... und waren Kinder des Zorns von Natur wie auch die anderen« (2,3). Eine doch sehr erstaunliche Aussage! Der Ungehorsam als menschliches Grundverhalten, als ontologische Gegebenheit! Das scheint schon eine Vorstellung von Erbsünde anzudeuten, die hier aber doch noch nicht angenommen werden kann. Die Erkenntnis vom grundsätzlichen menschlichen Ungehorsam erinnert an die resignierende Einsicht Gottes, daß »das Dichten und Trachten des menschlichen Herzens böse ist von Jugend auf« (Genesis 8,21). Verschärft wird diese Ausgangslage aller, sowohl von Heiden und Juden, daß

sie begründet wird mit der Herrschaft des »Mächtigen, der in der Luft herrscht« (2,2). Die Verstrickung in die Sünde hat kosmische Ausmaße. Solcher Herrschaft ist nicht mit gewöhnlichen Mitteln zu entkommen. Niemand kann ihr aus eigener Kraft entfliehen (2,8).
Stehen Juden und Heiden trotz ihrer unterschiedlichen Nähe zu Gott gleichermaßen unter der Herrschaft gottwidriger und tödlicher Mächte, so werden beide ebenso gleichermaßen durch Christus aus dieser Herrschaft zum Leben befreit. Christus verbindet beide, Judenchristen und Heidenchristen, zum einen Leib in einem Geist als einem heiligen Tempel Gottes (2,16.18.21). Das ist im Grunde die Botschaft unserer Perikope und des ganzen Kapitels, das übrigens wenigstens vom Prediger selbst mitgelesen werden sollte.
Ist das erst einmal verstanden, läßt sich der Gedankengang des Textes schon leichter beschreiben: Alle, Juden wie Heiden, sind »Kinder des Ungehorsams«, sind »tot in ihren Sünden«. Aber Gott ist voller Liebe und Barmherzigkeit. Er hat Christus lebendig gemacht und auferweckt und im Himmel eingesetzt und mit ihm auch alle jene, die an ihn glauben. Die einst Toten leben. Sie haben Anteil an Christi Auferstehung und Himmelfahrt. In Kolosser 2,12 wird diese Anteilhabe für die Gläubigen durch die Taufe begründet. Der Verfasser des Epheser-Briefes hingegen verzichtet auf diesen Hinweis auf die Taufe, vielleicht weil er anders als Paulus mit dem Bezug auf Kreuz und Tod Christi nichts anzufangen weiß.
Die Christen haben ihre Rettung nicht sich selbst zu verdanken, sondern allein Gott. Es gibt keinen Grund zu irgendwelchem Hochmut oder Überlegenheitsgefühl. Sie alle sind (neu) geschaffen, als Werk Gottes, fähig und beauftragt zu »guten Werken«. Auch diese guten Werke (auffallend der Plural, der bei Paulus nicht begegnet) bestehen bereits. Wir brauchen nur in sie einzutreten und sie zu tun. Da ist kein Raum für einen Synergismus jedwelcher Art.
Der Text lebt aus der Spannung zwischen »einst« und »jetzt« und »zukünftig (?)«, dem Gegenüber von »dieser Welt« (Aion; 2,1) »dieser Zeit« (nyn) und den »kommenden Zeiten« (Aionen; 2,7). Aion bezeichnet dabei mehr als nur ein bestimmtes Weltzeitalter. Aion ist nicht chronologisch zu verstehen, sondern personal. Mit »diesem Aion« und »den kommenden Aionen« sind verschiedene Herrschaften gemeint. »Dieser Aion« ist der Machtbereich, ja die Macht selbst der gegenwärtig herrschenden Kräfte (dazu 1,21 oder Römer 8,38.39 und Kolosser 2,10). Diese Kräfte haben gottähnliche Eigenschaften, aber sie sind zerstörerisch und todbringend.
Wenn mit den »kommenden Aionen« 2,7 zukünftige Zeiten gemeint sein sollten (so u. a. Schnackenburg, Der Brief an die Epheser, EKK X, 1982, Seite 96f.), dann wären sie der Herrschaftsbereich Christi. Er wird dann über alle Mächte, Gewalten und Herrschaften herrschen (1,21; 6,12). Möglich ist auch eine eher räumlich-personale Vorstellung dieser Aionen als herantretende mythische Gestalten, denen gegenüber Gottes Gnade auf-

gewiesen wird (dazu A. Lindemann, Die Aufhebung der Zeit, Gütersloh 1975, Seite 129 ff.). Für die letzte Auffassung spricht, daß in der Sicht des Epheser-Briefes die Zukunftserwartung vom Heil fast völlig zurücktritt gegenüber einer gegenwärtigen Realität von Auferstehung und Himmelfahrt derer, die an Christus glauben, Juden wie Heiden. Das Heil ist für sie (auf eine an Vorstellungen der Gnosis erinnernde Weise) bereits verwirklicht. Sie sind schon »selig geworden«, das heißt lebendig, Gott nah und seine Hausgenossen (2,13.20). So haben sie Frieden (2,14), auch untereinander.

Neben dem beherrschenden Thema von »einst« und »jetzt« mit dem zugehörigen Begriffspaar »tot« und »lebendig« und der vorrangigen Absicht des Verfassers, die Unterschiede zwischen Judenchristen und Heidenchristen aufzuheben, enthält der Text auch andere weiterführende Stichworte, die zu einem Predigtansatz führen könnten: Gnade, Glaube (Rechtfertigung), gute Werke.

Der Prediger/die Predigerin wird auf jeden Fall die Entscheidung zu fällen haben, ob er/sie dem zeitlichen Heilsschema des Epheser-Briefes folgen kann und will. In diesem Fall käme er/sie natürlich in Konflikt mit den paulinischen Vorstellungen von 1. Korinther 15, die die Auferstehung und Verwandlung der Entschlafenen in eine noch zu erwartende Zukunft verlegen. Wer dem Epheser-Brief folgt, wird mehr über die gegenwärtige Realität christlicher Existenz zu predigen haben als über die zukünftige Erwartung irgendeines »Lebens nach dem Tode«. Aber geht es nicht in beiden Fällen vorrangig darum, welcher Macht wir unterworfen sind oder uns unterwerfen? Zukunftserwartung, Hoffnung über den Tod hinaus, Vorfreude auf die »himmlische« Existenz berühren nicht nur die gegenwärtige Realität, sondern prägen und bestimmen sie, machen sie erträglich und überwindbar (1. Korinther 15,48 f.; Römer 8,35 ff.). Also, so sehr weit sind Paulus und der Epheser-Brief auch nicht auseinander.

Für die frühen Christen war deutlich, was mit dem »Einst« und »Jetzt« gemeint war. »Einst« – das war die vorchristliche heidnische oder auch jüdische Existenz, das Leben ohne Christus, für Heiden gar ohne Gott, in der Ferne und als Fremdlinge. Die Taufe hat dieses »Einst« verändert. Das läßt sich für uns, die wir in eine bürgerlich-christliche Existenz mehr hineingeboren als hineingetauft werden, so nicht sagen. Die Predigt wird also zu sehen haben, ob und wo es denn für uns ein solches »Einst« auch gegeben hat. Sicher gibt es Beispiele von Bekehrung, Wiedergeburt und christlicher Lebenserneuerung, wenn diese auch eher in fundamentalistisch orientierten Gemeinden als in den üblichen Gemeinden anzutreffen sind. Manchmal hat man in den Gemeinden auch Menschen aus afrikanischen oder asiatischen Ländern, die zum Christentum gefunden haben. Man könnte auch an solche Schicksale denken, wo jemand eine Karriere als Alkoholiker oder Suchtkranker hinter sich hat und wo die Befreiung von der Sucht wirklich ein neu geschenktes Leben war. Ein neues Leben führen bei uns sicher auch die Leute, die in den letzten Jahren aus Rußland oder Polen eingewandert sind und die oft genug ein bedrückendes Schicksal hinter sich haben. Auch überwundene schwere Krankheit, Todesnähe und Trauer können zum Beispiel werden. Viele Frauen erleben den Tod des Mannes zunächst als schweren Einschnitt, gewinnen dann aber wieder neue, ganz eigene Zugänge zum Leben. Aber nicht alle Lebensänderung paßt auf unseren Text! Und dann ist da immer noch die Frage, was denn das für die übliche Zuhörerschaft aus älteren Leuten, einigen Gemeindetreuen und Konfirmanden bedeuten kann.

Auch da, wo sich nicht viel zum »Einst« in der Biographie eines Menschen sagen läßt, ist doch immer noch eine Beschreibung des »Ist-Zustandes« im Leben eines Christen möglich: Was ist eigentlich mein Ort in dieser Welt? Was macht mein Christ-Sein aus? Woher kommen mir Hoffnung, Freude, Trost und Lebenskraft zu? Unter welchen Mächten stehe ich? Wo leide ich unter zerstörerischen Kräften, auch gesellschaftlich? Gibt es auch bei mir Leben in der Gottesferne, totes Leben? Und was heißt denn schließlich »Leben«? Für viele, besonders junge Menschen, bedeutet es schlicht, »Fun« zu haben, etwas zu er-leben. Wer nichts erlebt, wer nicht genießt, wer vom Leben nichts hat, der ist dann wie tot. Was ist dran an dieser Sicht? Oder sind das nur die »Begierden des Fleisches« nach 2,3? Die Bewertung von dem, was »Leben« ist, muß sehr differenziert geschehen und darf nicht zu pauschalen Urteilen verleiten. Damit würde man jungen Menschen kaum gerecht. Das »Aber« in Vers 4, das Gottes Barmherzigkeit und Liebe aufscheinen läßt, könnte zum Grundtun der Predigt werden. In diesem Sinne möchte ich meine Predigt aufbauen, die auf jeden Fall klären, bestätigen, trösten, Freude wecken soll.

Über das Verhältnis Juden - Heiden bzw. Judenchristen - Heidenchristen möchte ich an diesem Sonntag nicht predigen. Das dürfte gewöhnlich schon am Sonntag vorher, dem Israel-Sonntag, geschehen sein. Wer sich dem Thema trotzdem widmen möchte - der Text legt das ja durchaus nahe, und der Tag erinnert an die Zerstörung Jerusalems im Jahr 70 - findet vielleicht unter den »Kontexten« eine Anregung.

Vorschläge zur Liturgie

Eingangsgebet

Aus der Unruhe unserer Tage kommen wir zu dir, Gott
- du schenkst uns Frieden.
Als Fremde kommen wir in dein Haus,
- du machst uns zu Freundinnen und Freunden.
Als einzelne treten wir hin vor dich,
- du stiftest Gemeinschaft unter uns.

Wie tot sind wir in unseren Sünden,
– du erneuerst uns zum Leben.
Wir danken dir, Gott,
du bist reich an Barmherzigkeit und Liebe.
Laß uns aus diesem Reichtum heute schöpfen.

Gebet zum Kyrie
Manchmal, Gott,
erkenne ich mich selber nicht;
es ist nicht mein Wille, dem ich folge;
und mitten im Leben bin ich doch wie tot.
Dann rufe du mich mit dem Namen,
mit dem du mich bei meiner Taufe gerufen hast;
dann senke mir deinen Willen ins Herz
und erwecke mich zum Leben.
Kyrie eleison.

Gnadenwort
Psalm 103,2–4.8

Schlußgebet
Laßt uns beten für alle, deren Leben fremden oder dunklen Mächten ausgeliefert ist:
für Menschen, die von ihrer Sucht bestimmt werden,
denen Alkohol und Drogen zu täglichen Begleitern geworden sind,
daß sie befreit werden zu einem neuen Leben,
dafür rufen wir zu Gott: Kyrie eleison.

Für Menschen, die von schwerer Krankheit gezeichnet sind,
für die es keine Heilung und keine Hoffnung gibt,
daß der Glaube an Gottes Güte sie trösten kann,
dafür rufen wir zu Gott: Kyrie eleison.

Für Menschen, die in äußere Not geraten sind,
die keinen Ausweg aus ihren Sorgen wissen,
daß sie Hilfe erfahren,
dafür rufen wir zu Gott: Kyrie eleison.

Für Menschen, die Schuld auf sich geladen haben,
die von ihrer Vergangenheit immer wieder eingeholt werden,
daß sie einen neuen Anfang machen können,
dafür rufen wir zu Gott: Kyrie eleison.

Für Menschen, die in ihrem Leben vor Veränderungen stehen,
die nicht wissen, welche Entscheidungen sie treffen sollen,
daß sie Klarheit gewinnen,
dafür rufen wir zu Gott: Kyrie eleison.

Für uns selber,
die wir mit der Taufe zu einem neuen Leben auferweckt sind,
daß wir dieses Leben ergreifen und die guten Werke tun,
zu denen wir geschaffen sind,
dafür rufen wir zu Gott: Kyrie eleison.

Lesungen
Psalm 116 i. A. - EG 746 oder Psalm 18 i. A. - EG 707
Evangelium: Lukas 18,9-14 oder Lukas 15,11-24
Epistel: Römer 3,21-30 oder Galater 2,16-21

Lieder
EG 299 Aus tiefer Not, EG 341 Nun freut euch, lieben Christen g'mein, EG 351 Ist Gott für mich, so trete, EG 355 Mir ist Erbarmung widerfahren

Vorschlag zur Predigt

Möglicher Anfang
Der Schreiber dieser Zeilen, liebe Gemeinde, spricht zu Menschen, die einmal ein ganzes anderes Leben als das jetzige geführt haben. Vielleicht war es bei einigen ein schlimmes, wüstes Leben gewesen. Auf jeden Fall war es ein Leben ohne den Glauben an Gott gewesen, ein Leben in der Gottesferne und in der Fremde, wie er etwas weiter im Kapitel sagt. Eigentlich war dieses Leben gar kein Leben, meint er. Denn fern von Gott, wie kann man da leben? Und gar ein wüstes und ausschweifendes Leben, wie sollte es diesen Namen verdienen? Aber dann, so erinnert er seine Leserinnen und Leser, ist alles ganz anders geworden. Dann hat sie Gottes Barmherzigkeit erreicht. Dann haben sie Gottes Liebe erfahren. Sie sind zum Glauben gekommen und haben sich taufen lassen. Ja, und jetzt, erst jetzt leben sie wirklich. Sie sind wie von den Toten auferweckt. Sie sind durch den Glauben Gott so nahe gekommen, daß sie schon jetzt wie im Himmel sind. Das hat Gott für sie getan. Daran sollen sie doch immer denken.
Wie ist das mit uns? Kennen wir auch Zeiten, in denen wir einmal ein ganz anderes Leben gelebt haben, an das wir uns nur noch wie von ferne erinnern? Hat es in unserem Leben einmal einen entscheidenden Wendepunkt gegeben, an dem wir Gottes Barmherzigkeit und Liebe besonders gespürt haben? Ich weiß von Menschen, denen es so ergangen ist.

Zum weiteren Verlauf
Hier erzähle ich vom Alkoholkranken, der durch seine Sucht nicht nur sein Leben, sondern auch das seiner Familie zerstört hatte. Erst durch die Begegnungen mit einer Selbsthilfegruppe hat sich sein Leben so verändert, daß es nun auch wieder Leben genannt werden kann.

Ich berichte von einer krebskranken Frau, die schon alle Hoffnungen aufgegeben hatte. Nach einer entscheidenden Operation kann sie sich nun als geheilt betrachten. Sie sieht ihr jetziges Leben mit völlig anderen Augen als früher an.
In meiner Gemeinde kommen viele Rußlanddeutsche in den Gottesdienst. Sie wollten hier ein neues Leben beginnen. Aber die meisten fühlen sich immer noch als Fremde in diesem Land, das doch ihre Heimat ist. Die Teilhabe am Gottesdienst und am Gemeindeleben hebt dieses Fremdsein zumindest ein Stück weit auf.
Aber nicht jeder kann von einem markanten Wendepunkt in seinem Leben sprechen. Sehr viel öfter gibt es wohl beides ineinander verflochten: Bereiche der Gottesferne und der Gottesnähe. Wir erleben Zeiten und Situationen, in denen wir uns eher wie tot fühlen: Augenblicke der Einsamkeit, der Mutlosigkeit, des Zweifels. Aber dann erleben wir, wie wir getröstet werden, wie wir Hilfe erfahren, wie Gott uns nahe ist. Es lohnt sich, dieses »Aber« im Leben aufzuspüren und in der Erinnerung festzuhalten. Tauferinnerung ist auch Erinnerung an dieses »Aber« Gottes zu uns und für uns.

Möglicher Schluß
Bei Gott gibt es immer ein »Aber«. Da ist nichts so verfahren, so dunkel, daß es nicht auch anders werden könnte. Mit diesem »Aber« hat Gott das Licht inmitten von Dunkelheit erschaffen, mit diesem »Aber« Kain leben lassen und Noah aus der Flut errettet. Mit diesem »Aber« hat er Israel aus der ägyptischen Sklaverei befreit, mit einem solchen »Aber« Jesus von den Toten auferweckt. Seine Liebe läßt ihn »aber« sagen. Aus seiner Barmherzigkeit entspringt das »Aber« für mich und mein Leben. In der Taufe ist es mir gesagt worden. Mit jeder Genesung von einer Krankheit erfahre ich es neu, mit jedem Zuspruch in trostloser Lage, mit jedem freundlichen Lächeln eines anderen Menschen. Ich entdecke dieses »Aber« in der Geburt eines Kindes, in der Freude junger Menschen am Leben und ebenso bei alten Menschen, die sich trotz der Beschwerden des Alters ihre Freude am Leben bewahrt haben. Das »Aber« der Liebe Gottes läßt auch uns leben und hebt uns wahrhaftig schon jetzt in den Himmel.

Kontexte

»Jesus selbst hat nicht versucht, sich vor Pilatus mit feigem Jenseits-Pathos ein Alibi zu geben. Das hätte dem bekundeten Mut und der Würde des christlichen Stifters widersprochen, es widerspricht vor allem dem Sinn, welchen die Worte ›diese Welt‹ zu Jesu Zeiten besessen haben. Der Sinn ist zeithaft und entstammt den astralreligiösen Spekulationen des alten Orients, das ist die Lehre von den Weltperioden. ›Diese Welt‹ ist gleichbedeutend mit der jetzt bestehenden, mit dem ›gegenwärtigen

Äon‹, dagegen ›jene Welt‹ mit dem ›künftigen Äon‹ (so Matth. 12,32; 24,3). Gemeint ist folglich, mit dem Gegensatz dieser Begriffe, keine geographische Trennung von Diesseits und Jenseits, sondern eine zeitlich-nachfolgende auf dem gleichen, hier befindlichen Schauplatz ... Erstrebt ist kein jenseits nach dem Tod, wo die Engel singen, sondern das ebenso irdische wie überirdische Liebesreich, wozu die Urgemeinde bereits eine Enklave darstellen sollte.«

»Die Katastrophe des Reichs von dieser Welt wird bei Jesus sogar grausam vollzogen, beim Jüngsten Gericht ist von Feindesliebe wenig mehr die Rede. Vereidigt war die neue Mannschaft einzig auf Jesus: durch ihn, in ihm, zu ihm ist die neue Sozialgemeinde, die aus den bisherigen Äon herausgelöste.«

»Die Bibel hat keine Sozialutopie ausgeführt, und sie erschöpft sich gewiß nicht in ihr oder hat darin ihren entscheidenden Wert; das zu glauben, wäre die Bibel falsch überschätzend und platt zugleich. Das Christentum ist nicht nur ein Schrei gegen die Not, es ist ein Schrei gegen den Tod und die Leere und setzt in beide den Menschensohn ein.«

(Ernst Bloch, Das Prinzip Hoffnung, © Suhrkamp Verlag Frankfurt a. M. 1967, Seite 580 ff.)

»Mir ging es in allem so schlecht, weil keiner mich verstand! Es kam eigentlich durch meine Arbeit. Ich mußte wohl mitmachen. Ich konnte mir nur genug Geltung verschaffen, wenn ich ›genügend‹ Alkohol getrunken hatte. Meine Frau begriff davon auch nichts. Nach vielen Umwegen landete ich bei einer AA-Gruppe, wo ich eine solche Kameradschaft und Verbundenheit fand, wie ich sie bisher nicht kannte ... Wo ich ohne weiteres akzeptiert und ohne jede Zurückhaltung in eine Gemeinschaft aufgenommen wurde. Hier wurde sehr offenherzig gesprochen und merkwürdigerweise gerade über die Dinge, die mich schon lange quälten ... Ich habe später eingesehen, daß das AA-Programm meinem Leben wieder einen neuen Inhalt gab. Die Kraft, ein neues Leben aufzubauen, habe ich, wie ich glaube, dadurch aufgebracht, daß ich das Verhalten meiner Schicksalsgenossen innerhalb der AA zum Vorbild nahm.«

(Aus einem Informationsblatt der Anonymen Alkoholiker Bremen)

In Bremen wurde im Frühjahr 1997 ein öffentlicher Streit um die »Judenmission« geführt, seit in einer evangelischen Gemeinde aus der ehemaligen Sowjetunion eingewanderte Juden betreut und mit ihnen auch jüdische Feste gefeiert werden. Ein Interview des Gemeindepastors zur Frage der Judenmission löste eine Reihe widersprechender und auch zustimmender Leserbriefe in der kirchlichen wie der Tagespresse aus. Schließlich gab der Kirchenausschuß (leitendes Organ) der Bremischen Evangelischen Kirche dazu eine Stellungnahme:

»... Die St.-Matthäus-Gemeinde begründet diese Praxis (Bildung einer eigenständigen messianischen jüdischen Gemeinde; d. V.) vor allem damit, daß sie meint, Juden seien ohne Jesus Christus vor Gott verloren. Sie seien den Juden die ganze Wahrheit schuldig. Auch wenn die St.-Matthäus-Gemeinde die bleibende Erwählung der Juden als von Gott geliebtes Volk anerkennt, meint sie, auf ein evangelistisches Zeugnis von Jesus Christus nicht verzichten zu können. Der Kirchenausschuß teilt diese Position nicht. Die Art und Weise, wie wir als Christen uns gegenüber Juden verhalten sollten, muß sich auch aufgrund einer sorgfältigen Reflexion unserer Geschichte mit den Juden ergeben. Von dieser Geschichte können wir nicht absehen. ... Israel ist und bleibt Gottes erwähltes Volk. Gottes Bund mit ihm ist und bleibt ungekündigt. Wir haben das Christusereignis als ein Geschehen zu verstehen, das in diesem Bund Gottes mit dem von ihm erwählten Israel stattfindet und

zugleich diesen Bund öffnet für die Heiden, also für uns. Damit hat Gott beide – Juden wie Heiden – berufen, an seiner Geschichte teilzunehmen ...«
(Intern, Nachrichten aus der Bremischen Evangelischen Kirche, April 1997)
Die St.-Matthäus-Gemeinde hat darauf mit einer eigenen Stellungnahme geantwortet:
»... Wir stimmen dem Kirchenausschuß zu, wenn er sagt: ›Israel ist und bleibt Gottes erwähltes Volk. Gottes Bund mit ihm ist und bleibt ungekündigt‹ Wir fügen allerdings hinzu: Dieser Bund erfährt seine Erfüllung durch den wiederkommenden Messias Jesus am Ende der Zeiten, dann nämlich, wenn die Fülle der Heiden eingegangen ist (Römer 11,25–32). Bis dahin gilt: Israel hat diesen Bund Gottes mit ihm nicht gehalten und seine Einladung zur Umkehr nicht gehört. Vgl. Lukas 13,34 f.; 19,41 f.; Römer 9–11. Juden und Heiden sind darum gleichermaßen Sünder vor Gott und ermangeln des Ruhmes, den sie bei Gott haben sollen (Römer 1,16–3,23). Im bevorstehenden Gericht Gottes sind sie ohne Gnade verloren. Demzufolge gibt es für beide nur einen Weg zur Erlangung der Gerechtigkeit Gottes und damit zur Rettung, den Glauben an den Messias Jesus, der durch sein Blut, als das Lamm Gottes, Juden und Heiden mit Gott versöhnt hat. (...) Christus ist das Ende des Gesetzes als Heilsweg (Römer 10,4). (Es folgt ein Zitat aus Epheser 2,13–18; d. V.) ...«
(Intern, Nachrichten aus der Bremischen Evangelischen Kirche, Mai 1997)

Die Autorinnen und Autoren

Pfarrer i. R. Dr. Ernst Arfken, Göttingen; Pfarrer Heinz Behrends, Göttingen; Pfarrerin Birgit Brügge-Lauterjung, Duisburg; Pfarrer Stefan Claaß, Mainz; Pfarrer Kurt Dohm, Bremen; Pfarrer Bernd Giehl, Wiesbaden; Pfarrer Hermann Otto Geißler, Wiesbaden; Pfarrer Günter Gottschämmer, Darmstadt; Anneliese Handel, Darmstadt; Pfarrer Ralf Handelsmann, Kutenholz; Pfarrer Dr. Wolfgang Herrmann, Holzappel; Pfarrer Dr. Reiner Jansen, CH-Frenkendorf; Pfarrer Dr. Klaus Johanning, Schwerte-Villigst; Sup. Int. Hans-Jürgen Kant, Wernigerode; Pfarrer Reinhard Kalker, Jockgrim; Pfarrerin Heidi Kell, Tangstedt; Pfarrerin Ingrid Keßler-Woertel, Moormerland-Veenhusen; Pfarrer Dr. Reinhard Kirste, Nachrodt; Pfarrer Fritz Koppe, Baden-Baden; Pfarrerin Sigrid Lunde, Bad Kreuznach; Pfarrer Klaus v. Mering, Langeoog; Pfarrer Frank Niemann, Lehrte-Arpke; Pfarrer Karl-Heinz Risto, Zierenberg; Pfarrer Jürgen Rogler, Nürnberg; Pfarrer Arno Schmitt, Mannheim; Sigrun Schreibweiss, Darmstadt; Andreas Seeger, Darmstadt; Markus Seeger, Darmstadt; Thomas Seeger, Darmstadt; Pfarrer Günter Thomé, Essen; Pfarrerin Mechthild Werner, Landau; Pfarrerin Gerlinde Wnuck-Schad, Landau; Pfarrer Helmut Zeilinger, Freiburg/Brsg.; Pfarrer Andreas Zeuschner, Berlin; Dekan i. R. Klaus Zillessen, Ettenheim